品牌战略

亚洲企业决胜全球

马丁·罗尔（Martin Roll）◎著

费鸿萍 姜晓丹 苏佳卉◎译

ASIAN BRAND STRATEGY

Building and Sustaining Strong Global Brands in Asia

中国人民大学出版社
·北京·

序 言

强大的品牌可以将一个公司与它的竞争对手区分开来,成功地影响消费者的购买愿意,建立顾客忠诚度,进而提升公司的财务业绩,使它在竞争中脱颖而出。

本书聚焦于亚洲的市场环境,试图建立亚洲品牌,并研究了相关问题。

一个公司想要实现持续的成功,品牌管理必不可少,尤其是在市场竞争激烈以及产品难以实现差异化的阶段。亚洲的许多地区和许多产品类别都处于这种阶段,这往往导致市场商品化,定价成为这场游戏中唯一适用的武器。

品牌化是商品化及随之而来的利润侵蚀的一种方式。建立强大的品牌需要长期的积累以及短期的利润牺牲。遗憾的是,许多亚洲公司习惯于支持对有形资产(如制造设备和不动产)的投资,而对无形资产(如知识产权、专有技术、系统、品牌等)较少关注。这反映在无形资产在公司市值中的占比上——往往低于50%,有时甚至不到1/3,被公认为品牌领导者的大公司也不能幸免。相比之下,拥有最知名品牌的西方公司这一占比超过75%。

此外,亚洲公司往往通过价格竞争实现销售,这在一定程度上破坏了提供一致性的隐含保证以及品牌建设所必需的质量认知。因此,得到全世界认可的亚洲品牌并不多,其中的顶级品牌主要来自日本和韩国。如今,联想、华为等中国品牌也加入了顶级品牌的行列。

亚洲品牌在国际市场上的整体弱势并不意味着本地品牌在亚洲国家本身不存在或不受欢迎。比如,在中国,计算机市场由联想主导;虽然百威、嘉士伯和喜力等全球领导者在亚洲市场做了很多努力,但啤酒市场仍被各国内品牌占据；在菲律宾，本土品牌 Jollibee 击败了全球知名品牌麦当劳，主导了快餐市场。在 2014 年最具价值的中国品牌 100 强排行榜上，中国移动排在第一位，中国工商银行和腾讯分别位于第二和第三。[1]

对于这些本土品牌来说，真正的挑战来自在国际化过程中如何让其他市场的消费者认知并接受。我们知道，在国际市场上建立区域品牌是十分困难的，并且很少会取得成功。同时，庞大的人口基数、不断增加的中产阶层消费者群体以及意想不到的市场领域正使亚洲成为一个蓬勃发展的市场。此外，多元文化、贫富差距、基础设施变化以及不断发展的思维方式也对外来品牌的发展构成了巨大的挑战。

在亚洲，品牌化经常被错误地认为就是改变公司标识、设计风格和配色方案的实践活动。它往往伴随着一个新的企业口号，每个人都期望立刻见效。当然，品牌化的过程中需要考虑这些元素，而且一旦确定战略，这些元素就要随之发生变化。但战略发展不能只限于元素考虑。品牌化是一项严谨的、长期的工作，涉及更多的技能和活动，而不仅仅是营销活动。

在亚洲，品牌战略发展的长期性并不明显。品牌化通常被认为成本高昂，而且在执行中，战略往往是由低层次的组织驱动的。通常，广告和促销是推动品牌建设工作的核心活动。正如本书作者所说，高层管理者并没有完全理解品牌化。除此之外，亚洲公司固有的成本和数量驱动特征导致了其对品牌投资回报的短视。这样的观点对于赢得世界其他地区对亚洲品牌的信任，改变产品价廉质低的形象毫无助益。不过，日本和韩国的产品基本已克服了这一原产国的劣势，中国品牌也在扭转这种负面印象。

公司必须意识到品牌化战略的重要性。所以我们要呼吁亚洲公司的董事会和高管层自己主导品牌建设。一个强大的品牌可以帮助整个公司和管理团队实现长期愿景，在市场中创造独特的地位，并释放组织内的领导潜力。

成功的品牌是由高管层来管理，并且由整个组织通过行动、行为、顾客触点来实施的。过去很少有出版物详细地介绍亚洲公司的品牌战略建设。在本书中，作者成功地解决了亚洲环境中的许多挑战和关键因素，如企业文化和结构。本书展示了成功品牌的战略如何帮助顶级亚洲公司进入全球舞台，以及有抱负的亚洲公司如何对抗更大的西方竞争对手。这些品牌拥有相同的特点——董事会和高管层对品牌的坚定承诺。

《品牌战略》一书提供了见解、工具和实用指南，以揭示品牌开发和管理的过程。它清楚地解释了为什么亚洲公司的董事会和高管层必须要通过品牌化来提高它们的竞争力。马丁·罗尔为这一品牌化过程提供了一个引人注目的框架和成功的法则。《品牌战略》充分证明，有必要建立强大的亚洲品牌，并在整个地区提供更好的股东价值。

海尔姆特·舒特（Hellmut Schütte）　教授、博士
中欧国际工商学院（CEIBS）荣誉院长
国际管理荣誉退休教授——欧洲工商管理学院（INSEAD）

注释

[1] http://www.wpp.com/wpp/marketing/brandz/china-100-2014/.

前 言

我与亚洲的缘份可以追溯到 1992 年 9 月，那是一个清晨，我正飞往东京成田机场。太阳在富士山顶闪闪发光，这令人惊叹的一幕是亚洲给我的第一印象，如同旅游攻略中的经典场景。这是我第一次来到亚洲，满怀好奇与渴望。这个清晨成为我不断深入亚洲的起点。亚洲拥有神秘的传说、古老的历史以及独特的文化、人和传统。没有哪个地方像亚洲这样落后与发达并存。过去是现在的一部分，对未来人们充满期待，快节奏的亚洲风格正在崛起。

从那一刻起，我对亚洲产生了兴趣。此后我离开广告行业，从欧洲工商管理学院（INSEAD）毕业，于 2001 年在新加坡定居，从事管理顾问的工作。亚洲有一些出色的本土公司，如韩国的现代和三星、日本的资生堂和索尼，但它们与今天的全球化公司仍有差距。在品牌塑造方面，东西方表现出的巨大不平衡促使我写下了本书。

本书初版于 2006 年，主要介绍了亚洲品牌在管理、战略、品牌化和国际化方面所面临的挑战及解决方法。成功地实现全球化意味着在低成本生产的基础上建立品牌并避免竞争，这一路径确实增加了许多品牌的商业价值。

从 2001 年起，越来越多的本土品牌进行了区域性和全球性的扩张，以此应对新的竞争。随着机会的增加和管制的进一步放松，无论本土老牌企业是否愿意，本土市场都在逐渐向全球品牌开放。因此，品牌化不再是亚洲品牌的加分项，它已变为必选项。

在本书第一版出版时取得巨大成功的一些品牌现在面临新的挑战。傲慢和自满已经打击了许多成功的组织，削弱了它们的领导能力，让它们陷入被

"胜利病"击垮的危险。

多年来，我与全球管理团队以及企业主合作，得出一系列调查结果和建议。通过与全球董事会以及企业管理团队（包括几家《财富》500强企业）合作的无数咨询项目，我获得了深刻的见解，这些见解形成了书中的论点。此外，在国际会议上发表主题演讲、进行小组讨论，并在全球举办高级管理层研讨会，进一步精炼了我的想法。这些活动的参与者也成为有价值的讨论伙伴。

本书写给公司董事会和管理层，以及亚洲商业领袖和西方观察家。首先，亚洲董事会正面临着提升股东价值的决定性时刻。这需要全面、一致和真正地致力于品牌建设，其中包含着复杂、有挑战性的问题。

其次，西方商业领袖正在以前所未有的方式看待亚洲。这一地区可以提供廉价的劳动力和新的增长机会，同时严峻的亚洲竞争也带来了许多潜在的威胁，无论对于非品牌企业还是品牌企业。本书提供了针对亚洲消费者、市场和公司打造强势品牌的第一手见解，详细地描述了建立、管理和利用强势亚洲品牌的战略与活动。希望本书可以吸引研究人员、学生，以及其他对这世界上最迷人、最快节奏的地区感兴趣的人。

在我的亚洲职业生涯中，我受到了许多朋友和商业伙伴的启发。没有他们，就不会有本书的问世。中欧国际工商学院（CEIBS）的杰出教授海尔姆特·舒特激发了我对亚洲的浓厚兴趣，并促成我在这里生活、工作。海尔姆特在欧洲工商管理学院（INSEAD）讲授的精彩课程启发了我对亚洲的兴趣。他一直是我十分感激的导师和好友。

马丁·罗尔
于新加坡
www.martinroll.com

目 录

第1章	绪 论
2	价值创造的缺失
3	逐渐消失的低成本优势
4	源自亚洲的全球品牌
5	亚洲强大品牌稀少的原因
9	亚洲董事会发展选择：新的模式
11	本书概览

第2章	**品牌化——成功商业战略的驱动力**
14	基于技术的生活方式
15	B2B品牌化战略的重要性
16	风险感知
16	亚洲人的品牌意识
17	品牌提升股东价值
19	品牌和市场的资本化
19	品牌对于企业股票市场表现的贡献
20	日益重要的无形资产
21	建立品牌导向型组织
23	领导层的观念导向和对品牌化的信念
26	技能
28	资源
30	品牌导向的企业人力资源战略

第 3 章 转变对亚洲文化和亚洲消费者的理解

- 32 　引言
- 33 　从同质文化到马赛克式的文化
- 34 　从异域风情的亚洲到现代化的亚洲
- 37 　从单个的国家到联系的整体
- 41 　从美式文化到异军突起的亚洲形象
- 42 　亚文化中的机遇
- 46 　转变对亚洲消费者的理解
- 48 　亚洲文化中内群体的重要性
- 50 　与众不同
- 51 　小结

第 4 章 亚洲国家的品牌化

- 55 　出口品牌
- 56 　政府在国家品牌中的作用
- 58 　全球品牌
- 64 　未来机遇
- 67 　小结

第 5 章 亚洲的名人品牌效应

- 70 　代言
- 75 　亚洲名人代言人
- 76 　名人代言模型
- 78 　名人品牌影响力模型
- 79 　名人品牌代言的风险
- 81 　印度的名人
- 81 　小结

第 6 章 亚洲品牌战略

- 84 　品牌整合
- 85 　品牌管理模型
- 110 　小结

第 7 章	**亚洲品牌的成功案例**
112	品牌化是强商业战略的基础
113	新加坡航空——优秀的亚洲品牌
122	安缦——豪华度假村酒店品牌
128	资生堂——亚洲标志性化妆品及护肤品品牌
136	三星——全球化的亚洲品牌

第 8 章	**雄心勃勃的亚洲品牌**
147	爱茉莉太平洋——亚洲之美创造者
159	吉姆·汤普森——亚洲丝绸品牌
166	阿里巴巴——中国颠覆性创新品牌领导者
171	华为——中国科技企业走向全球

第 9 章	**打造亚洲品牌的十大步骤**
179	CEO 需要领导品牌战略工作
182	建立自己的品牌模式
184	让利益相关者参与进来
188	推动企业愿景
189	开发新技术
191	授权人们成为品牌大使
193	创建适当的交付系统
194	传播
196	衡量品牌绩效
197	定期调整——做自己改变的推动者

第 10 章	**对亚洲企业董事会重拾信心**
200	亚洲环境中对品牌战略成功的影响
201	有抱负的亚洲品牌面临的挑战
206	全球品牌格局将发生重大变化
212	在企业的董事会层面打造品牌
217	成本优势意味着长期投入
222	西方企业能否维持在亚洲的品牌优势

| 224 | 亚洲面临的挑战和未来 |
| 227 | 小结 |

第11章 | 结　语

| 第 1 章 |

绪 论

亚洲商业变化飞快,那些曾经处于价值链底端的、为西方工厂代工生产廉价产品的亚洲企业,已经意识到品牌的重要性。在中国,创立于 2010 年的手机制造商小米后来居上,成为在国内占重要地位的手机制造商。[1] 它效仿苹果的处理速度和设计,同时在渠道方面又有所改进。在这样的形势下,终有一天,小米的总部北京将会取代硅谷成为手机产业未来的风向标。苹果的联合创始人——斯蒂夫·沃兹尼亚克(Steve Wozniak)也承认小米足以攻破美国市场。[2] 但是,由于知识产权争议、用户对网络安全的担忧、较低的品牌认知度以及强大的品牌竞争等方面的原因,像小米这样的中国手机品牌在全球化扩张过程中将面临坎坷的道路。[3]

无品牌产品在市场竞争中往往没有价格话语权,亚洲企业逐渐意识到品牌识别在吸引消费者和获取高额投资回报率方面的力量和重要性。亚洲企业意识到,为了与对手竞争,它们应该通过品牌投资和差异化来提高回报,而不是降低利润。

黄文华和黄文杰兄弟 1996 年在新加坡创办了一家女鞋店。在经营的过程中他们发现,虽然批发鞋子售卖具有成本优势,但是缺乏独特性意味着增长有限。由此,兄弟俩意识到创造一个消费者认同的品牌的潜力,进而创建了 Charles & Keith 品牌。如今,这一品牌以其独特的设计和快速的上新(每周提供 20~30 个新设计)在时尚意识强烈的客户中享有盛誉。随着其产品范围扩大到包、鞋、皮带、配饰和手镯,Charles & Keith 也从鞋类品牌发展成为生活时尚品牌。同时,这个集团还创建了男士鞋品和配饰产品线品牌 Pedro。

2011年，随着将20%的股份卖给由路易威登集团（LVMH）和其他投资者联合设立的 L Capital Asia 投资公司，Charles & Keith 品牌引起了全世界的关注。目前，Charles & Keith 在亚洲、东欧和中东地区拥有500多家门店，它希望借助 L Capital Asia 及其合伙人的专业知识，发展中国、美国和西欧市场，成为一个全球时尚品牌。[4]

有时，成功的品牌推广意味着另辟蹊径逆时尚而行。日本服装连锁品牌优衣库（Uniqlo）是亚洲最大的服装零售商，这要归功于其"为所有人制造"的品牌哲学。[5] 常被误认为是快时尚品牌的优衣库的策略是"完全无视时尚"，不追逐潮流。[6] 相反，它关注的是基本的、负担得起的、超越年龄、性别和种族的产品，这样每个人都可以创造自己独特的风格。优衣库目前在全球拥有800多家门店，还有一位雄心勃勃的首席执行官——柳井正（Tadashi Yanai），其期望在2020年将优衣库打造为全球最大的服装零售商。这家公司从其第一次海外扩张的失败中学到了很多。2002年，优衣库快速地在英国开了多家门店。而到2006年，仅有8家门店继续营业。高管们承认，他们在新市场中建立品牌形象方面做得不够好。[7] 优衣库在美国拥有7家门店，其要扩张到1 000家门店的计划无疑将取决于其董事会层面的品牌承诺。[8]

然而，大部分亚洲公司一直认为品牌只是广告或标识设计。如果公司要从品牌化中获益，它们必须认识到品牌化会影响整个企业——董事会成员的结构、目标、态度和前景。管理者不应该将品牌仅作为一个商业计划的附属部分，而应视其为一种长期的、渗透到组织精神中的注入。这需要重塑组织的各个职能方面的重点和优先次序。

在实施品牌化之前，了解其含义、形式、实践、目的和优势是很重要的。这确实是亚洲企业董事会及高管层必须进行的一种范式转变。亚洲公司董事会和管理团队如何分析、捕捉和管理这种思维变化，是本书的核心。

价值创造的缺失

高盛集团预测，2026年中国将在经济总量上超过美国，成为世界上最大的经济体；2028年，印度经济将超过日本。事实证明，中国和印度确实引领着亚洲的增长趋势，对世界各地的工业和企业都产生着影响。[9]

亚洲竞争环境的变化受到以下因素的驱动：中国和印度的快速发展、不断放松的管制和贸易自由化，以及整个区域中新的人口和社会趋势的出现。这些变化涉及制造业和服务业的整个价值链，与运营效率和生产力提高、创新和设计有关的问题，以及对广泛多元化关注的减少，而多元化是亚洲企业，特别是家族企业中普遍存在的结构。

逐渐消失的低成本优势

亚洲的经济发展在很大程度上得益于低成本优势——这让亚洲企业能够从其他竞争对手那里获得市场份额。在过去的20年里，亚洲国家确实吸引并发展了许多产业，例如中国广东的灯具制造业、广西的电子装备业；印度班加罗尔的软件开发业。但西方企业通过收购这些亚洲企业或大力开展外包业务，已经在精简成本结构，对亚洲企业来说低成本不再有明显的优势了。许多行业竞争激烈，使企业利润率面临巨大压力，迫使企业不得不寻求其他生存和增长的措施。手机业就是一个例子，品牌所有者的毛利率可以达到制造商的两倍。

总部位于亚洲、在本土市场以外扩张的大公司相信，创新和品牌建设对成功拓展海外市场至关重要。埃森哲曾经对企业高管做过调研，询问他们认为3年后自己的竞争优势主要是什么？从2012年到2013年，高管们的答案中低成本研发的重要性下降了16%，低运营成本下降了34%；而销售高价值、高质量的品牌，创新产品和服务的重要性正在增加，取代低成本成为新的竞争优势来源。[10]

然而，亚洲仍然是世界上最大的商品供应源之一，是世界47%的制造业的生产中心。[11] 亚洲制造商大多为其他公司生产产品，因此这些产品大多是没有品牌的。换句话说，这些都是没有强大品牌标识的批量产品。相反，制造商的客户——价值链中的下一环参与者——主要通过强大的品牌战略和成功的营销计划的执行来获取最大的财务价值。

亚洲制造业价格与西方零售价格在价值占比上的差异就是很好的例证。品牌运动鞋在亚洲的生产成本约为5美元，以10美元的价格卖给运动鞋品牌商，消费者在零售店以100美元的价格购买——换句话说，"从产品到品牌"

的整个价值链增长了 20 倍，而其中亚洲制造商只获得了消费者愿意支付的实际价值的一小部分。此外，消费者永远不知道是哪个亚洲制造商生产的运动鞋。

图 1-1 展示了品牌如何在价值链中整合的四类场景。在某些情况下，公司是垂直整合的，可以拥有部分渠道，包括零售店、分销商或生产商。

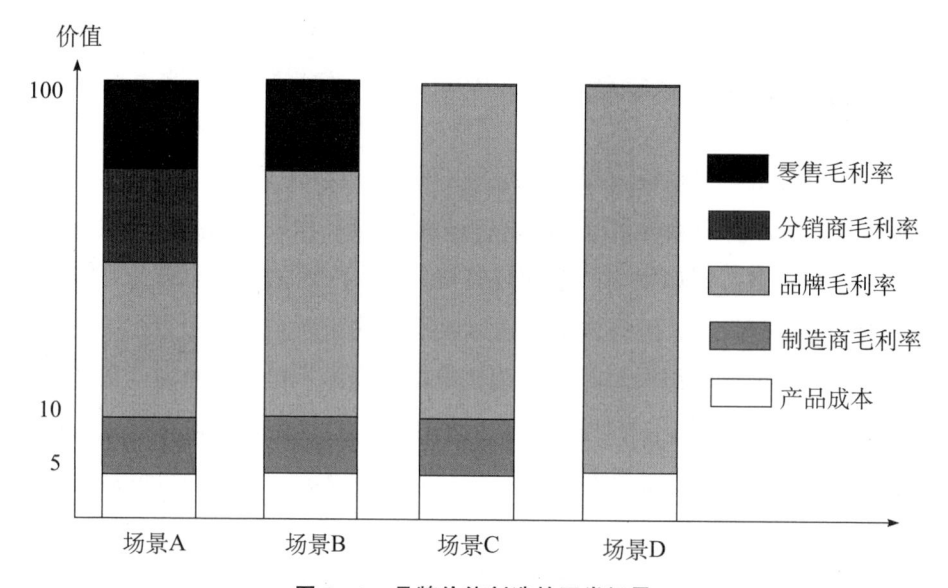

图 1-1 品牌价值创造的四类场景

资料来源：Martin Roll Company.

自 2000 年以来，随着体育品牌商纷纷选择自己扩展分销业务，体育用品行业的分销商数量下降了 50% 以上。根据垂直整合的水平（程度），运动鞋品牌商获得了大约 40%～95% 的整体财务价值。[12]

成功的全球化公司有一些共同的特点，包括强大的品牌资产。尽管亚洲的市场规模和经济在增长，但是仍然没有出现大量强大的、国际化的品牌。

源自亚洲的全球品牌

2014 年 Interbrand 对全球品牌财务价值进行测量的结果表明，在全球 100 强中，只有 11 个源自亚洲。[13] 这些品牌都是来自日本和韩国的知名科技和汽车巨头，比如三星、丰田、本田、佳能和现代，唯一的一个，也是第一个在全球品牌榜单上出现的中国品牌是华为（排名94）。这不得不让我们思考：亚洲其他品牌是什么样的情况呢？

鉴于目前亚洲企业的规模和数量，很明显，亚洲可以通过更好的价格溢价和客户忠诚度，打造更多知名品牌，获取更多价值。当然，亚洲也拥有一些全球最大的公司。中国拥有世界上最大的3家公共部门企业，以及全球前10大公共部门企业中的5家。《福布斯》全球企业2 000强排行榜上有674家来自亚洲。但是这些公司缺乏品牌认知和价值，而这正是很多欧美大公司所拥有的。[14]

所以正如本书所阐述的，品牌化将成为亚洲公司未来股东价值的重要驱动因素。

亚洲强大品牌稀少的原因

亚洲企业到现在也没有发展出很多全球品牌，原因多种多样。总的来看，亚洲企业的品牌增值主要受以下五个因素的抑制：

- 社会经济发展阶段；
- 缺乏创新意识；
- 商业发展过于多元化；
- 亚洲商业结构；
- 知识产权保护薄弱。

社会经济发展阶段

亚洲国家和地区的社会发展阶段差异较大。日本、韩国和新加坡处于发展的高级阶段；而越南、柬埔寨、印度尼西亚则处于低级阶段；中间有马来西亚、泰国、中国和印度，这些国家正以较快的速度发展。社会和地区所处的发展阶段对企业在本地开展业务的优先级、业务的复杂程度和如何融入价值链都有较大的影响。

当国家和产业从低技术环境向高技术环境转移时，往往倾向于以整体价值视角来补充其低成本优势。通常它们在制造业中因为劳动力成本更低的竞争对手的出现失去低成本优势，从而不得不向价值链上游转移以寻求新的竞争力。虽然从价值观的视角来看，不排除不断降低成本的追求，但其主要目标是为产品和服务创造额外的感知价值。在这一阶段，品牌往往开始通过更好的价格溢价和提高客户忠诚度，扮演股东价值驱动者的角色（促使股东价值增长）。

很多人以此推论经济发展阶段和品牌化程度是相关的，但其实这并不正确。从一般意义层面上看，任何企业都可以做出品牌建立/发展的决策。但事实上，一个国家的经济发展阶段和一个行业的成熟程度可以作为衡量品牌是否获得广泛认可和发展势头的重要指标。

对品牌战略的另一影响因素是，消费者在购买商品时的品牌情结。拥有强大品牌的成功公司创造了对品牌和相关资产的需求，而这在以前是不存在的。

印度尼西亚的市场机会

到2030年，印度尼西亚市场将有9 000万消费者，预计每年将增加1万亿美元的支出。在2010年，印度尼西亚消费者支出占GDP的61%，已经接近发达国家的水平。到2030年，印度尼西亚的城镇化率将从2013年的53%左右上升到71%。据估计，金融服务、休闲、旅游和服装等类别的增长将满足走向富裕的、技术控和个人主义的城市消费者的需求。

印度尼西亚由17 500多个岛屿组成，岛上分布着复杂而分散的基础设施。夫妻店在许多产品类别中占主导地位，但渠道在变化，现代零售业正在迅速发展。因此，品牌化创建需要管理多样化的渠道以满足不同消费者的需求。与此同时，数字技术正在影响印度尼西亚的营销，并且随着互联网用户和移动设备用户的增加，数字技术正在发挥越来越重要的作用。

与其他新兴市场相比，印度尼西亚消费者普遍重视品牌。品牌创建，重要的是要打造与当地消费者产生共鸣的品牌定位，而不是依赖在原产地的名气。印度尼西亚消费者对品牌的所有权和背景并不是很了解，但他们关心品牌能为他们提供什么。许多印度尼西亚人认为雀巢（Nestle）的奇巧（Kit Kat）巧克力品牌是本土品牌，日本品牌本田（Honda）在一次成功的当地广告宣传中使用了印度尼西亚语 satu hati（"一颗心"）。[15]

最后，根据布鲁金机构（Brooking Institutions）的研究，全球中产阶层支出的30%是由亚洲人贡献的，而2000年这一比例为20%。布鲁金机构将中产阶层定义为每天收入为10～100美元的人群。[16] 因此，亚洲已成为一个巨大的消费市场，全球品牌和新兴亚洲品牌在亚洲的潜力日益增长。

创新意识需要加强

一项针对中国部分企业高管的匿名调查显示，超过半数的受访者认为，到2025年，中国经济实力将超过美国，有13%的受访者认为届时中国将在技术前沿超过美国。[17]

尽管创新很难衡量，不过研发支出可以作为一个指标。在国家层面上，除少数国家外，亚洲经济体的研发支出占GDP的比例历来落后于世界其他地区。从世界范围来看，在研发中投入最多的是美国、中国、日本、德国、韩国、法国和英国。[18]

2013年，全球申请专利最多的五个国家分别是：美国（57 239件）、日本（43 918件）、中国（21 516件）、德国（17 927件）和韩国（12 386件）。[19]

亚洲国家正努力在可能引发下一波创新浪潮的3个领域发挥带头作用：生物技术、纳米技术和信息技术（IT）。其中，对纳米技术的投入，亚洲相当于美国和欧洲的总和。此外，中国、印度、韩国已经从自上而下的国家指导技术政策转向更灵活的市场导向的政策，以促进创新创业。2012年，中国将GDP的1.98%用于研发，几乎是其1998年支出的3倍。[20]

由于低成本已不再为亚洲企业提供竞争优势，由创新能力增强驱动的差异化将是未来成功的关键。特别是对于想要打造强大品牌的亚洲企业，必须将创新作为重要战略。

虽然设计只是更广泛的品牌战略的一小部分，但它有助于为产品创造明显的差异，塑造客户的认知。

有时候，适当的合作关系可以提高品牌的创新能力。联想2005年通过并购IBM个人电脑业务迅速成为全球电脑市场的前三强。同时，苹果与富士康等中国合作伙伴通过深受市场青睐的 iPhone 建立的长期关系，正在产生涓滴效应。

商业发展过于多元化

过去在亚洲建立品牌的另一个障碍是业务多元化，企业经营范围往往涉及多个行业，致使业务之间所能产生的重叠和协同效应有限。亚洲很多企业在商业行为中的普遍心态是基于交易而非品牌，只看到收入，而不去计算利润。所以，企业很难去发展一个相关的、清晰的、差异化的品牌战略。

在亚洲市场，企业集团比世界其他地区更为普遍。麦肯锡的研究发现，在过去十年中，中国和印度最大的企业集团继续迅速实现多元化，平均每 18 个月就进入一项新的业务，而其中近一半与母公司的运营没有直接关系。[21]

泰国正大集团（Charoen Pokphand Group）是亚洲企业逆共同多元化趋势而动的一个例子。传统上，它在电信、卫星、有线电视、摩托车制造、石油化工和酿造等领域都有业务。面对业务多元化的局面，正大加强对供应链的控制，以继续扩大其综合食品业务。通过将其农业综合企业模式推广到其他农产品和其他国家，正大集团已成为全球领先的农业综合企业集团之一。2013 年其收入达到 410 亿美元。

韩国化妆品公司爱茉莉太平洋（Amore Pacific）也是一个极好的例子。它曾经是一家多元化的化妆品公司，后来通过专注于单一核心业务获得了巨大成功。在首席执行官徐庆培（Suh Kyung-Bae）的领导下，爱茉莉太平洋将棒球队和内衣制造商等非核心资产出售，专注于成为亚洲第三大化妆品品牌。[22]

亚洲商业结构的制约

亚洲常见的商业结构也是其缺乏强大品牌的原因之一。亚洲的商业结构包括许多中小企业，而且大多是家族企业，从而导致企业商业利益的多元化。一般来说，在资源有限的情况下，企业往往很难克服品牌建设的障碍。在这类企业中，管理视角更倾向于短期的商业胜利，而不是需要更多资源和长期发展的品牌战略。尽管年轻一代已经接班成为这些企业的领导者，但仍然难以说服老一代投资无形资产，因为这违背了商业传统和智慧。

家族企业在亚洲很典型，许多家族企业的起源可以追溯到19世纪重商主义企业家从中国移民到亚洲其他国家。据瑞士信贷（Credit Suisse）的数据，在10个亚洲国家，家族企业约占所有上市公司的一半，占总市值的32%。[23]

余仁生19世纪末20世纪初开始在马来西亚销售传统的中药。如今，余仁生已成为传统中医药行业乃至全球快速增长的"健康产业"的标志性国际品牌。余义明（余仁生第四代掌门人）对亚洲企业的转型曾发表过自己的看法："每一代人都要思考你要为家族事业的发展做什么，你现在的事业与未来的发展是否相符，更重要的是怎样让你的家族更重要，更符合未来的趋势。这是每个人必须思考的问题。"[24]

当余义明20世纪90年代接管企业时，余仁生几乎没有盈利，只有几艘船停靠在新加坡和马来西亚。到2000年时，余仁生已经上市；2012年，其净利润达到1 680万美元，主要来自其现代高利润产品的销售。[25] 余仁生目前的核心市场有新加坡和马来西亚等，并且在这些地区占有较大的市场份额。

知识产权保护薄弱

在亚洲，知识产权挑战一直是发展品牌的主要障碍。许多亚洲公司在本国的市场上面临猖獗的假冒和侵犯知识产权行为。如果亚洲地区的立法和执法情况不能改变，知识产权问题将成为品牌发展的重要阻力，因为在这样的情形下，亚洲企业董事会不会认识到无形资产管理的重要性，更学不会运用。

世界海关组织估计，全球有5%～7%的贸易品是假货。在一年的时间里，法国奢侈品公司路易威登集团花费了1 600多万美元用于调查、查封和打击假货。[26]

假冒不仅仅只涉及实体产品，也包括整个商店的概念，例如，假冒的品牌专卖店。

亚洲董事会发展选择：新的模式

本书里提到的很多观念和建议是受亚洲品牌领导模型所驱动发展的（见

表1-1）。这些模型描述了亚洲品牌的转变过程。

表1-1 亚洲品牌领导力模型

		旧范式	新范式
董事会		制造驱动	品牌驱动
		生产	设计、创新和生产
		策略性广告（广告策略）	品牌战略管理和营销
		低成本/低感知价值	低成本/高感知价值
		简单的活动组成	联合
		价格驱动销售	价值驱动销售
		代工（OEM）	商标和知识产权
		短期财务价值	长期品牌价值
		中层的和分散的营销功能	董事会驱动下的营销功能
		碎片化的营销活动	高度整合的营销活动
		分散的生产线	品牌整合
		以促销为主的市场营销	以人为中心的品牌管理
		功能驱动品牌	组织驱动品牌
		以企业为核心的价值驱造	共同创造价值
消费者行为		集体主义	企业内/企业外
		地区同质	架构/流程/混合
象征		东方	新的亚洲
		产品和服务	人和场景
		西方名人	混合体＋亚洲名人
文化		跟随趋势	创造趋势
		日本和韩国	碎片化标志，泛亚裔标志
		简单活动累加/堆积	整合、联合
战略驱动力和测量		销售视角/理念/导向	品牌管理视角/导向/理念
		市场份额	品牌资产
		意识	品牌审计
		资产负债表上的有形财务价值	资产负债表上的有形资产＋无形资产价值
		市场营销是成本	品牌管理是一种战略投资

资料来源：Martin Roll Company.

第一，亚洲董事会的思想和实践需要变化。本书将彻底改变亚洲董事会对品牌的看法：从仅仅是个策略到一个长期的战略观点；从碎片化、零散的营销活动到统一的品牌化活动；从品牌只是营销经理的职责到品牌是董事会带领下的企业最基本的功能和基因。

第二，新的管理视角要求我们必须深刻地真实地理解消费者行为模式。亚洲不是一个单一的实体。更重要的是，亚洲国家正越来越多地受到文化趋势的影响：电影、音乐和时尚潮流正在跨越国界，吸引着上亿人的想象力。品牌建设和品牌不是在真空中运作的，它们与社会发展、人与文化息息相关。

第三，想要成功的管理者需要放弃陈旧的亚洲理念。亚洲消费者都在争相追求一种独立自主的现代的亚洲形象。

第四，要想打造标志性的品牌，亚洲管理者必须成为引领潮流的人。本书的观点是，为了成功，亚洲品牌需要捕捉该地区的精神，并通过创造精神来引领潮流。

第五，只有当企业中每个人都认识到品牌管理的重要性时，品牌认知和管理战略行为才可能成功转型。反过来，这只能通过对品牌投资和业绩的责任及系统监控来实现。用数据驱动决策的组织比其竞争对手的生产力高5%，利润高6%。[27] 这将使亚洲品牌变得真正强大。

本书概览

第1章讨论了品牌对于新的亚洲商业格局的意义：亚洲企业能通过构建品牌得以发展并获得更多的财务价值。

第2章将探讨品牌以及品牌原则如何与商业战略紧密相关。品牌管理可以增加股东价值。当然，成功品牌管理存在许多管理的挑战、过程和任务，这需要进一步讨论。

第3章将关注亚洲消费者和文化的特点与变化。本书提供了一种新的研究亚洲地区的方法，包括群体与个人取向、角色、符号和家庭等问题。本章着眼于从纯粹的集体主义观念向内/外群体视角的转变，这有助于我们更好地理解亚洲消费者。同时还分析了场景、流和混合。

品牌质量的认知与其来源国有很大的相关程度（人们往往会将一个品牌的来源国与其质量关联）。第4章讨论了国家品牌和原产国效应，它如何影响品牌，以及公司应该采取哪些措施从国家的形象中获益。本章包括一些亚洲国家如何塑造自己的例子。

强势品牌往往被一个社会的流行文化、多元活动和潮流所影响。名人和其他公众人物可以作为产品和服务的潜在代言人，成为品牌战略的重要组成部分。第 5 章将讨论在亚洲品牌建立的过程中，如何利用这些名人、其他代言人及其能力有力地支持品牌建设。

第 6 章主要关注品牌战略的发展。本章提供了一个品牌建立的框架和完整的品牌管理模型。

第 7 章和第 8 章展示并分析了几个成功的案例——令人鼓舞的亚洲品牌。这两章从不同的视角讨论了在亚洲背景下通过一个可以选择的亚洲品牌组合来创建和管理品牌。在制定未来的品牌战略时，多元化和多样化的品牌故事可以启发亚洲的董事会和服务作为讨论点。

第 9 章给亚洲董事会提供了一个品牌建立和管理的指南，同时讨论了一个成功品牌管理的步骤和系统。

最后，第 10 章将讨论未来几年亚洲企业董事会面临的挑战、品牌变革的推动者以及亚洲品牌如何挑战西方同行。

注释

第 2 章
品牌化——成功商业战略的驱动力

当今，企业和消费者越来越重视品牌的意义。品牌给人以认同感、感官刺激以及丰富的体验。人们需要与他们所熟知的、信任的以及渴望的事物联系在一起。所以，从消费者的角度来看，品牌是质量的信号，并构建了消费者与制造商之间的信任纽带。

表 2-1 向我们展示了何为强大的品牌以及强大品牌的特点。

表 2-1 强大品牌的九大特点

1. 品牌驱动股东价值
2. 品牌由董事会领导，并由品牌营销人员管理，所有利益相关者都积极参与其中
3. 品牌是组织多个触点的集成
4. 品牌可以从财务的角度进行估值，属于资产负债表中的资产部分
5. 品牌可以作为金融贷款的抵押物，也可以作为资产进行买卖
6. 与竞争产品和服务相比，客户愿意为品牌支付可观且持续的溢价
7. 顾客把自己和品牌、品牌属性、品牌价值以及品牌个性紧密联系在一起，他们完全接受品牌的概念，这种反应通常表现为一种非常情绪化和无形的关系（更高的顾客忠诚度）
8. 顾客对品牌是忠诚的，尽管还有其他一些更加合理、更加便宜的选择，但他们愿意积极寻找自己忠诚的品牌并购买它（更高的顾客保留率）
9. 品牌是一种商标和文字（标识、形状、颜色等），受到公司及法律的保护

资料来源：Martin Roll Company.

所谓强大的品牌，不仅仅是商标或者是商业名称。在深入分析品牌化之前，首先要明确该术语。现如今，"品牌化"是一个被广泛误用和误解的术语，它甚至包含了战略、营销、沟通在内的所有内容。然而，"品牌化"应该被视作一种投资，就像其他商业活动一样，需要计算投资回报率（ROI）。也就是说，它必须作为一种无形资产，列在资产负债表的左边，同时财务人员还需要时时关注它的价值变化。

基于技术的生活方式

亚洲消费者以深谙各种技术而闻名，这点我们从亚洲手机的使用率以及信息发送数量就可以看出来。但是除了技术，他们购买时还会关注生活方式和设计，并且挖掘品牌文化。

心理学研究表明，人类的认知是有限的，品牌因而可能具有持久性。现代社会被大量信息充斥，总体上，每个人接受的信息都远远超过其承受能力。因此，为了让信息世界变得更简单些，人们在根据信息做出合理决策的时候，会依靠各种启发式的方式来筛减搜索到的信息以及信息处理环节的数量。一旦人们认为某个品牌是值得信任的，他们就不太可能再去寻找新的信息来挑战这一认知。社会学研究也证明了这一点（为什么人们不太可能转换品牌）。品牌和很多因素密切相关，如形象、事件等，而这些因素在群体和社会网络中广泛分享，那么在其中的个体就形成了关于这类品牌的普遍认同。因此，对于个人而言，放弃这些共同的认同转而选择网络之外的品牌，将是一件很困难的事情。[1]

众所周知，亚洲以集体主义文化为主，品牌的社会情境起着重要作用。品牌创造了消费者对产品的依赖和忠诚，给竞争者制造了壁垒，为企业提供了竞争优势。

大部分亚洲国家依然是发展中国家。虽然亚洲经济持续快速发展使得居民可支配收入增加，但是贫富差距不可忽视，金字塔现象依旧明显。一部分位于金字塔中低层的消费者，希望通过拥有国际知名品牌，作为其社会地位的象征。不仅如此，在未来，会有更多的人都能够消费得起国际知名品牌。亚洲的消费者同样希望背LV包，开奔驰车，穿耐克鞋和阿玛尼套装。奢侈品牌已经开始采用特定的层次驱动定价策略来挖掘收入不断增长的消费者群体。2013年，诸如博柏利（Burberry）、轩尼诗（Moët Hennessy）等国际奢侈品牌直接将产品客户锁定印度中产阶层，并制定了相应的价格策略。[2]

不过随着时间的推移，亚洲消费者对于奢侈品牌的品位也日趋成熟。一项研究表明，奢侈品市场的增长速度已由 2012 年的 7% 降到 2013 年的 2%。

B2B 品牌化战略的重要性

在企业对企业（B2B）的市场环境下，品牌化扮演着重要的角色，如大部分企业决策者在购买网络产品时会选择思科（因其安全性），需要获取咨询服务时会选择麦肯锡（因其可信度），需要航运服务时会选择马士基（因其精准性），租赁飞机引擎时会选择罗尔斯-罗伊斯（因其可靠性）。

在亚洲，大量企业处于商业价值链和 B2B 价值链的上游环节。随着全球竞争加剧，企业主以及高管不断质疑品牌化和品牌有效性，许多公司正着手寻求建立和维系更多的企业价值。这导致在商品、制造业以及其他 B2B 行业运营中，品牌化（这个与管理相关的课题）常常遇到各类挑战。

根据全球最大的综合性品牌咨询公司 Interbrand 的数据，许多世界上最有价值的品牌都是以 B2B 为主导的，比如 IBM、通用电气（GE）、英特尔、思科、甲骨文（Oracle）、SAP、UPS、卡特彼勒、Adobe 以及华为等。[3] 这些行业品牌的一个关键特点在于，其战略就是向客户以及利益相关者提供价值，它们对品牌的要求就来源于这种战略。

品牌化是 B2B 企业差异化的一种重要手段，其原因在于企业大部分的利润来自少数的核心客户和利益相关者。对于这种行业的典型企业来说，其超过 50% 的销售额来自不到 10 个重点客户。[4]

企业消费者的购买行为与通常的家庭日常消费行为截然不同：B2B 企业购买的商品价值要明显高于普通消费品，购买周期更长，采购时面临的选择更多，大部分的采购行为要经过企业高层或者是董事会的多级审批。

卓越品牌带来财务效益：根据调研机构 Forrester 的研究，拥有卓越品牌的 B2B 公司要比弱势品牌的公司收益高出 20% 左右。[5] 密切的客户关系以及良好的信用是建立和维护品牌资产的重要因素。

关系管理：根据全球数据管理公司麦肯锡的报告，与销售代表的个人互动依旧是影响 B2B 公司客户的主要因素。领先的企业通过大量面对面的交流和市场调研，保持对客户需求的了解；[6] 同样，客户也希望与一个专业可靠的供应商保持可持续的关系互动。

思想领导：数字化时代，思想领导改变了构建品牌忠诚度的方式，在 B2B 领域，这一特点表现得尤为明显。用户需要资源去帮助他们解决问题、预测所处行业的发展。成为行业内的权威企业，不仅可以巩固与现有客户的关系，还可以帮助建立与新客户的关系。有效的思想领导意味着要更多地采取有效的沟通方式，需要改变销售部门的传统方式。品牌需要构建具有传播性和内容性的管理战略，思想领导是当今 B2B 营销者品牌化战略的重要方式之一，它需要具有合适的内容、时效性，并且充分与社交媒体相结合。

风险感知

上述提到的一些行为模式之所以存在，一个深层次的原因就在于客户对于某些品牌的信任。这种信任有助于减少客户购买行为的风险，学者将这一概念称为"感知风险"，其定义为"消费者对购买产品和服务的不确定性和不良后果的感知"。[7] 感知风险有六个维度：效果、价格、机会/时间成本、安全性、社会性、个性化。[8] 表2-2体现了消费者在购买阶段面临的各维度感知风险。

表2-2 购买行为中可能的风险感知

效果	产品或服务的效果能否达到预期？
价格	产品或服务值它的价格吗？
机会/时间成本	如果产品或服务没有达到预期效果，会带来连带的机会成本吗？
安全性	产品或服务的使用过程是否安全？是否会对健康或环境产生威胁？
社会性	产品和服务是否符合社会认知？
个性化	产品或服务是否符合消费者的个性以及价值观？

说明：表格内容来自 Cunningham（1967）的六维度感知风险。

品牌能够很好地证明商品的来源，保证服务质量，通过这种对于所售商品感知价值的有效承诺来降低上述风险。于是，消费者可以确信一个有品牌的商品的风险要远远低于同类无品牌的商品。

亚洲人的品牌意识

亚太地区的消费者具有较强的品牌意识，在全球消费者中属于比较不愿意尝试陌生品牌的群体。[9] 尼尔森 2013 年关于新产品购买倾向的全球调查报告显示，57% 的北美消费者愿意尝试购买不了解的产品；在欧洲有 56% 的消费者愿意；而在亚太这一数据只有 45%。

与其他地区相比，亚太地区的受访者觉得国际品牌比本土品牌具有更高的声誉。尼尔森 2013 年的调查显示，与国际品牌相比较的时候，只有 38% 的亚太地区消费者愿意购买本土品牌；而在北美这一比例达到 47%。[10]

TWG Tea——新加坡茶叶公司

TWG Tea 公司于 2007 年在新加坡创立，创办人之一是塔哈·布卡迪（Taha Bouqdib）。TWG Tea 品牌标志上的 1837 字样是为了纪念新加坡在当年成为茶叶、香料和奢侈品贸易站的那段历史。该品牌产品现在遍及 14 个国家，包括日本、韩国、中国和英国等。在澳大利亚，TWG Tea 通过与零售商合作进行品牌推广，如百年零售品牌 David Jones；在美国，该品牌通过在高档连锁食品店 Dean & Deluca 设立专柜来推广品牌。

TWG Tea 隶属 Wellbeing 集团，将专业的国际分销网络、独特的原创零售店与精致的茶室融为一体。[11]

TWG Tea 现在打算进一步扩张进入中东市场。TWG Tea 将自己定位于与 LV 和普拉达相当的奢侈品牌，其大约 40% 的销售来自五星级酒店、机场以及高档餐厅。[12] 该品牌提供 800 多种茶叶、茶点以及其他茶味美食。[13]

根据欧睿公司（Euromonitor）的研究报告，对于发达市场的高收入消费者而言，茶的确是一种令人愉快的饮品，而消费者也在积极寻求与茶饮品相关的同类个性化品种，这进一步推动了定制化需求的增加。

品牌提升股东价值

董事会的主要目标就是维护股东利益，向股东提供丰厚的回报。[14] 实现这一目标的途径之一是建立具有卓越品牌资产的品牌。"品牌资产"是建立在顾客和其他利益相关者心目中的成功企业的商誉资产。[15] 这也是公司市场化以后市值经常超过账面价值的主要原因之一。因此品牌资产的具体情况可以作为预示未来财务情况的指标之一，这一点会在第 6 章中详细讨论。

正确定价是创造利润的有效途径，好的品牌可以产生更高的溢价。对于一家标准普尔 1500 公司而言，价格上涨 1%，如果成交量保持稳定，一般营业利润将增加 8%；而可变成本（包括原材料、直接人工）下降 1%，营业利润增加 6%；产量增加 1%，营业利润增长不到 3%。[16]

因此，为了实现企业目标，营销战略和活动必须要与业务战略相一致。对于现代企业来说，价值创造越来越依赖对无形资产的掌控，如品牌、知识产权、系统和数据、人力资本、市场关系等。[17]

亚洲很多企业一直专注于传统的资本密集型行业，然而根据麦肯锡的一项研究，亚洲利润最高的企业是以人力资本等无形资产为重点的，利用网络效应，基于品牌和商誉创造协同效应，而不是大规模投资有形资产。[18]

《经济学人》2014 年发表的一篇文章提到了五大趋势与挑战，有志在亚洲取得成功的企业尤其需要加以重视和适应。它们是：

- 愈发恶化的外交环境；
- 亚洲人口统计学差异以及日益上升的劳动力成本；
- 亚洲社会对于由量变到质变的强烈需求；
- 互联网的潜在威胁；
- 企业面临的激烈的全球竞争。

文章中提到，由于亚洲企业有着较其他地区企业更好的财务制度，所以能更好地应对这些挑战，这也就形成了亚洲品牌精准构建的差异化战略。

该文章还提到，阻碍亚洲企业发展的关键障碍有行业组合、品牌化、创新和国际化。亚洲的全球化品牌占比极低，根据 2014 年 Interbrand 的排名，全球 100 个最具价值的品牌中只有 11 个来自亚洲。在新兴的亚洲市场，本土品牌普遍被认为质量和价值都不高；相反，外来的品牌被认为是高品质且值得信任的。这其实也说明亚洲企业并没有很好地投资品牌建设，因为它们缺乏定价能力。[19]

换句话说，像品牌这样的无形资产是企业进行价值创造至关重要的因素之一，它可以成为提升亚洲企业股东价值的重要驱动力。

品牌和市场的资本化

很多西方企业中大部分的无形资产和品牌价值相关。一项针对西方证券交易所上市公司的市值分析表明，公司很大一部分价值来自其强有力的品牌和由此产生的利润流。在纽约证券交易所和纳斯达克上市的公司中，无形资产占企业市值的50%~75%，而这大部分是由自有品牌价值产生的。此外，《财富》500强企业的账面净值比率约为2~3倍，这也表明这些企业的市场价值中，无形资产都超过了70%。

有研究表明，高品牌价值和企业声誉会正向影响企业的账面净值比。这一结论表明，企业声誉可以用于解释企业的高账面净值率。[20]

品牌对于企业股票市场表现的贡献

有研究使用金融学统计工具和概念调查了品牌和股东价值的因果联系，并检验了强品牌的公司绩效是否跑赢大盘，以及进行风险调整后，是否仍有回报。[21] 基准品牌组合（根据美国主要证券交易所的评价）的平均月回报率为1.34%，而强品牌组合（选取111家强品牌的企业作为研究对象）平均月回报率为1.98%。对比市场总体情况，企业风险取决于其现金流的波动性和脆弱性。[22] 通过绝对值来衡量风险的时候，波动性和脆弱性越低，绝对值也越低，如强品牌组合的风险绝对值为0.85，基准组合为1.07——平均市场风险为1.0。综上所述，强品牌组合可以降低市场风险从而提高企业绩效。

表2-3说明强品牌组合在不同财务比率指标上大部分优于基准水平。

表2-3 品牌表现对财务比率的影响

	财务指标		结果
流动比率	衡量一个公司满足其现金需求的能力	现金比率	强品牌组合在流动性的两个指标上都优于基准水平
		速动比率	
经营活动比率	衡量特定资产的流动性和管理资产的效率		强品牌组合只在一个指标上优于基准水平；它们从客户回笼资金的时间是基准组合企业的一半

续表

财务指标		结果
杠杆率	通过股权债务比来衡量企业的融资规模和支付利息及其他固定费用的能力	
	股权债务比	强品牌更多地靠股权而不是债务来融资,两个基准组合的股权债务比为 151.48 和 133.56,强品牌组合为 52.36。强品牌组合与基准组合的利息保障倍数存在显著差异
	利息保障倍数	
利润率	衡量一个企业的整体业绩,以及其在资产管理、负债和权益方面的效率	
	毛利率	强品牌组合在所有指标上都优于基准水平
	营业利润率	
	净利率	
	股本回报率	

资料来源:"Brands matter: an empirical investigation of brand-building activities and the creation of shareholder value," Thomas J. Madden, Frank Fehle and Susan M. Fournier, Working Paper, 02-098, May 2, 2002.

"Understanding Financial Statements", Lynn Fraser and Aileen Ormiston, Fifth edition, Upper Saddle River, NJ, Prentice Hall.

日益重要的无形资产

现在企业不仅仅是贸易型的工厂,而且还承担零售、仓储等各类有形资产贸易。不仅如此,越来越多的无形资产也在进入交易市场,其中大部分的无形资产与品牌、品牌资产以及品牌的商业价值相关。

一个典型的案例就是 2004 年 12 月中国电脑制造商联想公司宣布以 12.5 亿美元收购 IBM 的个人电脑业务。[23] 毫无疑问,联想购买了 IBM 的有形资产、高品质的产品技术、市场渠道以及强大的客户群体,但是这场交易中还有一个不应被忽略的重要组成部分,那就是品牌价值。据估算,联想大概花费 4.88 亿美元,约占整个收购价 39% 的金额,购买的是在未来 5 年,联想有权在自主生产的笔记本电脑上打上全球公认的 IBM 标志。

因此,当亚洲企业进入一个充斥着合并、联盟、合资、兼并收购的全新纪元,了解是什么推动品牌价值以及在组织内部如何管理品牌显得尤为重要。组织和品牌将改变所有者,为了更加客观地评估无形资产,企业家必须了解品牌优势和价值。本书第 6 章将进一步讨论如何制定品牌战略以及评估品牌。

建立品牌导向型组织

企业管理团队必须清晰地了解品牌背后复杂的驱动力、其运作的逻辑内涵、如何获取和利用品牌资产的所有要素,以及如何评价品牌的表现,从而通过一系列精心的策划和措施使得品牌的成功更加可持续化。换句话说,企业管理者需要知道他们的品牌如何为股东创造价值。只有这样,品牌才能够和运营、物流、财务、人力资源等运作良好的职能部门一起,实践有效的组织战略,为股东创造价值。

品牌导向型组织的三大支柱:

(1)创新:持续性、周期性的创新对于企业品牌的相关性和竞争力至关重要。这种创新可以通过新产品、扩展/延伸现有的产品线,以及开发衍生品等方式实现。

(2)文化:文化是影响品牌经营和商业模式成功的关键因素。有效的文化应该把重心放在能力的提升上,融入企业的价值观,接受企业的变化,使企业不断走出舒适区。

(3)领导力:以品牌为导向的组织中,高层领导应具有强烈的使命感、长期的战略眼光以及实施应对变革足够的资源(见图2-1)。

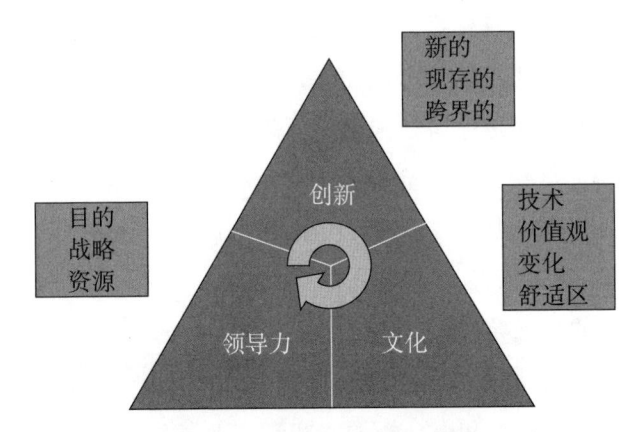

图2-1 品牌导向的企业模型

资料来源:Martin Roll Company.

在追求品牌资产的过程中,一些亚洲企业已经意识到了这些,并且实施了必要的战略计划。以中国的通信和网络设备品牌华为为例，它以65％的国外利润收入迅速建立了自己的全球品牌领先定位。[24]

一个强大的品牌往往有着对于客户独特的品牌承诺以及卓越的交付实践能力，并且二者之间始终保持平衡（见图2-2）。

强品牌的两大基本要素	
品牌承诺	品牌交付
● 品牌精髓 ● 品牌认知 ● 品牌定位	● 贡献、利润和价值 ● 组织和渠道 ● 品牌形象
特点： 1. 品牌承诺和品牌交付相辅相成 2. 独特性和差异化是主要驱动力量 3. 产品、市场、组织和文化保持一致 4. 强品牌的管理体系和流程 5. 董事会和管理层高度参与	

图2-2　品牌卓越化模型

资料来源：Martin Roll Company.

新加坡航空是一个很好地平衡了品牌承诺和品牌交付的例子。自企业成立至今，其品牌承诺"一种伟大的飞行方式"（A Great Way to Fly）以及对高品质的服务和技术的强调，始终如一。正是管理团队对实现品牌承诺的不懈努力，新加坡航空得以从众多竞争对手中脱颖而出。公司执行高度结构化和全面的培训计划，拥有标准的操作程序、详细的规则、行业对比方案，以及针对每一个能想得到的职能的详细的绩效评估方案。

这说明品牌不仅仅是停留在沟通层面的简单承诺，这种承诺需要全面实施，品牌必须真正贯穿到整个企业业务中。广告也许是最显而易见的部分，但是它在整个品牌建设中只占了相对较小的一部分。

现代品牌导向型组织有三个显著特征：

（1）领导层的观念导向和对品牌化的信念；

（2）建立和管理品牌的正确技能；

（3）合理地分配组织和财务资源去实现企业各项业务目标并建立可持续的品牌资产。

乍一看，这三个特征显而易见，相对容易实现，但是实际执行起来却非常复杂。它们需要精心策划，在组织各个部门中细致执行。从长远角度来看，这些因素还会因经济、行业、客户细分等发生短期波动。接下来我们详细分析这三个特征。

领导层的观念导向和对品牌化的信念

与西方同行不同，亚洲很多企业家对诸如品牌这类无形资产的投资仍然持保留态度。在亚洲企业中，把"品牌化"理解成"广告"、"市场营销预算"或"基层市场部门的方式方法"等屡见不鲜，然而正是这些观念阻碍了亚洲品牌的国际化。

品牌化是一个综合性过程

当组织中的每个人都服务于客户，创造客户价值，那么不管在哪个职能部门或者岗位上，其实每个人都在做营销。[25] 整合和管理客户触点的综合任务不能由营销部门单独控制，也不可能由它们成功控制，所有的客户触点都需要和品牌保持一致并进行优化，如戴维·阿克（David Aaker）教授在《阿克教授谈品牌——驱动成功的20条原则》一书中提到的，品牌管理是基于整体的、全公司范围的、由最高管理层持续驱动的。[26]

这就需要在企业中有一种跨职能的营销理念，以及领导层足够的重视。所以，品牌化并非由市场部的领导单独召开一两次部门会议就能完成，而需要企业高层结合财务、运营、人力资源以及法务等部门共同制定战略。这需要企业高层和管理团队的结构以及运行模式发生深刻的转变。

CEO要成为主要的品牌大使

在亚洲，创造了知名品牌的商业领袖其本身在品牌形象塑造方面的商业价值是不可估量的。

当然这并不意味着过分曝光在公众面前成为媒体的焦点。除非特别需要，大多数亚洲企业领导更愿意保持私密性，很少出现在媒体面前，但是如果他们能更多地从办公室里走出来，为品牌和企业形象代言，将极大程度提升企业品牌成功率和成本效益。

英国维珍集团的成功无疑和其传奇的创始人兼首席执行官理查德·布兰森有关。布兰森有能力将媒体的目光吸引至公司的全球活动和全球范围的市场推广上，这一战略连同他的魅力和才华，在合适时机出现在聚光灯下，将"维珍"打造成一个集音乐、航空、移动通信以及许多其他业务为一体的全球性品牌。该战略同样具有成本效益，它可以有效地减少市场营销支出。[27] 亚洲的企业家需要学习布兰森这种推着企业前进的风格。在亚洲，认可和尊重企业领导人的这种贡献，并将他们置于企业市场和品牌战略的前沿，是非常有用的。

在亚洲企业领导人中，说到遵循此类战略并取得成功的典型案例，不得不提中国海尔公司的创始人兼首席执行官张瑞敏。他经常出现在国际媒体上，这非常有助于提升海尔在国际上的认知度，还可以成为大众广告导向战略的一部分。2011年，海尔荣膺"激励领袖奖"，这个奖是用来表彰全球优秀的企业家的——他们将卓越的经营业绩和价值观以及行为相结合，在他们的组织管理下，人类和自然得到可持续发展。[28]

CEO的行为和言语能在很大程度上影响公司的成功。从投资的角度来看，企业很大一部分的市场价值来源于它的声誉，而CEO在打造企业声誉中起到非常重要的作用。很多消费者也提到，他们对企业CEO的看法也会影响他们对企业声誉的看法。当亚洲优秀企业家，如阿里巴巴的马云，开始参与全球企业竞争时，企业家本身对全球竞争格局的认知就需要不断提高。

如果企业想要建立成功的品牌，思维上的改变是必不可少的。品牌化并不是一种奢侈品，对于希望获得成功、获取更高的净利润以及提高客户忠诚度的亚洲企业，这是必需品。

优衣库——日本时装品牌

日本服装品牌优衣库——日本迅销集团旗下的实力核心品牌，主打以较为低廉的价格提供高质量的休闲服装。其母公司迅销集团的市值超过380亿美元，[29] 全球员工超过2.3万人。[30] 2014年8月统计数据显示，优衣库在全球有1 486家门店，并以1 438家门店的数量[31] 成为亚洲最大的服装连锁店。[32] 截至2014年8月底，迅销集团的销售额达到

117亿美元，利润达67亿美元[33]，其中60%的收入来自日本本土[34]。在日本，几乎每4个人中就会有一人购买了优衣库的羽绒服[35]。

近年来由于利润率下降和高级牛仔服装品牌J Brand的减值[36]，优衣库也开始着眼国际化的运作以维持利润。公司富有远见的CEO柳井正志向高远，旨在于2020年实现年收入500亿美元，并成为全球最大的服装零售商[37]。如果优衣库实现这个宏大的目标，那么它将取代Inditex（Zara的母公司）成为全球服装业的巨头。

2014年11月，柳井正在《哈佛商业评论》评出的全球绩效最佳的CEO中名列第11位。自2002年起，他为股东提供了862%的回报率，优衣库的市值增长了390亿美元[38]。

优衣库的品牌信息表达了一个清晰的理念："优衣库是一家现代的日本企业，旨在让全世界的人穿得更休闲舒适。"[39] 迄今为止，优衣库一直秉承的战略就是"忽视所谓的时尚"，而不是像它的竞争对手那样追逐流行的时尚趋势[40]。该品牌的理念是"为所有消费者定制他们所需要的服装"，即服装定位超越年龄、性别、种族以及其他任何界限[41]。优衣库的服装设计简洁，款式基础而大众化，可以很好地让穿着者体现出自己的风格。

这种以设计为导向的服装品牌因其材质和设计上的创新展示出了独特的功能性。同时公司也会通过HeatTech、Lifewear、AIRism这样一些具有特点的名字来将自己的服装产品和竞争对手加以区分[42]。优衣库通过对门店无可挑剔的管理为消费者提供舒适的购物环境。

然而，优衣库的发展并不是一帆风顺的，在打造品牌差异的时候，它犯过一个众所周知的战略性错误，即试图创建一个"适合所有人的"品牌[43]。全球客户群的显著差异被忽视，西方消费者经常抱怨优衣库的衣服尺码不合体型[44]，由于企业在亚洲之外的市场上品牌认同度相对较低，优衣库只能通过广告和市场营销加以解决[45]。

优衣库和J Crew集团的合作在2014年3月宣告结束，通过这一合作，优衣库在美国获得了400家门店。虽然公司在2013年签署了欧洲零售商安全准则，但也发生过在贫困地区进行制造生产、剥削劳工的丑闻[46]。

最终，优衣库还是在行业内获得了极高的品牌地位，规模甚至可以与快消服装市场的几家大零售商（如瑞典的 H&M、美国的 Gap、西班牙的 Inditex 等）相媲美，并且有望挑战时尚零售行业全球玩家的统治地位。[47]

技能

营销部门在企业财务业绩方面的作用越来越显著，市场营销领域不断发展并且更加专业化。传统意义上，营销人员被认为是企业销售战术的实施者，往往和传统的 4P（产品、价格、渠道和促销）联系在一起，这种观点只会加强市场营销作为企业费用消耗部门的认知，而非一种可以提升股东价值的投资。随着市场不断细分、产品商品化、竞争日益激烈、产品生命周期日渐缩短、分销渠道愈发强大等趋势的出现，市场营销所起的作用从来没有比今天更重要。[48] 为了应对这些新的商业趋势，亚洲的企业需要作出以下两个重要改变。

首先是认识到市场营销的重要作用，市场营销与整个价值链各个环节的融合更加密切。以酒店行业为例，企业内部很多职能部门，从门童、大堂员工、前台到后端的其他部门如财务、采购、培训，都在为客户价值做贡献。正因为如此，就需要一个跨职能的营销导向，对包括工程、采购、制造、物流以及财务在内的价值链的各个环节的技术都有所了解。

这种作用的变化需要亚洲企业的营销人员更多地关注整个组织的多职能团队合作以及整合营销流程，也需要营销人员不断提升自己的能力，并保持学习。[49] 营销必须被视为战略的重要驱动力。[50]

惠普的创始人之一戴维·帕卡德有过这样一句著名的评论："营销对企业来说太重要了，不能仅仅依靠一线的营销人员。"管理层必须要负责制定整个企业的品牌战略，并充分参与到设计、部署以及实施的过程中。当 2/3 的品牌经理认为品牌并没有最大限度地影响企业决策的时候，就意味着 2/3 的公司没有在战略层面落实它们的承诺。[51]

其次是营销活动成果的变化。营销人员往往会专注于传统意义上的营销活动，如广告和各类营销推广等。要想把营销活动融入董事会的议程，最关键的是要证明营销带来的财务效益。基于会计和财务的指标往往是默认的公司效益指标，所以如何把营销的成果转化为财务指标是最大的挑战。[52]

首席营销官（CMO）作为连接董事会与组织营销部门的战略纽带，往往负责两个非常关键、有时又有些矛盾的职能，他既需要保证所负责的品牌具有一定的地位，并在董事层面具有代表性，而且还需要负责执行董事会层面的品牌决策。总之，他需要保证品牌战略和战术决策之间的一致性和相关性（见表2-4）。

表2-4 CMO的领导力原则

1. 加强营销职能
2. 像领导者一样思考，像挑战者一样行动
3. 锐意进取，差异化，有抱负
4. 总揽大局——考虑所有利益相关者
5. 平衡并实现品牌承诺和品牌交付
6. 创新——面向未来的战略性思维
7. 全球化——具有跨文化的知识和敏锐度
8. 独特的组织文化——让品牌具有生命力
9. 衡量和对比品牌绩效
10. 避免骄傲和自满

资料来源：Martin Roll Company.

CMO和首席财务官（CFO）对于企业绩效的关注点大相径庭，CMO更多地关注顾客忠诚度、反响、参与度等的增长，CFO则更多地关注支出，这两方面对于创造和维护股东价值都是非常重要的。但问题是，其中一方面（成本财务指标）对于总体战略的影响要大于另一方面（无形资产），这就导致削减成本的压力常年大于对需要长期回报且无形的品牌价值的努力。不过值得欣慰的是，如今这一状况已经有了很大改善，大约有75%的CMO和CFO已经意识到彼此相辅相成的重要性。

CMO通常需要更加努力地证明自己在企业管理层中的重要性，尤其是证明其想法的重要性。当CMO在不断证明自己不仅仅是简单的销售人员，同时也是具有商业头脑以及业务能力的管理人员时，CFO则更加专注于企业的财务指标，因而也显得更加务实。在这方面做得最好的公司往往能够制定对

CMO 和 CFO 都行之有效的绩效指标。深入地分析品牌战略，通过改善目标、采纳 CFO 认为有效果以及有效率的想法，有助于使许多营销职能更具有成本效益。

为了达到以上目的，对于那些非跨职能定位的公司，就需要品牌工具箱这个关键技能。工具箱有三个关键部分：品牌审计、品牌战略、品牌营销计划。不仅如此，由于它还将深刻地影响品牌相关的决策，所以还需要对社会和文化的洞察和了解。强品牌来自以下两个方面的协同作用——企业想要成为什么（即品牌愿景），以及其愿景（即企业将采取的行动）与目标客户产生共鸣的程度（这些客户深受周围的社会及其规范、信仰、文化和其他复杂因素的影响）。所以品牌的建设与企业对消费者、市场和未来趋势的了解，以及如何有效地应对这些问题密切相关。

企业这些措施的实施成功与否，是可以通过对品牌标准和品牌资产的评估和管理实现的，对于董事会和企业管理团队，这两个指标就是主要的绩效指标（KPI）。在第 6 章我们将提供品牌管理和评估的框架。

资源

一个由董事会主导的精心制定的品牌战略，只有在整个企业都围绕品牌愿景和品牌战略发力，并给予充足的预算支持时，才能够获得最终的成功。

谈到品牌建设，人力资源是经常被董事会忽视的问题。大多数情况下，品牌化仅仅是市场部门的事情，与组织内其他部门的关系模糊不清。企业组织作为一个整体将品牌落到实处是至关重要的，单靠市场部门来完成这一任务是不可能的。整个组织必须充分认识到品牌的目标、品牌营销的计划并加以执行。

员工与品牌之间确实存在相关性，越多的员工接受培训并融入品牌承诺的实践中，品牌战略就越有效率和竞争力。董事会需要确保整个组织对品牌的实施及其真实性。品牌管理是一个动态连续的过程，需要时间和资金的不断投入。董事会必须为品牌管理预留一定的预算额度，因为品牌管理并不仅仅是单纯的市场推广。

很多公司不停地抱怨金融市场关注短期利益，不支持长期的价值创造战略，实际上这样的说法和事实并不相符。每季度一次的财务报告导致董事会在决策时更多地关注短期利益，这种短期的关注点越来越多地体现在组织为了满足季度短期目标而忽视其他方面，并且不断缩短上市公司 CEO 的任期。自 1999 年来，美国 CEO 的任期从 10 年缩短至 8 年，其中 40% 的任期不足 2 年。在亚太地区，CEO 的任期更是短于 4 年。2013 年，世界 500 强企业的 CEO 跳槽的速度是自 2008 年来最快的一年，但是平均任期增长到 9.7 年，扭转了多年来的下降趋势。[53]

麦肯锡的一项研究显示，未来业绩的预期是股东回报的主要驱动力。在各行业和股票交易所，公司市值的 80% 都是通过未来 3 年的现金流预期来衡量的。[54] 这些预期通常基于对增长的判断和长期盈利能力。对主要的快消品公司的股票价格的分析表明，未来的增长预期占股票总价值的一半以上。[55]

一项针对世界 500 强企业的研究表明，相比一般的同行企业来说，能够做到更好地平衡短期和长期业绩的公司，其股东总回报率要高出 10 个百分点。[56] 不仅如此，这样的企业存续的时间也更长，CEO 的任期往往超过 3 年，并且股价的波动显著较小。

麦肯锡全球运营总监鲍达民（Dominic Barton）的一次演讲提到，董事会对于企业长期视角思维的转变至关重要，46% 的高管将董事会列为过去五年企业短期业绩压力的重要来源。[57] 一篇由鲍达民等人共同撰写的文章，为关注长期资本的组织提出了四点切实可行的建议[58]：

（1）确定好长期目标和风险偏好后再进行投资；
（2）通过参与和获取主动权来释放价值；
（3）根据长期目标要求来制定决策；
（4）建立支持长期目标的治理结构。

因此，企业管理必须将长短期目标和预期的品牌效益相统一，并致力于根据平衡好的战略和时间跨度提供相应的支持。

表 2-5 显示了董事会应如何对上述关键特征的水平及其对公司的影响实施内部控制。

表 2-5　董事会内部控制

态度和信念：
董事会是否相信品牌化？为什么？
董事会是否认为品牌化可以提升投资回报率？
品牌战略会带来哪些机遇和挑战？
董事会是否在全公司范围内推动共同的品牌愿景？是否领导整个品牌管理？
技能：
董事会是否对所有相关的品牌（包括子品牌）实施战略品牌监督，评估其优势和劣势？
董事会是否制定了公司层面的品牌营销方案？
资源：
董事会是否能够确保与品牌相关的显著的企业文化？
组织全体成员是否得到相关的培训和指导，共同实现品牌建设？
是否有足够的资金来支持品牌战略的实施？
是否有相应的人才战略和必要的招聘流程来保证企业人才的流入？

资料来源：Martin Roll Company.

品牌导向的企业人力资源战略

品牌的建立来源于形形色色的产品、服务和系统，而这些又都是由人所创造的，因此，员工是企业战略的驱动力，是企业设计的核心要素。脱离了企业文化、员工激励、战略架构以及具体的实施方案，企业愿景将变成纸上谈兵。

虽说员工非常重要，但相较于企业用于生产运营的投资，公司对人力资本的重视程度明显不足。很多 CEO 只是嘴上说说将人作为公司最重要的资产，实际上并不会刻意地塑造这样的企业文化。如果 CEO 或者 CMO 确实想要建立一个标志性的品牌，企业的人力资源战略必须要把好第一关，将各个环节（如招聘、培训与人才开发、绩效系统、分析和测评等环节）与品牌定位统一整合。当然，这些策略都不是真空存在的，它们往往相互关联。比如，在招聘阶段，就应该考虑企业文化和任留体系如何相辅相成，从而吸引更合适的人才。

人力资源战略必须要打破传统的执行规章的被动角色，成为品牌价值积极的驱动因素，乃至创新的源泉。如本书后面所述，人力资源总监需要像 CMO 一样思考，并将品牌化融入工作流程中。

注释

第3章

转变对亚洲文化和亚洲消费者的理解

引言

本章从亚洲国家和亚洲人民的联系出发,探讨亚洲的地区特色以及如何建立新的现代制度。正如第 2 章所述,亚洲品牌需要超越功能效用来吸引本地消费者。要了解亚洲消费者,首先要了解亚洲文化。对企业来说,意识到亚洲的如下特征是十分重要的(见表 3-1):

- 马赛克式的文化,而不是整个地区同质;
- 现代化的城市,而不是充满了异域风情;
- 该地区的国家里历史、文化遗产、宗教背景、移民,以及城乡冲突共存;
- 没有受到西方流行文化的侵蚀,亚洲特色的音乐和形象仍占主导地位。

最后,企业要想在亚洲成功建立品牌,必须了解亚洲消费者的心理:

- 要从不同形式的组织内联盟中,洞察亚洲的集体主义文化;
- 纵观亚洲各类文化形式,消费者看似各不相同,其实彼此之间有很多相似之处。

表 3-1 转变对亚洲文化和亚洲消费者的理解

转变看待亚洲文化的方式	
原来的	转变为
地区同质的	马赛克式的文化
充满异域风情的亚洲	现代城市化的亚洲
彼此独立的国家	相互联系的国家
受美国等西方文化影响	亚洲风格的形象和音乐为主导

续表

转变看待亚洲的心理学视角	
集体主义文化	不同类型的团体关系
墨守成规的文化	彼此不同，但方式相同

资料来源：Martin Roll Company.

从同质文化到马赛克式的文化

很显然，亚洲并不是一个同质的实体。例如，东南亚国家联盟（ASEAN）成员国——文莱、柬埔寨、印度尼西亚、老挝、马来西亚、缅甸、菲律宾、新加坡、泰国和越南——是世界第七大经济体，但各成员国之间其实是有很大差异的。[1]

文化差异极大地影响了品牌成败。当品牌融入不同文化的时候，不仅需要保留固有的品牌形象，而且要适应当地消费者的偏好，融入标准化定制化的品牌元素（如形象、广告、渠道等）。

戴比尔斯钻石矿业公司（De Beers）在进行亚洲市场调研的时候，很快就意识到了这一点。如在韩国，珠宝的购买行为产生于婚礼前后。在泰国，装饰的欲望促进了珠宝的购买；戴比尔斯通常将钻石定义为象征着"永恒的爱情"，但这并没有引起中国年轻夫妇的兴趣，因为他们认为婚姻是爱情的坟墓[2]，因而，戴比尔斯在中国将钻石定位成象征着和谐成功的夫妻关系。

对于全球各大奢侈品牌来说，韩国都是其战略必争之地，因为韩国被视为亚洲的时尚和奢侈品领导者。由于韩国电视剧、音乐和数字传媒的风靡，源自韩国的流行趋势传遍整个亚洲地区。所以，要想在亚洲获得成功，首先要在韩国首都首尔立足。韩国机场免税店的奢侈品销售也保持强劲，主要因为这里有大量的亚洲游客，他们中的许多人是主要的奢侈品购买者，香奈儿、古驰、路易威登以及其他国际奢侈品牌都会通过韩国电视剧来扩大其曝光度。[3]

麦当劳则是一个克服文化差异，成功实现本土化的范例。在亚洲，随处可见具有当地特色的麦当劳形象。为了适应日本文化对餐食的理解，日本麦当劳店推出了以米饭为主的菜肴，以及照烧汉堡，特色产品有"烤可乐饼汉堡""莎莎汉堡""煎蛋寿司巨无霸""照烧猪肉汉堡"。[4] 在韩国，麦当劳专为忙碌的女性提供全天候 24 小时外送服务。[5] 在中国，麦当劳通过搭建积极的员工和顾客感知，已经和消费者建立起一种很好的"人情"联系。20 世纪 90 年代，麦当劳的员工经常会记录下小朋友的姓名、地址以及生日，并授予他们"荣誉小顾客"的称号，通过这种方式来吸引中国父母的关注。

麦当劳的门店遍布全球 100 多个国家和地区，打造了一个适合全球口味的菜单，如适合日本消费者的"整虾汉堡"，适合意大利消费者的"炸奶酪三角"，以及在亚洲市场不断发展创新出的"抹茶汉堡"和"海苔薯条摇摇乐"。麦当劳并没有担心这一系列为适应而产生的变化会背离久经考验的美国传统汉堡配方，相反，它们在传统和适应当地特色中做到了很好的平衡。

迪芙斯——中国的时尚鞋履品牌

迪芙斯（D:FUSE）是 2006 年由两位斯堪的纳维亚企业家、前麦肯锡咨询人在广州成立的斯堪的纳维亚风格鞋履品牌，他们的理念是打造具有中国和斯堪的纳维亚风格的时尚鞋履品牌。截至 2014 年 11 月，该品牌在中国开设了将近 250 家门店，绝大多数门店都在商场中，并计划在接下来的几年，逐步打开中国以外的市场。[6] 迪芙斯的特别之处在于它拥有一支跨文化的创始团队，是一个在中国发展起来的斯堪的纳维亚品牌。所以说，可以从任何文化、区域、价值观以及理念发展出独特的、与众不同的品牌资产。

从异域风情的亚洲到现代化的亚洲

艺伎、武士、帆船、宝塔以及茂密的丛林，这些依旧是西方人心目中的亚洲形象。很多广告中仍然试图通过这些充斥着异域风情的形象，将亚洲的产品推向西方。但实际上，对目前很多西方国家来说，亚洲仍然是一个未解之谜。但是仅仅看到亚洲的异域情调或者传统的一面，其实是有一定误导性的。当然，许多亚洲品牌已经在积极地强调亚洲特色的价值观，比如酒店品牌悦榕庄与香格里拉、航空公司泰国航空和新加坡航空，强调服务的热情周到；British India 服装充满马来西亚风情；时尚品牌上海滩（Shanghai Tang）

则体现着 20 世纪 20 年代的东方魅力。

香格里拉——将亚洲式的热情带向全世界[7]

1971 年,第一家香格里拉酒店在新加坡开业。现在总部位于中国香港的香格里拉集团在亚太、北美、中东、欧洲已有 80 多家酒店和度假村,拥有 37 500 间客房以及逾 40 000 名员工。

企业文化内涵

2009 年,在全球豪华酒店增长潮中,香格里拉面临过一次品牌和品类的挑战,酒店客房供过于求,经济危机又影响其需求,全球奢侈品品类下降了 14%。

香格里拉决定在全球范围内扩展业务,因此开始深入分析和了解它的主要客户群体——具有高溢价的频繁出差的商务群体,于是发现,商务旅行者并不喜欢独自离开和到达的孤独感,也经常错过生日、结婚纪念日,以及一些其他的重要社交聚会。

大多数的奢侈品行业主要是通过品牌的硬件设施(室内、客房、接待和餐厅)与客户进行交流,但香格里拉发现这反而会使消费者感到厌倦;相反,用心的、发自内心的情感交流更能赢得消费者的赞赏和对品牌的忠诚。

香格里拉很大一部分就是它的文化,它相信,不应该像对待国王那样对待顾客,而应该像对待亲人那样,为他们提供发自内心的热情,而不是生硬的不真实的笑脸。发自内心、充满人性地与客人互动,才能不断地吸引更多的客人。

大品牌概念

联合全球广告公司奥美,香格里拉开发了一种全新的沟通平台,旨在打破传统的品类规范,实现全球范围获益。摆脱纷繁复杂的商务世界,唤醒商务旅行者的内心,让他们重新面对心底的选择,广告也用心传达了质朴善意的想法——向困顿的人们提供极致的款待。

香格里拉的电视广告展现了这样一个场景:一个疲惫不堪的旅行者独自在雪地里挣扎,他已然崩溃,放弃再起来。然而一群一路追随他的野狼却用自己的身体温暖着他。然后一行字幕出现：没有什么比亲自拥抱一个陌生人给他温暖更伟大的行为了。香格里拉做到了，这是人类的天性。

品牌的产出

香格里拉通过打造一个全新的交流平台来激励、指示和引导员工的行为，员工培训也紧紧围绕公司的理念，把这种理念通过口袋书加以普及，确保每一名员工都能践行企业热情至上的独特文化。香格里拉的员工也着实为企业的这种品牌和文化而感到骄傲，并且愿意去践行：一份针对内部员工意见的调查显示，91%以上的员工对公司品牌和雇主持肯定态度。[8]

新交流平台带来如下成果：

- 客人和投资人对企业宣传感到满意，看过公司广告的人超过90%都给出了积极的反馈；
- 在中国（品牌的中心地带）以及美国，这样的活动取得了比行业标准更高的辨识度；
- 电视广告通过YouTube和优酷进行传播；
- 社交媒体上的提及、分享和谷歌上的搜索量大大增加。

像英国虎牌啤酒广告上展示的那种异国情调的亚洲形象对于亚洲消费者反倒没有什么吸引力。[9] British India品牌的产品并不会吸引印度人。这个品牌，毫无疑问更受西方人欢迎。

专注于传统的或者是异域的亚洲形象其实都是片面的，紧跟时代的趋势才是亚洲真实形象的根源，同时充满创新和朝气的亚洲形象正在出现。

亚洲本土的消费者希望亚洲式的时尚是无关任何仿制形象的，全球品牌经理需要适应这一新的观念，同时也不能完全摒弃传统亚洲的感觉。如何做到？这需要用时尚的现代化和当代的边缘化来平衡祖辈留下的遗产。

由邓永锵于1994年创立的总部位于中国香港的时尚零售品牌上海滩，在其对中国文化的当代解读的基础上进行经营。上海滩设计理念来源于传统汉服和21世纪现代服饰设计理念的结合。上海滩品牌服饰的特色在于：在服饰的设计以及零售店的装饰和包装上，均采用明亮的色彩。1998年邓永锵将该品牌出售给了奢侈品牌历峰集团（Richemont）。2013年，他又创办了一个新的品牌——Tang Tang Tang Tang，这是一个占地325平方米的全新的家居生活式商场，选址在一个始建于1888年的传统建筑中，目标群体是中国的年轻一代，唤起他们对传统观念的共鸣。[10]

SK-Ⅱ——品牌的价值溢价

很多人都认为SK-Ⅱ是日本的美妆品牌，实际上它现在是由宝洁公司控股的。它于1980年由日本蜜丝佛陀公司（Max Factor）创立，并于1991年被宝洁公司收购，直到2004年在位于纽约曼哈顿第五大道11号的萨克斯商场开始售卖，该品牌产品才正式进入美国市场。[11]

SK-Ⅱ因为其深栗色的宣传主题，让人觉得比其他美国美妆品牌更为稳重，因而被贴上了日本产品的标签，被认为是优质的产品，在亚洲广受追捧。此外，SK-Ⅱ的产品针对皮肤需求做了细致的分类，如保湿、抗皱、淡斑，以及肤色分类，这些都满足了亚洲人对无暇肤色的追求。

SK-Ⅱ上线的时候，美白护肤产品并不是什么新鲜事物，日系品牌如资生堂、嘉娜宝、高丝等都有类似的产品，但是宝洁公司首次启用亚洲明星来做代言，如日本女演员桃井薰（Kaori Momoi）。[12]

通过口碑效应，SK-Ⅱ在韩国迅速因其高品质而流行起来，并成为一种身份的象征。相比亚洲其他国家的文化，韩国人更加认可"身份驱动"。他们认为只有法国和日本的化妆品质量才过关，是必须要拥有的。因此很多韩国中高档化妆品品牌在东南亚很受欢迎，但在韩国本土并不流行。

为了增强品牌的体验，SK-Ⅱ配有日语的使用说明，但是在一些特定的市场，又采取当地的语言，这也让人觉得品牌源自日本。同时，不随便在公开场合发放赠品和小样，也在一定程度上维护了品牌的价值。

从单个的国家到联系的整体

形象、音乐以及各种活动使得亚洲人民建立起了各种各样的联系，这种广泛而密切的联系也为商家提供了更多的机会：针对产品和服务，提出一种泛亚洲的倡议。

虽然亚洲集合了不同的文化、种族以及社会福利水平，但是东盟国家的人民依旧能感受到一种强烈的文化联系以及作为"东南亚"人的自豪感。例如，大多数印尼人会认为虽然菲律宾和泰国等国家距离他们比较远，但是彼此拥有很多相似的文化和价值观，如尊重历史、对人热情、家庭至上、尊敬老人。[13] 这也很好地说明了亚洲文化美好而复杂的一面。尽管亚洲各区域的特异性很高，但是品牌营销人员还是能够找到他们内在相同的地方，从而整合发展打造品牌的战略。

著名社会文化人类学家阿帕杜莱（Arjun Appadurai）[14] 提出，在形象、人口和财产不断流动的时代，国与国之间的界限已变得越来越不明显。现实中由于所处的地理位置不同而导致的物理界线已经不再重要，重要的是大脑中所形成和掌握的思想的界线。形象、声音、经验和语言，这些移民带来的国家和文化产物，把生活在世界不同地区的人民联系起来，其创造出的影响力要比自然地理界线导致的更加强大。不管人们身在何处，家、祖国等永远在他们的心中，并通过各种各样的形式可以轻松接触到，比如电子邮件、卫星电视、可下载的音乐以及电影等。在信息媒体爆炸的今天，人们可以通过构想构建自己的家园、文化以及身份。品牌就扮演了这样的角色。

为了理解全球化，阿帕杜莱把他关于全球化和现代化的理论通过"空间"来定义，形成我们为了建立身份认知而在头脑中创建出来的景象。这种景象是流动的、朦胧的，随着形象的不断变化形成新形式、新口音、新颜色，又反过来不断影响其他人。

摩托罗拉运用宝莱坞的元素制作广告是一个很好的例子。近年来，宝莱坞越来越受欢迎，奥美公司为印度摩托罗拉制作过一则商业广告：一个年轻人坐在火车中，当他将耳机插上一款摩托罗拉新手机的时候，他被传送到火车的顶部，那里正在进行一场宝莱坞风格的歌舞秀。该广告再现了宝莱坞风格歌曲《Chamma Chamma》的一个经典场景。摩托罗拉极为创新地将歌曲融入自己的广告中，随后又将它单独发布，这首歌曲在印度的夜总会里颇受欢迎。摩托罗拉的高管们也非常喜欢这则广告，在整个东南亚投放，于是原本根植于印度的特色被全世界所发现，进而又回到印度，然后席卷整个东南亚。[15]

当人们四处迁徙时，再也没有一个可定义的中心能够牵绊他们，决定他们。文化影响力并不一定来自欧洲或者美国，而是具有动态性。正如阿帕杜莱所认为的，世界是分散的：世界并非基于某种既定的模式（西方的版本），而是基于人们自己所选择的意象。这种观点对于了解和创造亚洲品牌极为重要。

了解亚洲文化的异同

那些进入亚洲的国际品牌，不仅要努力了解他们所要进入国家的市场区别，还需要了解这些市场的相似之处。根据新加坡南洋理工大学亚洲消费者研究所的观点，消费者拥有很多传统的观点，可以根据他们分享的情感需求将其分为四大消费群体。[16]

其中拥有"主流亚洲价值观"的消费者是这四个群体中占比最大的，占亚洲人口的39%，这类消费者主要来自中国、新加坡、韩国以及马来西亚，他们所持的行为态度和情感需求代表了亚洲的平均水平。"内部导向的传统者"这一类消费者具有高价值的宗教传统，具有较低的物质欲，构成了印度尼西亚、泰国以及菲律宾一半以上的消费者群体。"外向的奋斗者"这一类消费者具有较低的教育水平和收入能力，非常看重工作的成功、物质主义或者名声等，其中印度人占了59%。"勉强消费型"消费者往往是老年人，对经济前景不乐观，这反映了一种老年人心态，这类消费者大多来自日本和韩国。

由于现在电视节目的全球性，亚洲各国之间的联系更加紧密。在韩国、日本或者中国，虽然人们处在不同的国家，但是大家常常看相同的电视剧，比如《来自星星的你》。同样，大家也可以听到相同的音乐。东南亚各国之间的相似性促进了电视节目、DVD以及电影的销售。大多数电视节目都比较保守，沉浸在儒家文化中，围绕的主题也多为家庭和爱情。

"韩流"来袭

韩国流行文化，简称"韩流"，包括时尚、音乐以及电影，是韩国成功的出口产品。如今韩国成为广受欢迎的国家，这主要得益于20世纪90

年代风靡全球的"韩流",即流行音乐、电视剧和电影的成功。[17] "韩流"一词源于2001年,一个中国记者用它描述韩国时尚流行文化、音乐、电影等在亚洲的爆发式普及。近年来,韩国文化和信息服务部(KCIS)一直致力于"韩流"的推广,促进这一文化趋势更好地体现地区特色。[18]

这种现象的发生在历史上不是第一次。在20世纪50年代,当欧洲和亚洲各国刚从第二次世纪大战中缓慢恢复的时候,好莱坞的电影和绝大多数美国电视剧近乎垄断了全球的电视节目,导致很多国家的民众偏爱美国的生活方式。

"韩流"首先传至日本,继而影响东南亚和全球多个国家。2000年,韩国与日本之间长达50年的文化禁令被部分取消,极大地推动了韩国文化在日本的流行[19],韩国政府也不断安排代表团到各个国家推广宣传韩国的电视节目和文化。

韩国的文化产品出口受到了政府的扶持和资助,韩国文化部门为此提供了大约5亿美元的预算和10亿美元的投资基金。韩国文化体育观光部(MCST)不断增加预算。[20] 据一名官员介绍,到2019年,韩国要增加一倍以上的文化产业出口额。[21] 不仅如此,韩国政府筹集2亿美元在首尔西北建造一个综合性主题公园,用以推广"韩流"文化。[22]

随着越来越多的韩国名人加入时尚圈,韩国流行文化对全球的时装业也产生了影响。[23] 纽约就邀请过一些韩国的流行歌手进行演出,如流行组合少女时代、金泫雅。

韩国流行文化的出口非常成功,电视剧《来自星星的你》、男子团体EXO以及女子组合Girl's Day等都成功登上了世界舞台。[24]

韩国贸易协会称,韩国的商品、电影、电视节目的出口以及旅游业的收入在2004年达到18.7亿美元,占韩国GDP总额的0.2%。[25] 2012年,韩国是一个以文娱内容为主的净出口国,出口额为46亿美元,进口额为17亿美元;仅次于游戏产业的第二大出口产品是音乐和广播产业,出口总额为2.35亿美元。[26]

"韩流"对鼓励外国对韩国直接投资和韩国的旅游业有直接影响。韩国在2012年吸引了高达162亿美元的外国直接投资,创历史新高,其中超过一半的资金投入包括旅游在内的服务产业。[27]

一项在 1995—2012 年间针对 196 个国家和地址的研究表明，每当"韩流"文化到达一个新的国家，韩国的出口额随即上升。韩国影视文化产品每增加 1% 的出口，韩国的消费产品出口就增加 0.083%，第二年的旅游产业会增长 0.019%。[28] "韩流"带动下的视听产品的推广对韩国商品的消费具有很好的促进作用。

2013 年，到韩国的 1 200 万名游客中有 980 万名来自亚洲。2012 年韩国的旅游收入增加了 97 亿美元，比 2007 年增长了 3 倍多。2004 年到访韩国的游客有 96.8 万人次，其中 67% 是受到了"韩流"的影响。[29]

尽管日本企业仍是世界一流品牌，但韩国企业已然成为亚洲区域中全球高品质品牌的建立者，包括三星、现代、爱茉莉、希杰集团及其下属的全球第二大电视购物品牌 O-Ohopping。韩国企业的成功可以归功于它们对"品牌生存问题"的理解和规划。[30]

一些人类学家把这种现象称为"近距离"。[31] 近距离是一种与电影或其他文化产品的关系，观众会被熟悉的、亲近的但却距离遥远的陌生事物所吸引。通过那些集歌于、演员和模特为一身的明星我们可以明显体会到这一点。例如，中日混血明星金城武在中国和日本都极具人气，经常活跃在两国的电影屏幕上。这种混血模特以及演员让人看起来很熟悉，但其实某种意义上又很异域。这个现象就是典型的"近距离"。

从美式文化到异军突起的亚洲形象

亚洲国家越来越认识到文化产业的重要性。以韩国为例，1999 年，韩国政府认定，文化产业既能推动经济发展，也能阻碍其发展；[32] 于是决定在宽带技术方面投入巨资，并将游戏产业作为经济重点。该领域的利润在 2012 年已达 97 亿美元。[33]

关于地区的音乐媒体等文化方面，亚洲的管理者可以得到三方面的启示。

首先，与其将各个地区作为深受西方流行文化营销的同质化产品，更应该认识到整个亚洲越来越受到来自不同文化中心的影响，包括东京、首尔等。

其次，亚洲国家所创造的现代化并不同于西方。这些形式不同的现代化，体现在韩国流行歌曲的歌词中,也体现在亚洲各国流行电视剧的主题中。在亚洲,以家族矛盾为主题的电视剧颇受欢迎。亚洲大多数的国家都在发展新科技,但同时也保留着自己的特点。亚洲国家并不是单纯一味地模仿西方国家,它们也在发展自己的现代性。因此,亚洲的管理者在分析亚洲消费趋势的时候要格外小心,仅仅从欧洲或者北美消费者的经验推演亚洲消费者的行为是非常危险的,许多跨国公司在亚洲发展失败也证明了这一点——纯粹的西方发达国家模式并不能适应亚洲市场环境。

欧莱雅和其他来自欧美的品牌一直致力于为亚洲消费者量身定做其品牌代言人。比如在过去,亚洲消费者认为某款化妆品只要能够满足好莱坞女明星的要求就足矣,他们愿意为此支付高额的溢价;但是现在,消费者的这种心态开始改变。一些亚洲品牌,如日本的资生堂、韩国的爱茉莉,自然要比西方的企业更了解亚洲人的肌肤。所以如今,欧莱雅、雅诗兰黛、兰蔻等品牌也都开始使用有亚洲模特的海报和广告。[34]

最后,再次强调,我们不能认为亚洲各国是个简单的集合体。全球化让我们认识到人与人之间的联系非常重要,英国社会学家安东尼·吉登斯将"全球化"定义为:"全球社会关系的一种强化,它把遥远的地方彼此相连,从而导致附近发生的事件可能是受到数英里以外发生事件的影响,反之亦然。"[35] 尽管亚洲各国的社会文化多种多样,但各国之间的联系却受到了强大的经济利益的影响。

亚文化中的机遇

亚洲的华侨华人

共同性显然促进了中国、新加坡以及海外华人社区之间的经济联系和发展。默里·韦登鲍姆(Murray Weidenbaum)[36] 在他颇有影响力的一本书中预测到,基于中国的亚洲经济将迅速体现其重要性:

> 这一战略区域包含大量的技术和生产制造能力,优秀的创业营销和服务意识,良好的通信网络,足够的资金支持,大量的土地、

资源和劳动力等等。这个基于传统宗族延伸的、极具影响力的网络就被描述为亚洲的经济支柱。

居住在东南亚各地的华人具有巨大的经济影响力。[37] 华人传统文化的相似性，如儒家文化和价值观，为旨在开发亚洲市场和服务的品牌经理提供了不少切入点。亚洲品牌在发展中如果可以很好地利用这些特点，打造一个基于中华传统的平台，就会形成一种优势。

亚洲有能力的职业女性市场

由于经济上越来越自由、受教育程度高、结婚和育儿的年龄越来越大，独立单身的女性成为一个重要的消费群体。有数据显示，在全球10大单身人口国家中，亚洲占到4个。对于品牌发展来说，下一波的增长也完全可以预见。[38] 波士顿咨询公司曾预计，到2020年中国和印度的女性市场将会达到每年5万亿美元。[39]

作为一个新崛起的细分市场，女性的购买行为引领着潮流方向。许多品牌如耐克、阿迪达斯、露露乐檬（Lululemon）已经注意到跑步、瑜伽、高尔夫以及团队运动在女性中越来越受欢迎，而女性对于运动服装和配件的要求兼具时尚性和功能性。除了极具性别特色的化妆品和时尚类产品，对于金融产品、汽车和住房，也出现了越来越多的女性消费者；此外，相比男性，女性消费者网上购物的概率也更高。[40]

亚太地区的女性消费者主要掌控家庭的各项购买支出，男性则更多地负责储蓄和投资。万事达的数据表明，亚太地区16个经济体中，有一半的经济体家庭财政由女性消费者掌控，尤其是在印度尼西亚、菲律宾、缅甸、韩国和越南。当然，除了韩国、印度尼西亚以及越南，在绝大部分市场中，男性依旧在大件商品购买中起决定性作用。相对而言，在孟加拉国、新加坡、马来西亚、泰国，女性很少参与家庭财政决策。[41]

亚洲男性消费者的角色也在发生改变。根据智威汤逊亚太公司的数据，相比他们的父辈，如今的男性更愿意也更多地参与日常的家务中。在新加坡、中国以及马来西亚，有81%的受访者表示他们做父母的方式不同于父辈。大多数男性在照顾孩子、分担家务上承担着更重要的角色，他们更加关注工作和生活的平衡。[42] 一些专家认为，这对于品牌的启示可能就是：在销售纸尿裤或者其他通常由母亲来购买的商品时，去除"男性因素"从而强调其他方面，如耐用和效率。[43]

亚洲农村和低收入的消费者

在亚洲，营销人员不能忽视的一个重要部分是处于金字塔底部和那些居住在农村地区的消费者。来自麦肯锡的数据显示，东盟国家平均收入的标准差是欧盟成员国的 7 倍以上。[44] 亚洲极端贫困人口数持续快速下降，预计未来几年收入只够温饱的人口比例将大幅下降。

据波士顿咨询公司的预计，中国城市总人口的人均可支配收入在 2010 年至 2020 年间将增长 60%。[45]

由于农村市场的分散性和低利润率，营销人员在面对这些消费者时面临的挑战是多种多样的。

首先，农村消费者购买力较低。而且工资的获得方式也有很大的不同，大多数农村工作人口的工资是每天支付，而不是每周或每月。这意味着他们通常会把日常工资花费到食物这样的必需品上，而很少用于个人护理品甚至其他奢侈品消费。

这使得像联合利华这样的公司在中国和印度的农村市场销售小包装的洗衣粉和洗发水。亚洲农村市场的日益增长也不断推动企业的持续发展。联合利华在印度的子公司 Hindustan 利华拥有不少源自印度的战略方针，公司正利用其在印度的经理人的经验开发中国农村的洗发水和香皂市场。

另外一个例子是可口可乐公司，它从 2003 年开始在印度销售 200 毫升装的可口可乐，以增加负担不起大包装的消费者的需求。[46] 沃达丰印度公司已经在慢慢拓展其名为"Samriddhi"的以农村社区为导向的营销行为，它为当地的农村妇女提供销售岗位的就业机会，推广预付费和网上支付。本田摩托车和踏板车印度公司的"农村垂直"营销方式有效地与在农村有着成熟销售渠道的 Hero MotoCorp 公司进行竞争。

尼尔森认为，印度农村的快速消费品市场将在 2025 年底前突破 1 000 亿美元，对于全球的企业来说这都是一个巨大的市场机会。对印度农村购买力的估计预示着未来的显著增长。一份来自麦肯锡全球研究中心的报告显示，印度农村家庭每年实际收入增长额在过去 20 年为 2.8%，预计未来 20 年可提高到 3.6%。[47]

农村和城市消费市场之间的第二个差异在于密度。中国和印度的村庄数量是非常多的，这就需要企业建立广泛的分销网络。以联合利华为例，据麦肯锡数据显示，该公司在印度部署了大量的资源，用以覆盖数万个村庄的 150 万家商店。许多销售人员随身携带手持设备，方便他们在任何时间、任何地点进行补货，并与分销商同步销售数据。在印度尼西亚，可口可乐 40% 的销量是直接卖给当地零售商的，剩余的大部分卖给员工人数不足 5 人、年收入低于 10 万美元的批发商，进而再分销给更小的零售商。为了提高商店的执行力，该公司还提供额外的支持，包括提供免费的冷饮机和自动售货机，以及有效的销售培训。[48]

知道如何满足农村和低收入客户需求的公司才能参与到亚洲市场的竞争中。SAB 啤酒公司采取了不同于其竞争对手喜力和百威的战略，SAB 将中国北方的腹地作为切入点，逐步扩大到其他市场。这使得公司能够逐步建立自己的生产力，避免了在北京或者上海这样的市场打价格战的激烈竞争。SAB 从在中国建立滩头阵地，再慢慢围绕滩头不断扩大，直到控制该范围的市场。2004 年，在面临来自其他国家以及中国当地啤酒企业的激烈竞争的情况下，SAB 成为中国第二大啤酒制造商，这在当时是个不小的成就。1997—2002 年啤酒在中国的需求增长了 40% 以上，而同期美国的增长量仅在 4%。[49] 中国目前的啤酒消费量占到全球 1/4。[50] 2013 年，SAB 为了扩大中国市场，斥资 8.64 亿美元收购了 7 家在华啤酒厂，同年，在中国市场的销量占 SAB 全球销售总量的 25%，但由于中国激烈的市场竞争环境，利润仅占 2%。[51]

在印度，生产洗涤产品的制造商 Nirma 采取了相同的市场战略，即在进入大城市之前，先占领腹地和农村市场。Nirma 的创始人卡尔桑柏·帕特尔是化学领域的专家，他开发了一款高效又价廉的洗涤产品，并首先在自己的家乡古吉拉特邦投放。[52] 他先选择在附近的几个村子进行销售，利润比较低，但逐渐积累起自己的客户群体。由于渠道的重要性，Nirma 将产品拓展到整个古吉拉特邦，在最偏远村庄的小商店里销售。不过在经历了占据洗涤产品市场领先份额并战胜来自各国的竞争对手以后，Nirma 开始逐渐丢失自己的产品份额。而这大部分要归因于卡尔桑柏·帕特尔本人从公司退休。2010 年，Nirma 在洗涤产品市场的份额低于 10%，并将自己曾经第一的品牌地位输给了"Wheel"这个由联合利华公司专门设计出来用以对抗 Nirma 的产品。

另一个能够充分体现农村市场经验的例子是"亚洲涂料"（Asian Paints）——一家印度公司开发的品牌。尽管在印度的室内涂料市场中，跨国公司占据了 50%，但是该公司还是成功地在农村开辟出广泛的销售渠道。"亚洲涂料"的产品价格很低，在其他发展中国家，如尼泊尔、斐济也很受欢迎。"亚洲涂料"非常善于和低收入消费者打交道，这些人往往只购买少量的油漆，然后再稀释使用以节省开支。公司为了适应这部分市场需求，专门开发了 Utsav 和 Tractor 这两个品牌。[53] 该公司以高达 52%～53% 的市场份额成为印度市场无可争议的领导者，位于之后的竞争对手——全球涂料巨头 Berger Paints 和 Akzo Nobel，和它差距显著。[54]

这些公司——"亚洲涂料"、Nirma、联合利华、可口可乐，它们之所以在中国或印度这样的市场获得了成功，关键就是了解广大农村消费者的需求以及构造强大的分销网络。

随着贫困率的下降，就连奢侈品牌也开始寻找方法来开发中产阶层的消费者。它们往往在大的奢侈品牌下打造较低端的具有竞争力的品牌，吸引新客户群体，扩充品牌领域，同时又不损害品牌整体的利益。

虽然亚洲国家各具特色，需要结合它们独有的国情加以了解，但其实彼此间也有不少相似之处。像联合利华以及亚洲涂料这样的公司，都在开发适合不同市场或国家特色的品牌上取得了一定的成功。随着亚洲企业不断进入新市场，并努力吸引亚洲各国消费者，了解亚洲消费者心理的相似之处以及特殊之处就显得尤为重要。

转变对亚洲消费者的理解

现在，亚洲企业董事会讨论的最主要的消费者行为模式，都是在西方国家中发展起来的。然而，在西方国家看起来"普遍"的东西不一定适用于其他国家。有研究发现，心理学家和社会学家的结论是来自受试者，而受试者只能代表全球人口中极小的一部分[55]，这样的样本实际上并不能代表其他国家和文化的消费者行为。

大部分营销和管理理论都是基于西方的视角，认为个体是独立的、具有自主的身份、根据个人的欲望和信仰的自由做出决定，完全符合马斯洛的需求层次理论，即衣食住是最基本的需求，其次才是更好的食物、装饰和潮流。

市场营销类的教科书，仍然使用这种模式来反映消费者是如何从最基本的需求上升到更高的需求，如自我实现。但是这种模式没有考虑文化的差异，例如，在印度，虽然并不合法，但嫁妆礼俗仍大行其道，加剧了被迫攒钱为女儿购买嫁妆的父母的困境。在一些国家，人们可能会少买些食物而购买冰箱来提高自己的社会地位。[56] 显然，在亚洲，需求的层次是不同的，人际关系和社会互动比自我实现更加重要。图3-1显示，西方国家对自我实现的需求在亚洲被对社会地位的需求、对赞美的需求以及从属的需求这类社会性的需求所替代。自主和独立显得并没有那么重要，或者至少相比于西方国家具有不同的内涵。

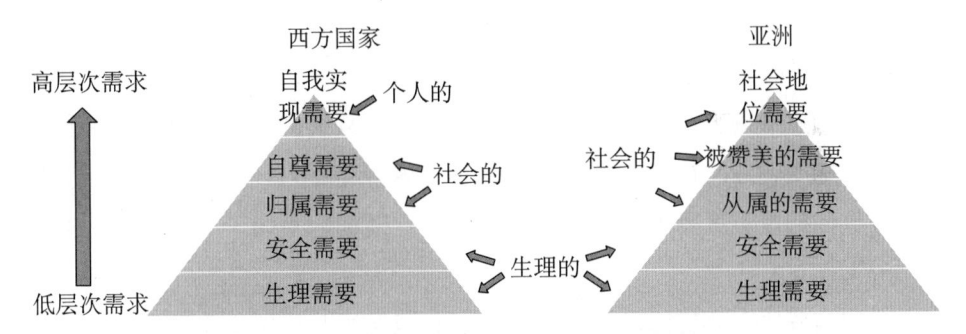

图3-1 马斯洛需求层次理论和亚洲的情况

资料来源：Hellmut Schutte with Deanna Ciarlante, Consumer Behaviour in Asia, Macmillan Business-now Palgrave Macmillan, 1998.

霍夫斯泰德关于民族文化差异提出的模型要比马斯洛的需求层次理论更适合不同的文化情境。有四个文化差异的维度影响了营销人员几十年来的思考方式，这四个维度包括：权力距离、男性化与女性化、个人主义/集体主义、对不确定性的规避。[57] 图3-2体现了亚洲和西方国家在其中两个维度上的差异。

这些维度构成了个体的社会心理，如一个对不确定性规避程度高的国家，将会有较高的行为准则和严密的思维结构，从而确保个体尽可能少地面临不确定性。一个高度男性化的国家，男性和女性的角色被显著划分，男性的一面更果断，女性的一面更谦逊和关爱；在女性化的国家，男女都会比较谦逊

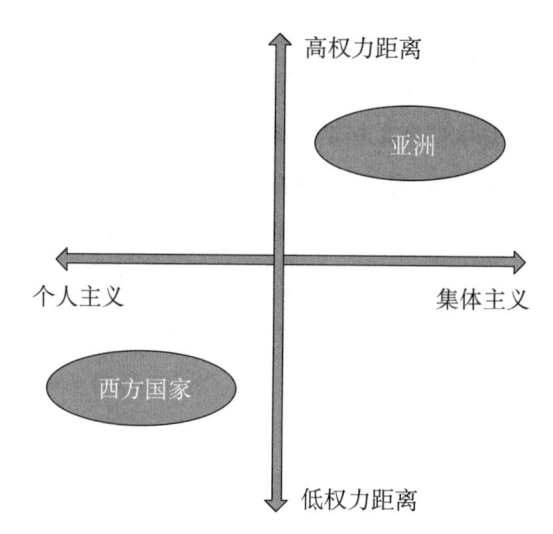

```
                    ↑ 高权力距离
                    |
                    |      ╭─────╮
                    |     ( 亚洲 )
                    |      ╰─────╯
                    |
  ←─────────────────┼─────────────────→
  个人主义          |          集体主义
                    |
         ╭──────╮   |
        ( 西方国家)  |
         ╰──────╯   |
                    |
                    ↓ 低权力距离
```

图 3-2 权力距离与个人主义/集体主义

资料来源：Hofstede, G. Culture's Consequences: International Differences in Work related Values, Beverly Hills: Sage, 1980.

和关爱。在个人主义的文化下，强调个人的独立性，并且只关注自己，相较于集体主义的文化，人与人之间的关系是松散的。在集体主义文化中个人是从集体中衍生出的一部分，这使得他们要对集体具有绝对的忠诚、与集体的需求和目标相一致。社会心理学家将此称为内群体行为，与之相反的行为则称为外群体行为。那些来自内群体的人是受欢迎的，不属于这部分的人被视为局外人。

虽然内群体和外群体的概念普遍存在，但是当与集体主义相融合，内群体就变得异常强大。个体属于一个个大小不同的群体，如家庭、学校、公司和国家，群体成员是非常重要的。

亚洲文化中内群体的重要性

亚洲文化关于"个体"有不同的定义，它更注重个人与周围其他人的联系：关注他人，适应环境，和谐共处。许多非西方文化并没有将自我从家庭或社区中严格地分离开；而西方则完全从个人的天赋、能力和人格特质等来定义个体。

在许多亚洲文化中，人们相信个体在同一个群体中相互联系、互为依赖

(如图 3-3 所示);而在大部分西方文化中,人们更关注一个独立的自我,个人意识占主要地位。所以,在相互依存为主的文化情境中,最好把自己与他人相联系,作为彼此的一部分。在日本,这个理念体现在了常用词"Ie"中,"Ie"意为"家庭"或"家人"。研究人员认为,对这个词的理解是了解日本社会各种组织的基础,不论是亲属关系,还是公司组织。"Ie"可以指家庭的结构、继承的规定,以及团体企业。[58]

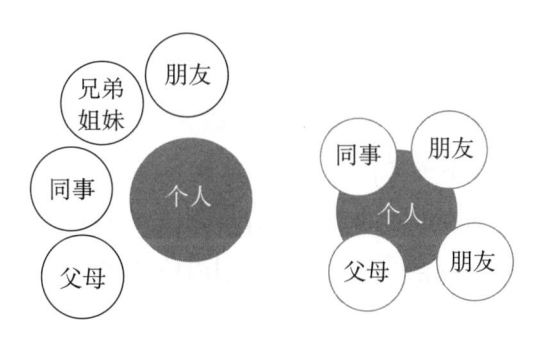

图 3-3 独立的自我和相互依存的自我

资料来源:H. Markus and S. Kitayama,"Culture and the Self: Implications for Cognition, Emotion and Motivation," Psychological Review, 1998.

然而,中西方的文化差异并不仅仅是黑白之分那么简单,如果说所有的亚洲人都讲求集体主义,西方人都奉行个人主义,这样的划分过于简单。毕竟在美国,各种协会和其他类型的团体数量是非常之多的。

随着全球经济一体化的发展,亚洲也越来越多地追求个性化。但是与西方相比,独立的自我和相互依存的自我之间的差异依旧存在。

路易威登——在亚洲最成功的奢侈品牌之一,很好地平衡了个人主义和集体主义的消费模式。该品牌提供了广泛的产品以满足不同的选择,同时通过强大的零售销售和营销力度在广大的亚洲奢侈品消费者中建立起强有力的品牌资产,为消费者在群体层面进行消费决策提供了一个有效的平台。

在亚洲,相互依存的自我表达方式存在巨大的差异。虽然有参与社交活动的倾向,但区别也是很大的。比如说,日本的自我观点在日常事件中很明显,日本人强调"面子"的概念,根据他人的期望和需要行事,而模糊了自我与他人之间的区别。

相比之下,印度人的内群体仅限于他们的家庭和族群。18 种官方语言、地域差异、族裔纷争以及极端的社会阶层差距，印度人同情他人的能力最大限度地受到了限制。所以，在印度相互依存的自我就意味着持久的忠诚，以及对种姓、语言、地理区域、社会阶层等所构成的群体的归属感。这也构成了印度的内群体与日本或是中国的不同之处。群体内消费者在获取建议、对待产品的态度、评估产品效果的时候，深受所在群体特征的影响。了解这一点对于营销人员十分重要。

与众不同

内群体的重要性并不意味着完全的社会整合。张戴伦（Dae Ryun Chang）教授提出"我们-我"（We-Me）的概念，用来解释对于韩国消费者来说的集体主义和个人主义倾向在更广泛的亚洲范围内依然存在。韩语中的"Jae-Ban Tae-Ban"的意思是"一半我们一半我"。对于韩国人来说，成为群体中的一部分是十分重要的。以化妆品为例，大家对于品牌的需求可能都是相似的（这属于"我们"的部分），但人们会用不同特色的妆容使自己有所不同。就像许多年轻的韩国女性会使用香奈儿的口红，但是使用不同的色号来体现个人的偏好。[59]

在亚洲，消费者正试图通过标志性的奢侈品牌，如香奈儿、路易威登、古驰等来体现自己的社会地位。[60] 2013年，这几大法国奢侈品牌巨头，有30%的营业额都集中在亚洲市场，[61] 亚洲是它们唯一的收入有增长的区域。[62]

奢侈品牌的流行在很大程度上取决于这些商品的稀缺性。因此，对于越不容易获得的东西，人们就会给予越多的价值。营销人员也一直使用这种稀缺策略，如宣传"数量有限"或者"最后期限"。这个策略之所以有效，是因为人们通常会重视那些很难获得的东西，也因为我们不愿忍受失去选择的自由。根据心理抗拒理论，我们失去的自由越多（如购买奢侈品的机会或者能力），我们就越希望保留住这份自由。[63]

稀缺原理也可以解释亚洲出现的收藏品狂潮。想想之前的麦当劳限量版玩具的案例：麦当劳开始销售凯蒂猫的玩具，顾客排长队购买，甚至为此产生肢体冲突。一家麦当劳餐厅甚至因为产生了骚乱而不得不暂时关门。稀缺原理之所以会发生在这类商品上，不仅仅是因为它们是新鲜的、稀缺的，还体现了另一个社会学原理，那就是当与他人竞争时，我们更渴望得到稀缺的产品。

不过，尽管稀缺性原则有助于解释上述行为，但它本身并不能解释奢侈品牌在亚洲的魅力。例如，其实日本青少年很少把路易威登的包或者古驰的眼镜视为稀缺物品，即使这些品牌在日本的普及率高达90％以上。[64] 亚洲社会有不同的力量，这导致他们希望通过品牌的标识来体现他们的社会地位。其中一个力量就是"风采"或者说是"面子"，体现的是个人的社会地位。因此，一个人被迫消费与他社会地位相关的产品，这样做就不会丢"面子"。尽管随着国家的现代化进程，在过去的20年里，中国的传统观念发生了不少转变；但研究依然表明，一些观念，如"面子"，依然存在，并继续影响社会的发展。

另外一个导致"身份性"购买行为的理论是霍夫斯泰德提出的权力距离。权力距离是用来表示人们对组织中权力分配不平等情况的接受程度。具有高权力距离的文化下，尤其在公众场合，是不能对拥有权力的人提出拒绝或者与其进行争辩的。同样，低权力距离文化更加相信平等。表3-2显示了不同权力距离的国家的一些不同之处。

表3-2 高权力距离和低权力距离之间的差异

低权力距离	高权力距离
特权和地位不被推崇	拥有特权和地位
等级差别应该减少到最低限度；有权力地位的人应该尽量塑造这样的权力印象，即比他们实际上所拥有的权力要小	等级顺序严格，权力所有者应该最大限度地表现权力
最小化人与人之间的不平等	人与人之间的不平等是被认可和需要的
父母与子女之间平等地交流	子女尊重父母，父母希望得到子女的服从
爱尔兰、斯堪的纳维亚国家（北欧五国）、澳大利亚、以色列	马来西亚、中国、印度、菲律宾

资料来源：Geert Hofstede, *Cultures and organizations：Software of the Mind*. Maidenhead：McGraw-Hill, 1991.

小结

本章阐述了影响亚洲消费者思维、行为的几个主要方面。由于亚洲发展迅速，所以之前讨论的所有内容并不是一成不变的。而且亚洲国家与亚洲内外的其他国家也越来越多地联系在一起，这种联系会进一步增加和提高亚洲本身的发展速度。本章讨论的例子证明了亚洲国家之间丰富的文化交流。所以，要想成为成功的营销者并了解亚洲消费者，公司管理层必须要从亚洲内部着手。

想要努力在亚洲建立成功品牌的公司需要了解亚洲文化的特异性。如本章所讨论的，亚洲是一个现代与传统相交融的文化地域，这对选择在亚洲进行品牌开发的公司来说是一把双刃剑。一方面，它提供了一个巨大的机会和不同的客户群，大量的农村市场、巨大的市场潜力造就了一个振奋人心的前景；另一方面，它也迫使企业在不同视角之间保持平衡，既要具有地方特色，又要拥有全局观念。满足当地市场的偏好以调整产品和服务，通过利用共有的文化基础以凸显泛亚洲身份，将是企业在亚洲市场得以生存发展的行之有效的方法。

注释

第4章
亚洲国家的品牌化

近几十年来，许多亚洲国家接受市场资本主义，对外开放经济。随着越来越多的全球化企业在亚洲征战，异域的国土、独特的文化以及阳光灿烂的海滩，使得旅游业在亚洲蓬勃发展。同时中国积极推动高质量的、可负担的医疗保障系统，重新关注和发展世界一流的教育体系，进一步促进了健康和教育、旅游业的发展。

许多亚洲国家拥有一种或多种优势，进行品牌化区分的需求日益迫切，期望以此吸引更多的资本和人才。

国家也可以创造差异化的身份。随着世界各地游客以及商务旅行者数量的增加[1]，国家必须通过打造鲜明的第一印象来扩大其市场份额，成为当人们规划度假或者公司召开会议时首选的目的地，而国家的品牌化就是有效的途径。

国家可以通过自身品牌化使得游客（和他们的钱）不选择别国；而在出口时，创造一个积极的形象和令人印象深刻的本土产品特征也很重要。出售意大利皮鞋和德国机械比出售澳大利亚皮鞋和捷克机械要容易得多。品牌也可以通过吸引投资和技术人才，在全球市场上发挥作用。

在国内，政府可以利用它们新的品牌身份来引导和促进社会风气的形成。过去几十年，由于亚洲的社会经济发展水平较低，亚洲产品和服务并没有实现积极的原产地效应。现在，有了新的品牌化身份，它们不仅可以在本国，也能在国外与当地的产品进行竞争。

纽约未来品牌公司（Futurebrand）发布的年度国家品牌指数（CBI）对

国家品牌实力和影响力进行排名，中国在品牌基础、设计和制造上，排名均高于传统指标（如价格、实用性和风格）。[2]

亚洲品牌，尤其是中国品牌，曾经有一些负面的联想。然而，在纽约未来品牌公司 2014 年的"制造国"研究中，中国排名第九，标志着对中国的原产地认知正在发生改变。中国慢慢从低成本的制造业基地，发展成为全球高科技产业制造和发展源泉（如技术、电子和时尚）。[3] 高质量的生产是产品和品牌成功的基石，而中国的制造业品牌也获得了越来越广泛的认可。

除了日本和韩国，历史上西方消费者对亚洲国家的印象一直是低成本和低质量，很难联想到其他的竞争优势。例如，消费者将韩国视为全亚洲，甚至全世界最重要的时尚潮流引领者之一。韩国已经超过日本，成为亚洲美妆行业的典范。随着本土化妆品品牌（例如爱茉莉太平洋）超越海外品牌，它们可以从原产地效应中获得更多积极的品牌资产。三星作为韩国的民族品牌，也产生了类似的积极效应。它快速成为一个全球化品牌，影响了全球利益相关者对韩国的看法。

总体而言，国家品牌战略根据目的的不同，可以分为三类：

- 出口品牌；
- 全球品牌；
- 本土品牌。

每种品牌战略的优势如表 4-1 所示。

表 4-1 品牌战略的优势

国家品牌战略	优势
出口品牌	积极的产品晕轮效应
	更强的出口能力
全球品牌	更强的吸引游客和技术人才的能力
	更强的吸引投资的能力
	减少投资者激励的能力
	加剧竞争者的成本压力
	应对金融危机
	维持更高价格的能力
本土品牌	留住技术人才的能力
	从更好的氛围中获得更高的生产率

资料来源：Martin Roll Company.

出口品牌

国际营销者长期以来一直都知道,强调产品原产地能够促进销量的增长。德国汽车、法国葡萄酒、亚洲酒店,都强调它们的原产地,从而获得积极的产品联想。德国、法国或者日本制造,能够强化其品牌资产,尤其是对那些低调的公司。一个国家可以通过出口产品与服务获得质量维度,这是国家的无形资产。

原产国就像是消费者的经验法则。心理学家强调,大部分人都是认知上的"懒惰鬼",依赖思维捷径来做出决定。普林斯顿大学的研究者丹尼尔·卡内曼(Daniel Kahneman)对这些捷径进行了研究,并因此获得了诺贝尔奖。他的研究发现,信息框架在很大程度上影响了我们如何看待它。有这样一个研究,人们需要选择一个治疗方案来治愈疾病。不出所料,大部分人选择了可以"救活"80%的人的方案,而不是那个"杀死"20%的人的方案。[4]

当消费者在购买产品前不能够甄别它的真实质量时,他们往往会更多地依赖产品的原产地作出决策。例如,消费者通常会将日本与高质量、可靠的产品相联系,从这种晕轮效应[5] 中推断日本汽车的质量。在这种情况下,国家形象被看作评估产品的"外在线索"。

对于品牌经理来说,关注原产国标签,对于他们的品牌在最初发展阶段尤为重要。对于知名度较低的品牌来说,消费者更有可能依赖产品的原产地作出购买决策;相比之下,对于关注度和忠诚度较高的品牌,原产地则起到次要的作用。

在哈佛商学院对全球品牌的研究中[6],研究人员发现,大部分人并没有将美国品牌与美国政府的行为联系在一起。当问及人们想要购买什么样的产品时,大约88%的人选择全球知名品牌,而不是本土品牌。对他们而言,购买全球品牌,表示他们想要加入全球社会。他们并没有将大型的美国品牌视为美国本身。只有12%的人表示不想购买全球知名品牌。

然而,想要知道一个品牌来源于哪里,并不总是那么容易。现如今,一个产品可以在A国设计,在B国制造,在C国组装,是D国的品牌,但与E国又有很强的文化联系,并且使用了很多来自其他国家的资源。那么,哪些来源对于消费者来说更重要或者影响更大？

根据全球品牌机构纽约未来品牌公司所述，一个品牌的国籍指的是，它被认为是从哪里来的——这比它在哪里设计更重要，但比不上它在哪里制造重要。这意味着，对于品牌而言，它们可以尽情与别的国家产生联系，但最终"哪里生产"的标签影响是最大的。当在两个品牌之间进行选择时，对于产品而言，最重要的并不是产品形象，而是能否被大多数消费者所喜爱。

但是，品牌必须非常小心地控制它们的原产地形象。2012年，意大利因默许血汗工厂的工作条件以保证奢侈品牌利润最大化的新闻被披露，"意大利奢侈品"的形象因此蒙羞，"意大利制造"的声誉受到了质疑，这在高端市场和时尚界是一个巨大的失误。这些潜在的危机对意大利奢侈品牌，例如普拉达、阿玛尼、杰尼亚的影响是发人深省的。

亚洲企业管理者尤其需要关注国家之间的联系。在一个学术研究中，研究人员对比了集体主义国家（日本）的人和个人主义国家（美国）的人，发现相比于个人主义者，集体主义者的归属感更强，对本国产品的喜爱程度也更高。[7]

全球品牌战略的挑战之一是提升历史和文化的敏感性。在策划品牌活动时，牢记不同的亚洲国家之间的历史关系非常重要。事实上，直到20世纪90年代末为止，日本电视节目在韩国还受到抵制。[8]

政府在国家品牌中的作用

正如前文所述，国家品牌化比产品或服务品牌化更加复杂。一个强大的国家品牌，对国外投资者来说有很强的吸引力。新加坡和马来西亚就是很好的例子，政府已经预见到，品牌化是国家未来发展的重要影响因素。

积极的品牌形象，能够给国家带来极大的好处。亚洲国家可以通过建立强国家品牌，摆脱低成本、低质量的形象。

国家如何才能成功地克服原产地挑战

强调和扩大竞争优势的来源

首先要了解一个国家与它的邻国相比竞争优势是什么，如何利用这些优势。作为一个自然资源匮乏的小国，瑞士是世界上第一个建立国家品牌"瑞士制造"的国家。从巧克力到其他高价值的产品品类，如手表、时尚用品、私人银行服务，瑞士在著名奢侈品原产国中的排名超过了法国和意大利。[9]

产业品牌化必须多品类共同发展。研究表明，当涉足多种产品品类时，国家的声誉更好。类似地，仅仅关注个别产业，会降低整体的国家形象。因此，国家需要努力提升那些表现不佳的品类。美国就是加强多样性的一个范例——美国在全部的六个主要品类（餐饮、个人护理、汽车、电子、时尚和奢侈品）中，均排名前五。因此，总体而言，美国品牌是消费者最有可能购买的品牌。[10]

提升英语技能

根据最著名的国家英语技能指标——英孚英语熟练度（Education First's English Proficiency Index），英语技能与经济发展之间有直接的相关关系。不论是国民总收入（gross national income）、平均工资、国内生产总值（GDP），还是生活质量指标，如人类发展指数（Human Development Index，综合考量教育、预期寿命、语言能力和生活标准），对这些指标的测量均显示了一个国家可以通过提高语言技能来获取最宝贵的资源——人力资本，从而促进发展并且拥有更多的机会。根据麦肯锡公司的观点，这就是为什么菲律宾能超越印度的一个关键因素——菲律宾是全球客户服务中心。培养国际化的劳动力，可以使得本国品牌在全球化发展中有一个更加坚实的基础。

提升健康和安全标准

现在的消费者越来越关心品牌的社会和环境行为。比如，因为社会和环境相关问题引发的对某些时尚品牌的冲击，使得孟加拉国服装企业遭遇了严峻的考验。因为这类事件的发生，政府有强烈的愿望提升产品的健康和安全标准。在欧洲，所有的包装食品，必须严格标识生产过程中涉及的所有国家，而不是仅仅在最后或最重要的环节中参与制造的国家。

加强知识产权意识

缺少严格的知识产权制度和执行力，是新兴国家品牌面临的一个主要挑战。在它们的国土上存在猖獗的造假行为，这是发展过程中的主要障碍。因为造假者可以轻松地复制企业的技术，降低其利润，弱化其品牌影响。除非国家能够立法并严格执法，否则造假行为会对新兴市场品牌造成全球范围的影响，使得企业不再有动力去创新或制造差异化的产品。

注意国外政策对旗舰品牌的影响

企业在海外的形象，很大程度上与政府的政治行为有关。华为在美国的困境不言而喻。尽管华为的产品和解决方案已经在超过140个国家和地区被应用，服务世界上1/3的人口。但是这个来自深圳的企业，仍然被美国政府认为是一个安全隐患。为了逐渐消除这种质疑，华为开始了积极的防御政策，但在其全球头号市场美国，华为似乎仍然面临难以逾越的障碍。

资料来源：Martin Roll Company.

全球品牌

使用全球品牌面临的重要挑战是，如何找到一个独特的、全面的定位，能使该国家与它的竞争者区分开来。在过去的10年里，许多国家已经尝试了这种战略，并且获得了不同程度的成功。图4-1列举了不同亚洲国家采取的

包容性水平

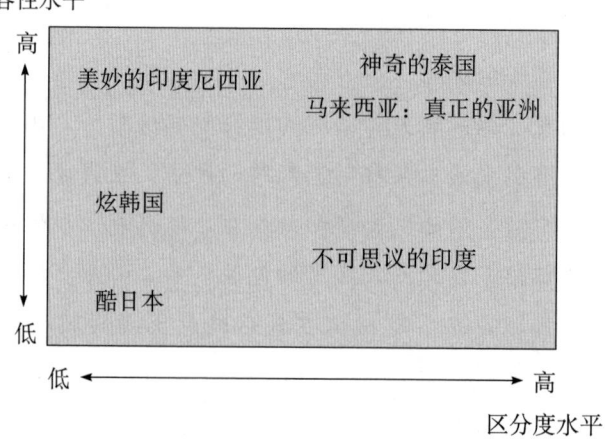

- 美妙的印度尼西亚
- 神奇的泰国
- 马来西亚：真正的亚洲
- 炫韩国
- 不可思议的印度
- 酷日本

区分度水平

图4-1　国家品牌倡议

国家品牌行动。包容性指的是国家品牌行动的涵盖能力——这些行动是否在它们力所能及的范围内捕捉到了国家的多样性。区分度指的是提炼独特的定位和价值主张的能力。

但是找到这样的定位绝非易事,因为从本质上说国家都是多元化的,因此相比于一个企业,总结归纳国家品牌的特点更难。国家有多元化的人口组成,他们是国家全球品牌战略的受众和利益相关者。例如,鉴于自身的人口多样性,马来西亚面临巨大的挑战,但是它迎难而上,已发展成为亚洲最成功的国家品牌之一。

"马来西亚:真正的亚洲"

1998年,马来西亚政府发起了"马来西亚:真正的亚洲"运动,以应对亚洲金融危机对其经济造成的严重影响。

作为历史上的英国殖民地,马来西亚并不像它的邻国泰国和新加坡那样知名。因此其在发展中面临的挑战之一是,如何在一个对马来西亚一无所知的游客心目中建立认知。

马来西亚的品牌发展团队在探讨中发现了一个独特和差异化的定位:将马来西亚作为各种亚洲文化——中国文化、印度文化、马来文化和其他国家文化的联合代表——一个便宜、安全、摩登的胜地。同时,马来西亚具有多元文化,主要是不同国家食物和文化的多样性。马来西亚,对于那些不了解亚洲、担心巨大文化差异——文化习俗、菜肴和语言的游客来说,是一个安全的旅游目的地。马来西亚可以成为想要安心体验亚洲的人们的绝佳去处。

该计划成功地使马来西亚在公众认知中成为一个可选择的目的地。马来西亚在旅游发展方面投入了大量资金,现在全国每年吸引2 500万游客[11],而在2004年之前,每年仅有1 300万游客[12],其目标是到2020年吸引3 600万国际游客。[13] 作为世界十大热门旅游胜地之一,马来西亚提供各种细分旅游——健康和医疗旅游、生态旅游、教育旅游、一级方程式赛事、国际高尔夫锦标赛、极限运动和冒险旅游以及文化和生活方式旅游。[14]

随着时间的推移,越来越多的游客开始认为马来西亚还是一个购物天堂。来自中东的游客对于去欧洲和美国旅游很谨慎,因而选择夏季——5—8月份去马来西亚旅行。马来西亚虽然很热，但比中东许多地方凉爽。

尽管到目前为止，该计划取得了成功，不过还是有许多不可避免的困难。由于其与亚洲的密切关联，如果发生全球性事件，导致亚洲产生负面影响，那么这个国家品牌将会受到冲击。另一个挑战可能是强调其多样性以外的品质，因为如果马来西亚出现种族紧张的局势，它对"真正的亚洲"的定位，就有可能变成一个荒唐的笑话。

"神奇的泰国"

另一个成功的全球品牌计划是"神奇的泰国"，它也是在1997年金融危机之后发起的。泰国在对外营销中巧妙地将这个国家的不同方面汇集成了一个词：神奇。

泰国政府于1998年开展了这项计划。与李奥·贝纳广告公司、酒店、餐馆和纪念品协会一起，在进行了两个月的头脑风暴之后，提出了"神奇的泰国"的想法，尽其所能展现了泰国特色——历史文化遗迹、美味佳肴、美丽的海滩和非常友善的人们。

1998—1999年，泰国政府累计拨款3 790万美元用于泰国品牌的推广。尽管泰国受到亚洲金融危机的影响，面临经济衰退，造成了很大的动荡，但其品牌推广效果非凡。神奇的泰国通过推广购物、食品、海滩和泰式按摩来吸引游客。

由于其出色的包容性，该定位获得了成功——它能够捕捉到泰国所有"神奇"的方面。如果皇家宫殿和海滩是令人惊讶的，那么交通也是，辛辣的食物也是。如果泰国的热情好客是出人意料的，那么超低的价格也是。这个宣传语能够为泰国创造一个独特的身份，令游客感到惊奇，它非常有包容性，可以涵盖许多方面，无论是休闲、美食还是历史遗迹。

如果一个国家为自己打造了一个市场并留存下来，那政府会开始发展一个更为成熟的品牌。随着时间的推移，国家品牌在全球建立，泰国旅游局开始改变其定位。2003年，泰国政府推出"未知的泰国"计划，该计划不仅包括文化、食品、世界遗产和精品酒店，还包括高尔夫、探险、潜水和婚礼套餐。泰国也随之被提升为拍摄电影的理想场所。所有的迹象表明，泰国的国家品牌正在走向成熟，从蹒跚学步成长为一个寻找一些"不同的东西"的年轻人。

泰国在2004年的定位是"世界上的幸福"。为了摆脱早期"神奇"的含义，政府希望人们将假期与泰国联系起来。新的压力源于泰国需要提供的优质的水疗设施、高尔夫球场和内河游船。这些新的设定将泰国定位为一个奢侈品牌，让渴望假期的富人尽情享受。泰国早已不仅仅吸引"背包客"。泰国在2014年推出了一个新的计划，名为"神奇的泰国：从人开始"，旨在深化情感价值和个人经历，让游客将自己沉浸在泰国文化中。[15]

2015年，泰国旅游局推出"2015发现泰国"活动。2014年泰国游客量超过2 600万人，2015年预计将达到接近3 000万人。[16]

从"印度闪耀"到"不可思议的印度"

在2003年12月到2004年1月期间，印度人被政府称为"印度闪耀"的广告宣传活动所"轰炸"。在1月的前两周，它在所有主流电视频道播出了9 472次，在平面广告上出现了392次。这次大规模的媒体活动，是由于执政党在4年任期内取得了巨大的成功，为下届选举提前做准备。它的胜利来自它广受欢迎。[17]

2003年10月，政府向几家广告公司介绍了它希望进行广告宣传的项目。所有的广告标语中，有一条特别成功：闪耀——是时候提醒人们了，4年来的经济增长、繁荣和稳定，对每个人来说都是如此，不论城市或农村，老年人或年轻人。这场运动是独特的——这是印度政党首次使用品牌战略向民众宣传自己。

但如果被认为是公开的政治运动，那么广告就不会奏效。所以在广告中从来没有提到政党。它们是"政府"的广告。[18] 这个运动使得总理、执政党领导人每天向印度公众打出大量的电话，强调他们党派的成就。所有主流媒体讨论的和辩论的都是它的内容。

广告的内容试图为观众创造一个"感觉良好"的因素。一个例子是，一个年轻女孩穿着裙子去上学，笑着说："我要进一步深造，因为助学贷款利率降低了。"

同样地，其他广告也传达了这样的信息：尽管该国的利率很低，但通过"Dada Dadi"债券，人们能获得较高投资收益率；受益于为鼓励小微企业创造的23亿美元的基金，人们能够自主创业；由于出口增加，外汇储备也增加了。印度的经济状况正在不断改善，到处都情绪高涨。印度真的在闪耀。

在2004年5月的选举中，所有的迹象都表明执政党，即全国民主联盟（NDA）将获得胜利。但令人惊讶的是，它输给了反对派——国民大会党（以下简称"国大党"）。新闻媒体无法理解为什么他们的意见和投票后民意调查会出错。实际上，在NDA让观众感觉良好的同时，国大党也开展了自己的广告宣传活动。广告仅有黑白两色，使用印地语，以中产阶级和农村为目标。它借用NDA的宣传，反转意象，并使用标语"Aamadmikokyamila?"（普通人得到了什么？）国大党关注的是印度在创新、上升、闪耀的过程中，基础设施、水、电和失业问题仍然存在，贫富差距未得到任何改变，NDA的政策有利于富人，有利于中产阶级上升，而农村人民和更低阶层的人们想要跨越鸿沟，则需要更加努力。[19]

NDA失败的原因是多方面的，但主要是承诺与行动之间的差距。一些媒体人评论，品牌计划没错，但核心产品不强。也有人说品牌没有前瞻性，没有任何承诺。观众投票获得了什么？这个标语是用英语创作的，对于印度人来说是外来语言。"印度闪耀"和"感觉良好"的标语没有直接等同的语言[20]，因此流失了大量选票。使用技术手段联系公众也产生了其他的问题，这损害了总理的形象，总理被认为像一个电话推销员。[21] 然而，批评人士不喜欢广告最重要的原因是，它没有梳理过去几年的经验。[22] 收看这则广告，让人们将他们的情况与受益人进行比较，这使得人们认为广告是傲慢无情的。

因此，尽管NDA使用了老练的、情感化的广告技巧，但由于其预测和现实之间明显的差异，没有获得成功。

此外，品牌化国家意味着统一沟通——以一个凝聚的信息预测品牌的价值。但由于需要合并和精简很多的事实，所以品牌化其实会很困难，不可避免地产生一些缺失。没有获得城市中产阶级——它的主要受众的支持是NDA的失败。它忽视了那些在路边的失意者，国大党很快就知道了这一点。

不过，历史总是惊人地相似。2014年，国大党在选举中几乎破记录地惨败给印度人民党（BJP）。这是国大党长期以来最大的失败。刚上任的总理纳伦德拉·莫迪（Narendra Modi）立即对美国进行访问，以解决生活在那里的数量庞大的印度侨民问题。他于2014年9月在纽约麦迪逊花园广场对将近19 000名非居民印度人发表讲话，主题是请求民众和他一起参与国家的发展。新任总理将社交媒体发挥到极致，积极回复推特，不断更新领英。

印度闪耀计划在2002年发展为"不可思议的印度"计划。其主要目标是，继续在全球范围推广印度的旅游业。最近，印度政府已经开始征求有意开发和维护"不可思议的印度"网站的投标组织。目的是使它成为一个一站式旅游地，允许酒店、火车、航班和旅游的一站式预定。此外，移动解决方案和数字集成分析也是该网站的重点。[23]

"不可思议的印度"计划得到了宝莱坞超级巨星阿米尔·汗（Aamir Khan）的支持，阿米尔·汗在印度超高的人气和宝莱坞的影响力为此次营销活动赢得了良好的声誉。

"酷日本"——国家品牌的学习和借鉴

"酷日本"是日本国家品牌计划的核心，旨在将"工业与文化"和"日本与世界"结合在一起。[24]"酷日本"的概念起源于2002年，表达了日本作为文化新兴大国的重要地位。[25] 2011年日本大地震后，为了从地震中恢复过来并且恢复日本品牌往日的光辉，"酷日本"品牌标语诞生。[26]

"酷日本"计划的目标是促进全国的创意产业发展，如动漫、时尚、食品、艺术、传统手工艺、旅游和音乐。这种"软实力"战略希望鼓励日本中小企业进入全球市场，利用日本的创意产业吸引外资和全球游客。

经济产业省负责这一举措。全球文化产业预计将增长40%，到2020年将达到9万亿美元。日本的目标是通过利用"酷日本"计划，在这个市场中占有更大的份额——8 000万美元到1.1亿美元之间。[27]

该计划是日本时任首相安倍晋三的经济政策的一部分，其重点是财政刺激、货币宽松和结构改革。[28]他的政府将在未来20年内拨出10亿美元用于"酷日本"计划。[29]酷日本基金于2013年11月推出，旨在管理该计划的投资[30]，并投资于传统手工艺、时尚秀和重大海外投资活动。

该计划的一个主要灵感是韩国的成功。目前，韩国艺术家称霸亚洲音乐排行榜，韩国电视剧和韩国电影是最畅销的，而三星手机或现代汽车等韩国商品也享誉全球。最重要的是，韩国文化对世界来说，是现代的、年轻的、有趣的形象。[31,32]

"酷日本"计划自实施以来收到了褒贬不一的评论。批评家认为，差异化、品牌化和吸引海外观众以及市场的失败，可能意味着"酷日本已经结束"。[33] 另外一种批评是，它不足以提高商业利益和许多政府机构（经济产业省、外务省和农业水产省）的结构性低效率。[34] 一些专家质疑，纳税人是否需要向那些有价值和可行的私营公司投资。[35] 日本的主动权遭到了损害，例如"不酷"的酷日本自制视频，因为错误的原因而病毒式地广泛传播。[36] 许多著名的日本艺术家，如村上隆（Takashi Murakami），并不愿参加该计划。[37]

标榜"酷日本"可能会产生参与者自我定义的问题——"称自己很酷，按照'酷'的定义来讲就不酷了，而且无视了日本文化中的谦逊"。[38] 虽然从国家品牌化过程中获得的益处比传统的产品品牌化更持久，但是由于不符合公众认知，重新思考"酷日本"可能是明智之举。

未来机遇

由于亚洲国家的品牌形象被确定为旅游业，那么其他经济计划也需要品牌化。在营销海滩、美食和古老的寺庙之后，现在是时候强调其他财务方面的优势。而这些特质可以发展成长期的、稳定的品牌属性。对于亚洲来说，有两个重要的机会：教育和医疗保健。

教育的品牌化方式

亚洲的教育市场蓬勃发展。鉴于人口增长的估计，未来几年市场发展可能会更加明显。特别是研究生领域，很多机构正在竞争招募大批亚洲MBA研究生。

1998—2003年，印度和中国的GMAT（MBA学位的资格考试）申请人数几乎增加了两倍。[39] 不足为奇的是，许多美国和欧洲的学校开始将亚洲视为唯一真正具有潜在增长的区域。与亚洲市场蓬勃发展形成鲜明对比的是，美国的 MBA 学生市场相当低迷，申请者总体上有所减少。

这种低迷也反映在用 GMAT 成绩申请美国大学的印度和中国申请人数量的下降上。2012 年，尽管印度的 GMAT 考生增加了 19%，但是将成绩用来申请美国大学的比例下降了 11%。印度和中国的申请人不愿意将他们的 GMAT 成绩递送给美国大学，因为被拒的可能性较高。相关分析表明，被拒绝的主要原因是美国招收 MBA 学生的学校的工作人员在 GMAT 申请人库中发现了过多的来自上述两国的申请人。加上亚洲和欧洲（印度、新加坡、法国、英国）的世界级 MBA 课程的吸引力和可用性日益增强，印度和中国学生越来越多地将注意力转移到非美国的大学。[40]

欧洲、北美和澳大利亚的许多商学院已经从亚洲教育市场的繁荣中受益颇多。亚洲国家要在这个教育市场上竞争，就需要各国政府、企业和大学的共同努力，将教育视为国家品牌。亚洲国家品牌化的一个缺陷是，它偏重于独特性，牺牲了其他品牌层面，如与知识发展相关的卓越性。

许多亚洲国家都有强烈的对知识的渴望。在中国有古语云：学如逆水行舟，不进则退。[41]

然而，像印度这样的国家总体文化水平较低，人们很难将它与优质的教育联系在一起。但是，在过去 5 年里，亚洲的工商管理院校获得了公信力。印度的管理和技术学院被证明是世界上最热门的，它们只接受成千上万的申请人中的一小部分。它们有最高的测试成绩。

欧洲工商管理学院

欧洲工商管理学院（INSEAD）是世界上规模最大、最顶尖的研究生商学院之一，在亚洲（新加坡）和欧洲（法国）设有两个综合性的校区。商学院提供独特的、多元化的学习体验。学习者在无与伦比的多元环境中与教师和同学交流学习，以此获得对国际商业实践的重要见解。INSEAD 在全球有 49 000 多名不同身份的校友，遍布 171 个国家和地区，并且校友数量还在不断增长。INSEAD 为学生创造了职业发展和人脉网络方面受益终身的机会。INSEAD 以全球化及多元化视角开展国际管理教育和研究。[42]

然而，大量的印度和中国高校并没有像 INSEAD 那样享誉全球，因为它们没有吸引来自其他国家的优质生源和师资。随着亚洲国家之间的贸易发展，更多文化和教育方面的交流将有助于更好地了解双方的文化和贸易活动。此外，通过建立全球形象，吸引来自世界其他地方的学生，可以增强高校的声誉。品牌的全球化定位，可以提升消费者对产品的评价。[43] 这种晕轮效应同样适用于教育机构——INSEAD 基于其长期以来的文化包容性以及全球视野创造了独特的差异化定位。

医疗旅游的品牌化方式

国家品牌化另一个很好的机会是健康旅游和医疗旅游。医疗旅游，即一个国家将自己定位为医疗保健服务和设施采购的目的地。随着欧洲和北美人口的老龄化，这些地区的国家的医疗费用上升，社会保障金额下降，更多的人开始选择亚洲的医疗服务。此外，由于中东和非洲缺乏一流的医院，亚洲很有可能成为医疗和保健旅游中心。[44] 虽然这个市场长期以来一直被欧洲和北美所主导，但亚洲国家正在快速迎头赶上。

虽然医疗旅游的需求从根本上是出于成本和质量原因，但目的地的最终选择取决于许多因素，包括距离远近、品牌价值和医疗保健服务的可用范围。近几年来，亚洲医疗旅游业正以两位数的速度快速增长。[45]

在这方面急速增长的亚洲国家是泰国，现已成为医疗旅游的首选亚洲目的地。2002 年，在泰国进行治疗的外国病人人数增长了 13%[46]，共有超过 60 万外国人来到私立医院就诊。2003 年，外国病人人数已经增长到 100 万人[47]——这一趋势一直持续到 2013 年。[48] 泰国以非常低廉的价格提供优越医疗保健服务的名声逐渐为人知晓，也吸引了越来越多的病人来访。

另一颗冉冉升起的新星是印度。印度已经吸引了许多寻求低价和保持高质量软件的公司。医疗保健行业也是如此，尽管与美国相比，印度每 10 万人拥有的医生数量很少，但印度更多地利用低成本结构和优秀的医生来治疗外国病人。印度工商业联合会预测，印度的医疗旅游收入将从 2011 年的 7.28 亿美元上升至 2015 年的 16.9 亿美元。到 2015 年，有 320 万名医疗游客访问印度，比 2011 年的 85 万人大幅增加。[49]

鉴于与其他国家相比巨大的医疗成本差异，上述现象不足为奇。在印度亚拉文眼科医院（Aravind Eye Hospital）[50]——一家专门治疗白内障的领先医院，每次的手术费低于50美元，而在美国约为3 000美元。在印度的斯瓦米健康连锁医院（Narayana Health chain of hospitals），由心外科医生主刀的冠状动脉搭桥手术费用为1 583美元，而俄亥俄州克利夫兰诊所（Ohio's Cleveland Clinic）相同手术的费用为106 385美元。[51] 整容手术在印度的价格只有西方国家的1/4～1/3。同时手术质量也是可以得到保证的——印度医生接受了高水平的培训，他们每年参与的手术数量也始终维持在一定水平。虽然医疗保健服务长期以来一直基于国内市场发展，但这种情况正在迅速改变，变得越来越全球化。

小结

国家，就像品牌一样，对其生产的产品或服务产生了相当大的影响。强大的国家品牌吸引了游客，提高了国家对外商投资的吸引力。最重要的是，强大的国家品牌资产可以延伸到其产品和服务。鉴于亚洲国家从古至今对低成本的关注，品牌的意义就显得十分重要。亚洲国家及政府必须认识到国家品牌化的重要性，并全面参与和充分支持。此外，各国政府应主动采取行动，确保所有内部和外部利益相关者"双赢"。

一个强大的国家品牌，是企业在全球市场上重要的竞争优势。例如，未来品牌公司曾将韩国国家品牌排名第20位。[52] 由于三星、现代、LG、起亚等公司，韩国品牌排名已进入前10。这是因为韩国企业不断进行创新和全球化，以及韩国文化在亚洲的快速流行。

无论国家品牌实力如何，每个国家自身都有更多的工作要做，以改变世界对它们的看法。在这种情况下，政府发挥着重要作用，以创造有利的条件，成为全球品牌。因此建立强势的国家品牌是十分必要的。

注释

第5章
亚洲的名人品牌效应

一直以来，企业都会邀请一些知名的公众人物、娱乐明星和体育明星来为它们的品牌代言。它们普遍认为这些名人特有的品质、个性以及声望有助于建立或者重新定义企业的品牌。本章以几个典型的亚洲企业为例，来分析这一能够快速获利的品牌建设工具在亚洲市场上是如何使用并奏效的。

品牌代言在整个品牌文化中占据了很重要的位置。实际上，我们可以简单地把它看成一种针对消费者的具有强说服力的互动战略，其内容就是企业使用选定的代言人去宣传它们的产品和服务。使用代言人的主要目标是促使消费者购买特定的产品或服务，塑造对产品的认知，并将其定位为一种生活方式而不仅仅是一种使用价值。此外，使用代言人还可以塑造或改变消费者对特定品牌的看法，增加品牌的知名度以及消费者对品牌的认知，引起消费者情感共鸣，进而突出品牌的差异化和独特性。

相关研究表明，名人推荐确实会促进消费者对品牌的回忆。通过广泛的调查，研究人员得出结论，名人代言对整体品牌传播和感知有着积极的影响。虽然现在并没有一项量化研究可以证明名人代言与产品销售增长之间存在直接关系，但几乎全球的企业都在使用名人代言，它们普遍认为这对其品牌有着积极的影响。[1]

品牌使用韩国明星代言以及植入式广告的频率越来越高。韩国流行歌手金泫雅就为丰田卡罗拉拍摄了一部音乐视频。法国时尚品牌YSL的一款口红在2014年1月份脱销，主要原因是韩国偶像剧《来自星星的你》中的女主角全智贤在剧中使用了这款口红。全智贤因2001年出演电影《我的野蛮女友》

而爆红，现在已成为韩国的顶级女演员。同时，她还为香奈儿、普拉达，以及韩国的本土品牌 Shemiss 和 Seoul-listed Handsome 代言服装产品。[2]

2014 年，全智贤在《来自星星的你》中穿了一双价值 625 美元的 Jimmy Choo 品牌的高跟鞋，于是这款高跟鞋在世界各地的商店几乎同时脱销。[3] 与之相似的事件还有，宝洁公司邀请著名女演员张真英（Chang Jin-Young）代言后，其旗下品牌 SK-II 在韩国的销量增加了 50%。[4]

名人代言对销售收入的影响是一个具有高度争议和巨大研究空间的领域。虽然名人代言对销售有着明显的短期影响，但研究者更喜欢从中长期角度来探讨。这一视角涉及一系列问题，比如如何将名人的个性与品牌相结合；如何通过名人推荐建立品牌；如何使品牌与名人的特质相结合，进一步提升品牌价值；还有更简单直接的问题——如何通过名人代言提高品牌知名度。

名人代言的概念及其对品牌建设的影响属于心理学和社会学领域的研究范畴。它的基本前提十分简单：在市场上有这么多的产品，消费者不可能全都了解，它们是否可靠对消费者来说也是未知的。因此，消费者依赖线索或通过简单法则来简化事物。这些线索可以是内在的或外在的，可以通过任何媒介进行传播，它们能够帮助客户筛选大量的信息，以做出明智的判断或培养对产品的感知。

随着广告以及各种新的传播方式的增加，这些线索开始变得更加丰富。名人代言则建立了更多的品牌与消费者的联系，向消费者提供了更多的关于品牌个性和定位方面的信息。一个强大的品牌不仅能提供基本的功能性益处，还可以提供一种表达信仰和态度的身份和个性。在另一个层面上，名人代言也有助于品牌获取更好的识别度和知名度。所以，为了最大限度地提高名人代言的收益，企业必须选择适合品牌的代言人。

迈克尔·乔丹为耐克的代言就是一个经典案例。乔丹在全世界成千上万希望成为篮球明星的青少年中拥有巨大的影响力。当迈克尔·乔丹穿上耐克鞋，说着"想做就做"（Just do it）的宣传语的时候，他向球迷和有抱负的篮球运动员发出了一个明确的信号：为了赶超他，穿耐克鞋是很重要的。即使乔丹退役，这种观念依然存在。这证明，名人在品牌推广或品牌认可方面的持久性和相关性可以在他退出活跃圈后很长时间内持续下去。

另一个例子是印度的阿米特巴·巴强（Amitabh Bachchan），宝莱坞的传奇人物。即使他已经 72 岁高龄，但依然被雀巢美极和亨氏康普兰这样的印度流行品牌请为代言人。[5]

企业聘请名人大致分为四种类型，即证明人、代言人、演员或发言人。作为证明人，名人根据他对品牌和产品的印象及体验来代言品牌。作为代言人，名人成为品牌故事与品牌文化的一部分。作为发言人，名人成为品牌正式的官方发言人，可以更明确地表达品牌，并有权表达品牌的定位。[6]

代言

代言可以分为四类：
- 普通人代言；
- 专家代言；
- 名人代言；
- 混合型代言。

企业需要根据产品的类型来选择代言的类型。究竟哪种类型的代言可以鼓励或者促使消费者搜寻和获取更多的关于产品的信息是相当重要的。在这个基础上，我们可以把产品分为两类——高参与度与低参与度，这两种类型具有一定的相关性。例如，较便宜的消费品如洗发水或肥皂可归类为低参与度产品，而昂贵的数码相机则需要消费者在购买时进行深入评估，可归类为高参与度产品。

根据产品利益确定代言类型，可以将其分为功能型效益/价值或社会型效益/价值。

功能型效益/价值与消费者的认知和逻辑能力相关，即某一产品能为消费者提供具体功能。一个简单的例子是洗发水可以清洁头发。

社会型效益/价值涉及消费者的情感和心理。这类产品除了为消费者提供更强的产品/品牌联系，还有助于塑造形象或增强自尊。目前，像洗发水这样的产品的营销人员一直在努力地差异化品牌的价值定位，但他们几乎不关心洗发水对清洁头发究竟能有多大的作用（功能型效益/价值）。洗发水是否可以让头发更加柔顺、发量更多，这些基本上都是围绕提高消费者对头发的感觉。因此，社会型效益/价值主要围绕的是消费者自身，以及让消费者获得更多的自尊。

通过对代言效益和消费者参与度的分析，企业可以更好地选择特定的代言类型。图 5-1 中的名人效益参与模型结合了这两个维度，为亚洲企业使用代言进行品牌传播渠道提供了有用的指导。该模型提供的指导方针可以帮助企业确定采用的代言类型。企业可以根据产品所在的象限进行分析，对其名人代言策略做出更好的判断。

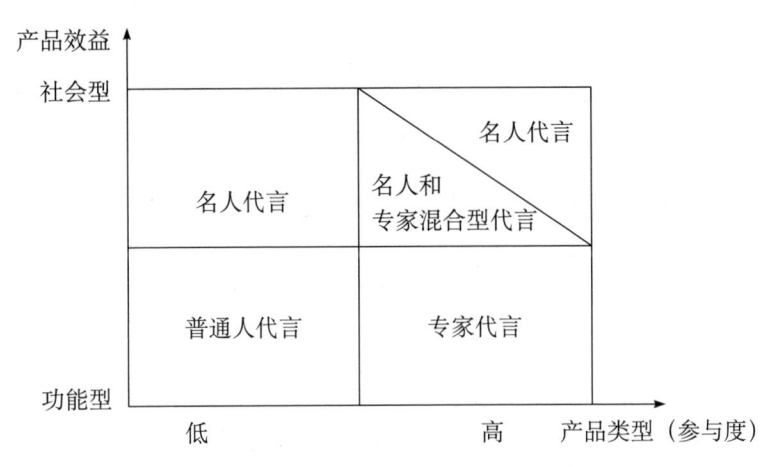

图 5-1 名人效益参与模型

资料来源：Martin Roll Company.

普通人代言

图 5-1 中左下的象限包括的是具有功能型效益/价值以及低参与度的产品。对于这些产品，企业可以选择一些普通消费者来代言。在洗发水和洗涤剂广告中，我们通常可以看到访问实际用户对使用该产品的意见和经验的场景，这就是普通人代言。研究表明，使用普通消费者作为低参与度产品的代言人有两个好处。[7]

首先，由于代言人与目标消费者属于相同的群体，他们的生活方式比较类似，因此可以更好地针对该产品对于这个群体的适用性做出评论。

其次，因为代言人与目标消费者属于相同的群体，所以更容易被消费者相信。尽管如此，许多企业还是在这个象限的产品中选择了使用名人代言，因为这可以提高产品知名度，说服顾客这个品牌比其他品牌更好。

专家代言

图5-1中右下的象限代表了具有功能型效益/价值以及高参与度的产品。专家代言非常适合这样的产品。专家是被认为拥有与产品相关的专业知识的人，并且能够提供专业的建议。举个例子，印度牙医协会对欧乐B公司的索赔几乎没有产生任何争议，原因很简单，消费者更倾向于相信牙医协会的专业性。同样的道理，选择一位著名的家电专家做冰箱的代言人会非常有效，保健医生代言相关的健康产品会更有说服力。专家代言对具有复杂功能和高科技的产品更为有效。这样的产品会有更高的参与度，高参与度意味着消费者会更多地考虑产品的真实价值和效用，而专家代言会提供更多的相关信息。[8]

名人代言

图5-1左上的象限代表了具有社会型效益/价值以及低参与度的产品。社会型效益/价值包括满足消费者情感和自尊需求的效益，而名人代言可以为消费者提供鲜明的个性和模仿的榜样。名人可以被定义为被他人熟知的人，他们大多数人都有很好的职业发展，在公众心里有比较特殊的个性上的印象。[9]

名人也可以是在某些领域（如电影、体育、音乐或政治等）获得巨大成就的人。

> 韩国化妆品品牌"伊蒂之屋"（ETUDE）过去被认为是一个低端品牌。自从红遍亚洲的宋慧乔为其代言后，这个品牌便获得了广泛的认可，并创造了相当可观的利润。[10]

不过有时候，名人会代言与他的成就或领域无关的产品。一些较为出名的例子有老虎·伍兹代言埃森哲和泰格豪雅，宝莱坞明星阿米特巴·巴强在印度代言吉百利巧克力，以及姚明在全球代言麦当劳。

尽管名人与产品特质并不匹配，企业却选择继续使用这种代言人。因为他们认为这些名人可以帮助企业的品牌，将其魅力和个性传递给所代言的产品。

自 2010 年以来，聘请名人作为创意总监的行为逐渐流行起来。相比传统的名人代言，创意总监的角色为品牌和名人提供了更加一体化的合作伙伴关系——不仅仅是使用名人的名字和面孔，还包括他们的想法。这一角色需要名人贡献更多的时间，例如英特尔聘请黑眼豆豆的成员威廉为创意总监，并让他负责在 2012 年国际消费电子展上介绍英特尔的最新产品。

其实，这种伙伴关系往往会受到非议，特别是当企业陷入困境的时候。许多名人并没有强大的商业头脑，但企业仍为其一掷千金。艾丽西亚·凯斯（Alicia Keys）只在黑莓担任了一年的创意总监，之后黑莓承认了"黑莓 10"在 2014 年上市失败，企业在市场上遭受了巨大损失。[11]

文华东方——标志性的亚洲豪华酒店品牌

如今，只有少数亚洲公司成功地成为了根植在亚洲的全球品牌，文华东方酒店就是其中之一。这主要得益于其独特的东方风情和优秀的服务声誉，这些打造了一个世界级的豪华酒店品牌。

文华东方酒店是领先的世界级的豪华酒店集团之一，它在全球各地开发经营了 45 个豪华酒店，在 25 个国家及地区拥有近 11 000 间客房，是亚洲最具标志性和管理最好的酒店品牌之一。

文华东方以顶级名人的代言为基础，持续打造了一系列长期的全球广告。在选择代言的名人时，他们主要从三个方面考虑：名人吸引力、名人信誉，以及名人赋予品牌的文化韵味。

虽然这三个方面对于任何一个成功的品牌来说都是必须的，但是事实上很难找到满足它们的名人。所以一般来说，企业会根据品牌特性和产品用户的种类，强调其中一个方面，以此选择代言的名人。

文华东方一直精心挑选和利用一流名人建立和维持品牌，它的作法一直以来都很成功。

2000 年，文华东方投入数百万美元进行了一场全球性的平面广告宣传运动，在全球范围内吸引"粉丝"。这项活动将集团公认的标志——"粉丝"与经常入住酒店并成为集团真正"粉丝"的国际名人联系起来。

2006年，玛丽·麦卡特尼（Mary McCartney）被任命为集团的国际广告运动的官方摄影师，以代替之前的世界著名的皇室摄影师帕特里克·利奇菲尔德（Patrick Lichfield）。在此之前，麦卡特尼已经在国际奢侈品牌的肖像摄影和广告宣传活动中有了良好的声誉。

集团为每个"粉丝"，即被邀请代言的名人，选择了特定的定位。对于他们来说，这是表达幸福感的最佳方式。另外值得赞赏的是，文华东方集团按照每个代言名人的个人意愿对慈善组织进行了捐款。

混合型代言

图5-1中右上象限代表了具有社会型效益/价值以及高参与度的产品，例如，高档豪华车、新款手机或高档消费电子产品等高端产品。此类商品有很多地方需要消费者考虑，比如产品的功能、技术和设计。从更深层的角度来看，消费者还期望通过产品来表达自身的个性和特质。这种产品需要不同类型的代言人组合来进行代言。使用名人代言满足客户自尊和形象上的需求，使用专家代言表达产品功能的可信度。有些特殊的产品，如体育用品，体育界的名人可以像专家一样进行解释，这种代言也是混合型代言的典型。

日本使用的西方明星

日本在邀请好莱坞名人代言其产品和服务上有很长的历史。在日本，体育明星的影响力渐渐增大并作为品牌代言人吸引了更多的关注。足球运动员贝克汉姆和妻子维多利亚在东京美容中心驻足了3天，之后获得了360万美元的广告费，这是有史以来日本为国外名人支付的最高费用。据《福布斯》报道，贝克汉姆2012年4600万美元的收入中，有3700万美元来源于品牌代言。[12]

日本企业倾向于使用西方名人来改善其形象和品牌地位。这些西方名人必须是顶尖的，比如贝克汉姆。日本企业倾向于使用消费者十分熟悉的外国名人，而那些不够顶尖的则不予考虑。

在多数情况下，使用名人代言可以有效地改观消费者对产品的印象，增加消费者对产品的购买，为产品增添更高的社会价值及情感价值，包括良好的品位、自我形象认知以及其他人的看法等。

名人代言已经被视为一种可以帮助建设品牌，为品牌创造独特的意义以及与众不同的个性的有效工具，这一点在企业中已经被广泛接受。[13] 有效的名人品牌建设着重于利用名人传达品牌独特的价值主张，加强品牌特征，为品牌提供理想的个性。[14]

亚洲名人代言人

人气是企业选用亚洲名人作为代言人的主要原因。除了要被亚洲各个国家和人群所知晓，代言人与目标消费者群体也要有一定的相似之处。一般来说，消费者对熟悉的事物会表现出更多的理解和信任。因此，种族背景和文化相似度很关键。

亚洲名人代言失败主要有两个原因。首先，亚洲的商业思想和经营方式阻碍了企业对其品牌的建设。其次，亚洲一线的名人人数比西方国家少很多，也致使亚洲品牌传播的效率显著降低。但是，正如第 3 章所讨论的那样，亚洲流行文化的传播可能有助于韩国明星在日本成为名流。

日本的韩国流行文化

日本国内一直存在针对亚洲名人的追星潮。一个典型的实例是韩国的电视明星裴勇俊，他曾是当红韩国电视剧《冬季恋歌》中的男主演，后来却在日本成了一线明星，这让韩国人感到非常惊讶。2005 年 4 月，裴勇俊赴东京参加活动，在机场他收获了 3 500 名不停尖叫的日本女粉丝的热烈欢迎。[15]

《冬季恋歌》在韩国的南怡岛拍摄，在 2002 年播出。在拍摄期间，每天有接近 800 名粉丝来到现场参观。而在 2005 年，大韩航空日韩航线的乘客数量上涨了 20%～30%。这部电视剧掀起的热潮为韩国经济贡献了接近 10 亿美元。[16] 裴勇俊为韩国的流行文化在亚洲，特别是在日本的普及作出了重要贡献。[17] 2004 年他参与了索尼的一场数码相机宣传活动，事后他的名字甚至被当时的日本首相小泉纯一郎在一场主题为"亚洲未来"的国际性会议中提及，并被认为是整个亚洲地区团结感增强的象征。[18]

名人代言模型

为了有效地使用名人代言，企业必须设定一些基本的条件。无论是普通消费者、专家还是明星，代言人都必须要是一位具有一定的吸引力、在社会上有积极的形象，并且被公认为在相关领域拥有一定常识的人。基于这三个条件，研究人员开发了三种代言模型。这三种模型可以为企业的名人代言策略的制定和实施提供帮助。

信息源吸引力模型

这一模型表明，一个具有吸引力的代言人应该对品牌代言产生更积极的影响。选取的代言人应该在例如外表、智力、运动能力和生活方式等方面对目标消费者有较强的吸引力。据调查，有吸引力的代言人可以显著提升品牌的知名度。[19] 名人代言能否成功取决于名人的"核心能力"是否足够强大。如果名人在其所在领域并不成熟，那么尽管他有较强的吸引力，代言也难以取得很好的成果。企业在实践的过程中必须要重视这一因素。不过，在低参与度的产品宣传中，名人的吸引力会起到主要作用。由于这类产品本身的功能并不足以吸引消费者的注意力，所以需要有吸引力的代言人来弥补这一点。消费者不会在这类产品中进行太多的考虑和分析，因此，名人本身的吸引力就可以显著增强消费者对这类产品的印象。但是对于有着高参与度属性的产品，消费者通常会更加关注广告中产品的认证等信息，代言人吸引力的效果则会相对减弱。

吉百利在印度的故事是个很好的例子。当吉百利巧克力中被发现有蠕虫的时候，该企业在市场上遭受了巨大的挫折和损失。[20] 为了驱散事件对品牌产生的不良影响，该企业邀请了印度电影界的传奇人物阿米特巴·巴强来宣传它的巧克力。阿米特巴·巴强在印度国内的影响力巨大，不仅改变了吉百利在公众心中的糟糕印象，还帮助企业获得了更高的销量。虽然巧克力是中参与度的产品，但是因为阿米特巴·巴强巨大的吸引力，品牌的不良印象还是被扭转了。在这一案例中，吉百利实际上收获了名人代言以及公关工作的双重胜利。

英国时尚奢侈品零售商博柏利在 2014 年圣诞节发起了一场活动。该活动引起了很大关注，因为他们邀请了时装设计师维多利亚·贝克汉姆和她的丈夫——退役足球运动员大卫·贝克汉姆以及他们 12 岁的儿子罗密欧·贝克汉姆前来参加。据报道，罗密欧·贝克汉姆在该项活动中共赚取了 70 000 美元。[21]

随着时间流逝，"婴儿潮"一代的年龄已经相当大了。20 世纪 60 年代以来，他们一直是时尚、零售经济和消费主义的推动者。对于这一代人来说，年龄好像对他们没有任何影响。直到现在，他们依然在追逐潮流。很多全球的时尚品牌都选择了更多地为大龄消费者设计服装，增加更多更成熟的款式。马克·雅克布（Marc Jacobs）的美妆产品选择了杰西卡·兰格（Jessica Lange，65 岁）作为其首位代言人；欧莱雅邀请了女演员海伦·米伦（Helen Mirren，69 岁）为其代言人；时尚零售商 J Crew 选择了劳伦·霍顿（Lauren Hutton）；[22] 纳斯（NARS，资生堂旗下的化妆品和护肤品公司，由化妆师兼摄影师弗朗索瓦·纳尔斯（Francots Nars）创立）选择了夏洛特·兰普林（Charlotte Rampling）。

信息源可信性模型

这一模式强调，广告对目标消费者的有效性是基于公司或者代言人的专业水平和受信任程度的。有信誉的名人被认为是诚实和可信的。信誉因素在很大程度上会受到代言人的观众缘、种族等的影响。这一理论有助于解释亚洲名人对亚洲品牌的影响。

意义转移模型

这一模型指出，为了使代言有效，名人代言人也应该具有与所代言品牌相似的一些特征。这有助于将代言人和品牌形象联系起来，加深品牌在消费者心目中的印象。[23]

简单来说，名人代言人多年来会在公众心目中形成一定的人设，通过为品牌代言，可以将自身的某些特质传递给品牌，这就是名人代言作为营销工具的具体作用。这些特质可以是地位、阶层、性格或生活方式。同时，代言人通常会被认为是该品牌的"超级消费者"。通过运用代言人的象征意义，品牌可以在目标受众的脑海中形成强烈的正面形象。

企业努力争取与最著名的、最受欢迎的电影明星、体育明星、流行歌手等名人合作的机会。名人代言费用高昂。由于姚明或沙鲁克·汗（Shahrukh Khans）这样的著明名人屈指可数，因此企业必须慎重地进行这方面的选择。虽然有些名人的知名度相当广泛，可以代言从肥皂到豪华车的任何商品，但是企业必须考量他们是否适合代言自己的品牌，以及能否被消费者信任。

名人品牌影响力模型

基于上述三种主要代言模型，图5-2总结了名人品牌影响力模型来衡量名人代言对品牌形象的知名度和影响力的影响程度。

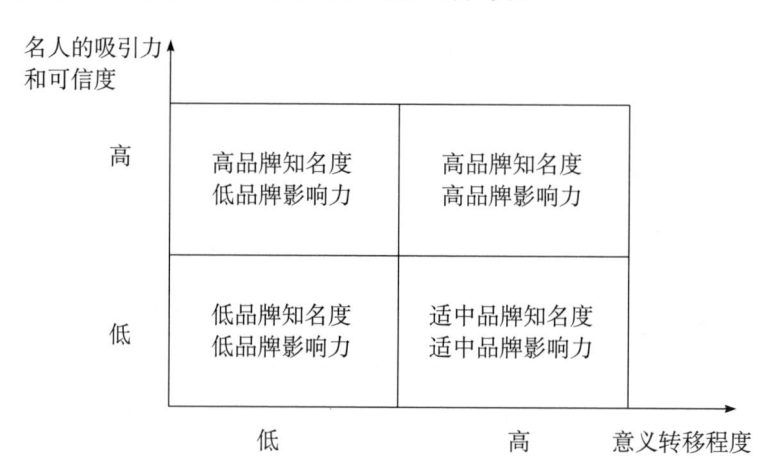

名人的吸引力和可信度	低意义转移程度	高意义转移程度
高	高品牌知名度 低品牌影响力	高品牌知名度 高品牌影响力
低	低品牌知名度 低品牌影响力	适中品牌知名度 适中品牌影响力

图5-2 名人品牌影响力模型

资料来源：Martin Roll Company.

该模型使用两个参数：品牌知名度和品牌影响力。品牌知名度是指客户通过许多过去的行为、互动和体验来了解品牌。品牌影响力是指代言人对其所代言品牌的意义转移效应。图5-2为公司决定名人代言策略提供了指导。

名人品牌代言的风险

公司使用名人进行品牌代言会获得一定的优势，但也面临一些风险。

名人代言的成本

名人代言非常昂贵。公司需要通过采用创新的名人代言方式来合理地利用企业的资源。公司需要找到合适的时机，审慎地选择合适的代言人。网球天王费德勒与耐克、劳力士和瑞士信贷签下了超过 4 000 万美元的长期赞助商合同。[24]

典型的例子还包括燕京啤酒与休斯敦火箭队的交易，这笔交易让燕京啤酒成功地接近了姚明。[25] 燕京啤酒是中国销量第三的啤酒公司，它们在中国生产，并通过 Harbrew Imports 公司在美国销售。2002 年，Harbrew Imports 公司与休斯敦火箭队签署了 600 万美元的协议，为后者提供了 6 年的赞助。这笔交易是在姚明加入休斯敦火箭队之前进行的。后来姚明成为世界上最著名的亚洲体育明星之一。

负面消息带来的风险

品牌经理应该意识到并准备好应对名人代言产生的风险。如果名人与品牌兼容性较差或形象转移水平较低，名人代言的回报率会显著降低。再者，如果发生不可预见的负面事件，名人的形象可能会受到损害，公司品牌的形象也会受到牵连。兰斯·阿姆斯特朗的兴奋剂丑闻和"刀锋战士"奥斯卡·皮斯托瑞斯的谋杀案无疑是耐克代言人的失败案例。因为名人的过度曝光，或者图片管理不善，品牌的形象也会被大幅削弱。

创始人的困境

某些品牌以创始人的名字命名，品牌和创始人的身份相互依存。在这种情况下，品牌可能会因为创始人的死亡或负面事件而受到影响。比如著名的奢侈品牌香奈儿，公司在 20 世纪 70 年代经历了很长一段时间的品牌低谷，因为该品牌一直被其创始人加布里埃·香奈儿（Gabrielle Chanel）的声望所衬托，而她在 1971 年去世。[26] 今天，香奈儿变成了一个公认的著名品牌，具有复古的风格和强大的文化意义。

名人的过度曝光

研究表明，一个名人代言品牌的数量和名人曝光的频率与他的信誉是负相关的。所以名人的过度曝光会带来不利的品牌形象，降低消费者的购买意愿。[27] 此外，名人代言在今天的市场上被广泛使用，造成市场过度拥挤，会使消费者抵触这种方式。如果企业再不注意品牌和名人之间的匹配，名人代言可能会失去效果，营销人员将更难以消除消费者心目中对品牌的不信任。

姚明——来自中国的篮球巨星

作为曾经的 NBA 全明星和休斯敦火箭队中锋的姚明具有巨大的影响力，在篮球场上他大幅提升火箭队的比赛成绩；在商界，他又是百事、麦当劳、迪士尼、苹果、维萨以及可口可乐等全球品牌的代言人。[28]

2005 年，姚明与美国 GPS（全球定位系统）制造商 Garmin 签署了代言协议。[29] 一般来讲，GPS 是被游艇、航空、徒步旅行等专业人士使用的产品，但是随着姚明在休斯敦和得克萨斯州街道上的宣传，该公司向消费者传达了 GPS 可以被普通人用来使他们的生活变得更简单的信息。

姚明有一个专业的团队来管理其自身的品牌形象，其中包括 NBA 老牌经纪人、芝加哥大学教授、姚明的经纪人，以及姚明亲近的中国企业家。姚明委托 8 名芝加哥商学院学生开发了 500 页的正式营销计划。团队为了确保姚明与品牌之间的理想合作，仔细地讨论了避免姚明曝光过度的每项计划，对每个代言的品牌进行严格筛选。[30]

姚明能成为知名的品牌代言人，是因为他受到了西方和亚洲社会普遍的欢迎。虽然还有其他中国篮球运动员入选 NBA，但还没有任何人像姚明这样连续三年入选 NBA 全明星队。

2011 年，由于一系列的伤病，姚明不得不选择退役，但他仍然是最受尊敬和最知名的运动员之一。[31]

印度的名人

据统计,宝莱坞 2010 年的收入为 36 亿美元,而好莱坞同年的收入是 26 亿美元。[32] 这给了宝莱坞的明星们以信心,他们中的很多人都开始开拓国际市场。印度巨星阿米特巴·巴强和沙鲁克·汗成为焦点,还有新晋女演员如卡特莉娜·卡芙(Katrina Kaif)、朴雅卡·乔普拉(Priyanka Chopra)和迪皮卡·帕度柯妮(Deepika Padu Kone)等,他们有相当大的公众影响力。凭借各自领域的强大成就,这些明星成为企业在品牌推广和营销方面的新武器。

此外,这些宝莱坞明星拥有庞大的粉丝群,这一特质让他们成功地进行了多行业的代言,涵盖快速消费品、电子消费品、汽车、化妆品和休闲场所等。

印度的另一类名人是板球运动员,尤其是那些为印度队效力的球员。板球在印度的受欢迎程度无与伦比。在印度队与邻国巴基斯坦队进行比赛时,整个国家万人空巷——这就是板球在印度的影响力。在意识到板球运动员的知名度以及独有的忠诚形象之后,印度公司纷纷邀请他们为自己的品牌代言。板球运动员所代言的产品类型非常广泛,甚至与他们的职业毫无关系——但考虑到这些代言人的巨大影响力,企业愿意一试。

印度的庞大人口和居住在他国的印度侨民增加了这些印度名人的影响力。印度电影描绘了他们家族制的传统,而印度的青年演员则努力在传统价值观与西方文化之间找到适当的平衡点,这和许许多多的发展中国家十分类似。

小结

本章解释了名人代言成为亚洲企业与消费者交流以及品牌建设的有效途径。本章所提出的模型可以作为企业制定名人代言重要决策时的参考。下面我们提出了企业在选择名人代言时需关注的十大要点。

成功名人代言的十大要点

1. 一致性和长期投入：企业应该尽量保持代言人和品牌之间的一致性，建立品牌的个性和消费者的认同感。更重要的是，公司应该把名人代言视为长期的战略决策，而不是可以随意变化的短期战略决策。

2. 选择名人的三个先决条件：在为品牌签署名人代言人之前，公司需要确保他们符合三个基本的先决条件，即代言人的影响力、社会形象的积极性以及相应的商业知识（尽管找到同时满足这三个条件的名人可能很困难）。

3. 名人与品牌的相适性：企业应该保证品牌与代言人之间的匹配，使得名人代言能够强烈地影响消费者，同时创造积极的品牌形象，提高消费者对品牌个性的认同感。

4. 持续监督：企业应持续监督和维持代言人的行为和公众形象，尽量减少潜在的负面事件的影响。最有效的方法之一是将此类负面事件在名人代言合同中明确写明，这样合同就可以引导公司和名人对品牌的整体行为。

5. 选择独特的代言人：企业应该尝试邀请没有参与竞争对手产品或其他不同产品代言的名人，以突出代言人和品牌的个性，引发消费者的认同感。

6. 时机：明星们总是会选择出高价的企业，所以公司应该不断地寻找新兴名人，调查他们的潜力，并在他们的成长时期签约，以获得双赢。

7. 品牌优于代言人：当运用名人代言品牌时，有一种可能的结果是品牌的影响力超过了名人。为了避免这种情况，公司应制定相应广告宣传及其他手段。

8. 名人代言只是一种方式：公司必须认识到，名人代言本身并不是一个目标，而是公司营销组合的一部分。因此，企业应该通过更多的活动来支持名人代言策略，以获得更大的品牌效应。

9. 名人投资回报率：衡量名人代言对公司品牌的影响大小是很难的，但公司还是应该有一个定量和定性相结合的方法来衡量名人代言对其品牌的整体影响。

10. 商标和法律合同：公司在邀请名人时应运用合同保护自己的权益，禁止他们代言同一产品类别中竞争对手的产品，以避免在消费者心中产生混乱。法律合同必须明确规定有关代言的各个方面，以避免争议。

资料来源：Martin Roll Company.

注释

| 第 6 章 |

亚洲品牌战略

成功的品牌建设需要时间，成功路径需要考虑产品、服务、类别、市场、公司传承等诸多因素。品牌建设涉及从实体产品或服务的有形方面到与品牌价值观和个性相关联的联想和感知的无形方面。董事会应从哪里开始这一过程，正确的方向是怎样的？

董事会的责任包括促进和管理这一过程，确定品牌的方向，以及确保提供足够的资源。

品牌整合

为了确保在团队或组织内部开展有效的讨论和沟通，建立共同的品牌词汇至关重要。品牌识别和品牌形象，是两个必须了解的重要词汇。

- **品牌识别**：公司对品牌的战略意图，品牌独特的内涵、意义和价值观，以及品牌在市场中的定位。品牌识别作为品牌建设的章程，与总体业务和目标密切相关，有助于规划如何让品牌被客户和其他利益相关者觉察。

- **品牌形象**：消费者和利益相关者记忆中的品牌图景。它指的是客户和利益相关者如何解码给定产品、品牌、公司甚至国家提供的所有信号。品牌形象是许多外部因素（包括营销传播）的结果，并受到多重因素（包括目标、市场、传播、营销目标等）的影响。

董事会的主要任务是开发和管理可持续的品牌识别，调节品牌识别和品牌形象之间的平衡。

市场是动态的，总是在不断变化。因此，公司应该定期考虑其所处的竞争环境及发展方向，以确保品牌识别中描述的意图能够很好地被市场了解，参与市场的竞争。为此公司必须确保品牌识别、品牌形象和市场空间具有一致性（见图 6-1）。

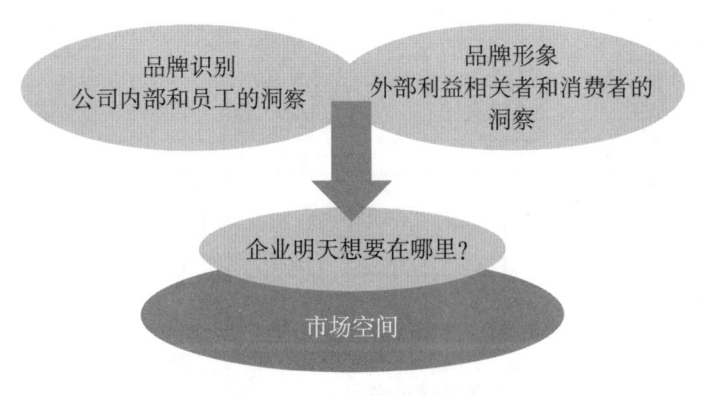

图 6-1　品牌整合模型

资料来源：Martin Roll Company.

品牌识别不会频繁变化。但是，传播方式可能会在品牌识别所描述的范围和边界内定期更改。

品牌管理模型

品牌管理模型描述了品牌建设六步走的过程，用于建立、管理以及评估强品牌（见图 6-2）。它有助于亚洲企业董事会将进程和努力的重点置于正确的方向。为建立强品牌，企业需要遵循以下六项重要任务：

- **品牌审计**（深入了解数据、经验和其他见解）；
- **品牌识别**（品牌战略章程）；
- **品牌战略**（与企业战略相关的方向）；
- **品牌实施**（信息传播和传播渠道）；
- **品牌资产管理**；
- **品牌价值评估**。

```
                          品牌管理模型

┌─ 1.品牌审计 ──────────────────────────────────────────┐
│  ┌─────────────┐ ┌─────────────┐ ┌─────────────┐ ┌─────────────┐ │
│  │ 公司        │ │ 客户        │ │ 竞争对手    │ │ 利益相关者  │ │
│  │ 1.总裁和CEO │ │ 1.现有的    │ │ 1.直接      │ │ 1.政府      │ │
│  │ 2.董事会    │ │ 2.预期的    │ │ 2.间接      │ │ 2.社区      │ │
│  │ 3.中层管理者│ │ 3.竞争对手的│ │ 3.当地      │ │ 3.合伙人    │ │
│  │ 4.一线员工  │ │ 4.已有的    │ │ 4.地区和全球│ │ 4.投资者    │ │
│  └─────────────┘ └─────────────┘ └─────────────┘ └─────────────┘ │
└──────────────────────────────────────────────────────┘
```

┌─────────────────────── 2.品牌识别 ───────────────────────┐
│ 品牌愿景   品牌定位   │
│ 1.品牌未来成长   1.品牌感知   │
│ 2.品牌成长战略   品牌本质   2.定位基础   │
│ 3.品牌总体任务   1.潜在的品牌价值   3.定位战略   │
│   2.持久的品牌素质   │
│ 品牌范围   3.品牌承诺   品牌个性   │
│ 1.品牌产品线   1.主要个性特点 │
│ 2.品牌划分   2.个性基础   │
│ 3.品牌/产品线延伸   品牌保护   3.用来建造的渠道│
└───┘

┌─────────────── 3.品牌战略 ───────────────┐
│ 有机增长战略   联盟增长战略   并购增长战略 │
└──┘

┌─────────────── 4.品牌实施 ───────────────┐
│ 内部   外部   │
│ 1.品牌招聘   1.营销组合   │
│ 2.品牌培训和研讨会   2.营销传播   │
│ 3.品牌导向HR   3.协会和联盟   │
│ 4.内部交流   4.企业标识和设计 │
└──┘

┌─────────────── 5.品牌资产管理 ───────────────┐
│   知识指标   偏好指标   财务指标   │
└──┘

┌─────────────── 6.品牌价值评估 ───────────────┐
└──┘

图 6-2　品牌管理模型

资料来源：Martin Roll Company.

品牌审计

品牌审计是品牌建设过程中的第一个重要步骤。这是一个综合的过程，涉及四个主要阶段：公司分析、客户分析、竞争对手分析和利益相关者分析。品牌审计的目的在于提供来自内部和外部资源的整体品牌分析。通过开展品牌审计，公司可以获得诸多好处，如表 6-1 所示。

表 6-1 品牌审计的好处

• 更好地了解当前品牌组合的优缺点
• 确定公司目前在市场上的定位并制定预期定位
• 评估内部和外部利益相关者品牌认知之间的差距
• 确定公司与竞争对手的相对定位
• 了解客户在特定市场中的需求、偏好和优先考虑
• 建立符合客户偏好期望的联系和个性，与客户产生强烈共鸣
• 制定策略，帮助公司超越竞争对手

资料来源：Martin Roll Company.

品牌审计提供了一个结构化的框架和一个坚实的基础，企业可以在这个基础上定义品牌识别并制定未来行动。公司通常有大量有关客户、分销渠道和竞争对手的数据。这些数据、信息可以通过案头研究和员工或外部利益相关者访谈来收集。

越来越多的品牌审计侧重于品牌创意和视觉元素（商标的形状和尺寸，品牌名称的字体、颜色，零售店的外观以及风格等）的一致应用。瞄准全球或多国市场的企业尽管面临语言差异问题，但仍需确保各国品牌营销的视觉元素具有一致性和协同性。

为了获得市场和品牌的公正观点，公司可以利用外部品牌研究——通常是定性和定量结合研究。首先通过焦点小组访谈，使用调查问卷来收集多组数据和相关信息，然后使用诸如联合分析、因子分析和回归分析之类的复杂统计工具来分析和构建大量数据，以便挖掘各种细节。其他常用的方法还有聚类分析、多维标度分析和关联分析。

品牌可能包含多个甚至无数个有形的和无形的特征和效用，彼此之间存在复杂的依存关系。成功的品牌强调特征、效用和情感，不仅因为这些方面对客户很重要，也是因为它们可以将品牌与竞争对手区分开来。这些特征被称为"品牌差异化"，这对建立品牌资产至关重要。

图6-3说明了受访者如何按照重要性来降序排列各种属性，以及他们如何在同一属性上对各种品牌进行排名。受访者认为最重要的属性是品牌差异化，其次是基本属性。图6-3显示了品牌表现之间的潜在差距，这些差距表明了品牌的重点应放在哪里，才能更好地提高客户认知，增强企业的竞争力。

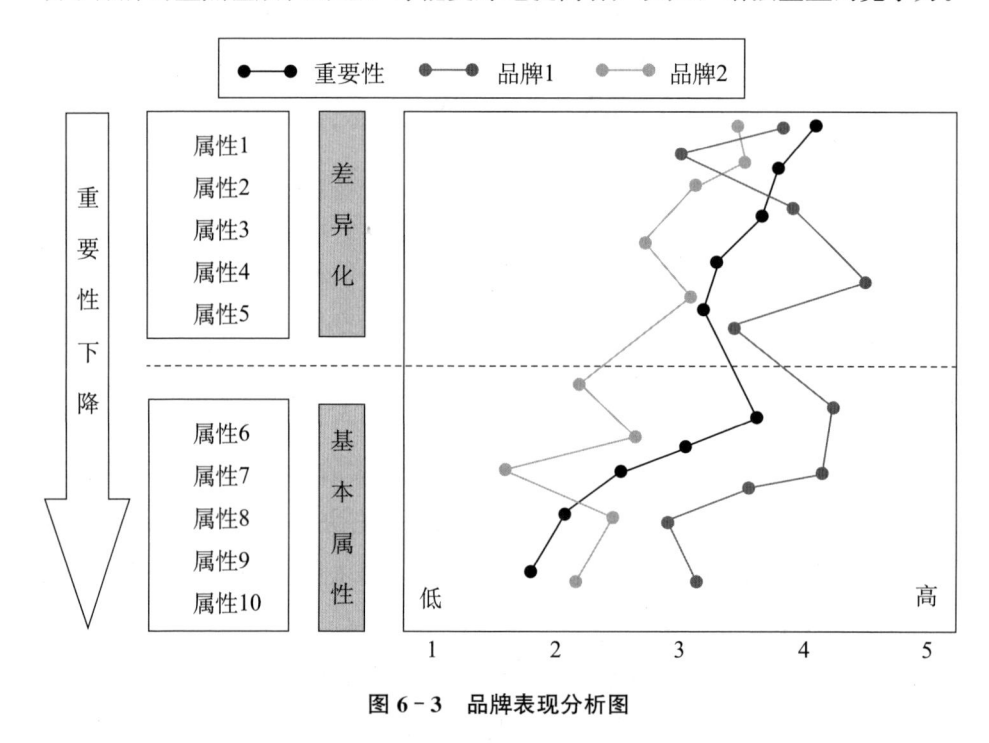

图6-3 品牌表现分析图

图6-3只是数据分析和呈现的一个例子，用于评估当前的品牌表现。其他多变量的统计工具可以帮助确定基于基本属性的品牌差异化，以及如何成功运营它们。

成功的品牌不仅仅是直觉和伟大的创意。亚洲公司可以受益于严格的基于事实的品牌化方法。注重成本效益的品牌建设取决于深入了解客户需求和偏好以及其他市场的见解，以便成功地定制品牌。考虑到亚洲文化的异质性，任何具有高增长和卓越品牌建设的亚洲公司必须对其已经或正在扩展的多个市场的消费者需求和偏好有很强的理解。

品牌识别

品牌识别有两个主要目的。在企业内部，它可以指导所有品牌战略的决策，如传播、品牌/渠道延伸、品牌架构、联系和合作决策；在企业外部，它可以帮助客户清楚地了解品牌所代表的内容、本质、承诺以及个性——这取决于公司表达和兑现品牌承诺的情况。

虽然许多因素影响品牌识别的创造，但创建品牌识别的内部流程与结果一样重要。这一流程促使公司管理层能够讨论和决定品牌的意图和方向。这不可避免地导致了关于其他内部功能以及品牌流程一致性的讨论，进一步优化品牌承诺的兑现。

企业管理在品牌形象发展时应始终考虑以下六个因素，这将指导企业的行动，唤起客户心中的独特印象，并建立起竞争优势。

（1）**品牌愿景**：通过内部文件清楚记录企业管理层所设想的品牌未来和成长路径。它清楚地表明品牌希望在规定时间内达到的期望和地位。它定义了品牌的战略和财务目标。

（2）**品牌范围**：比品牌愿景更具体。详细地描述了品牌的增长机会，与品牌愿景保持一致。此外，品牌范围还概括了品牌可以进入的细分市场和产品类别。

（3）**品牌定位**：每个品牌都努力在客户心中占据地位。定位是客户对品牌的认知。公司应根据目标细分市场、动态客户以及市场上竞争对手的地位来决定品牌定位。品牌定位使客户能够轻松地评估他们想要的和需要的，以帮助他们在选择品牌时尽量降低风险。

（4）**品牌个性**：与品牌相关的一组人性化特征。[1] 通过品牌自身的特点、营销传播、使用模式以及合作伙伴关系，品牌可以拥有一定的个性，使客户能够获得情感上的共鸣。强品牌个性也可以帮助客户表达自己的信念和态度。

（5）**品牌本质**：品牌的心灵和灵魂——通常用两三个字来表示。它涵盖了品牌的所有，它所代表的是使品牌独一无二的特征。这是一种内部工具，而非外部品牌建设工具，充分展示了品牌的意义和核心。

（6）**品牌保护**：简单而清晰地表述了什么"是"品牌以及什么"不是"

品牌。强品牌保护能够更专注于品牌愿景和品牌定位战略。作为企业内部工具，它们是每个企业参与品牌建设进程中的战略指南。随着市场的不断变化以及消费者需求和行为的不断变化，品牌需要一组全面的保护，以维持其强烈的品牌识别意识。

品牌战略

品牌研究和识别过程为公司制定合适的未来品牌增长战略打下了坚实的基础。

进行国际扩张之前，亚洲公司必须在其核心活动中达到全球竞争力标准，并拥有独特的能力。麦肯锡一项对全球领导者的研究发现，在全球化之前，它们的关键流程已经达到或超过全球基准。

目前亚洲企业越来越多地面对为价格敏感度高和难以接触的消费者提供服务的压力，这些消费者比发达经济体中消费者的要求更高。[2] 例如，印度第二大银行 ICICI 银行拥有从小额交易中获取利润的能力，这主要是通过处理高度流动的中产阶级的资金转移来实现的，之后在国际扩张时这种能力又得到运用。作为增长战略的一部分，优衣库在中国提供低价产品。[3]

其次，亚洲企业在创立强国际品牌时必须注重企业文化和自身的独特价值。恰当的组织结构和有技能的、经验丰富的高管人才库对多元化市场的拓展至关重要。组织结构必须允许存在一定程度的自主决策，在符合公司整体发展方向的同时适应本土品位。员工必须是强大的品牌大使，为公司整体绩效和本土化企业文化建设做出贡献。

麦肯锡称，在新兴市场扩张并取得成功的公司往往首先利用其独特的能力和企业文化，随后在需要的时候进行调整和变革。[4]

亚洲公司需要抵制诱惑，而不仅仅是模仿西方的品牌战略。亚洲公司有一些固有的独特优势。亚洲拥有非常强大和独特的历史、文化、习惯和做法。公司需要利用这些制定战略，促使公司获得强劲增长。

大多数亚洲品牌在其国家内部都很强大，但在其他区域或国际上并不具备优势。这些公司可以选择扩展到不同的亚洲国家，然后超越其他国家的公司，或同时扩展到所有区域。在决定未来品牌增长战略时，亚洲公司董事会面临两个主要挑战：

- **管理控制**：建立一个成功的品牌需要不断投入资源（财务的和组织的），并维持当前和未来市场中品牌的一致性。当管理层完全控制品牌时，可以很容易地做出这些决策。但是，当一家公司在其他国家运作时，它需要决定发展自己的品牌组合，或与他人共同拥有某品牌。这可能是一个巨大的挑战，因为其改变了管理层对品牌的控制水平，但是企业必须做出选择。管理控制权是影响合资企业形成、多数股权和少数股权、特许经营、联合品牌等企业决策的关键因素。
- **上市时间**：随着各个行业的竞争日益激烈以及产品、服务和品牌的激增，企业推出和发展产品和品牌所需的时间对于其成功至关重要。

推出的时间对企业尽可能长时间地获得和保留先发优势是至关重要的。如果该企业能够充分利用先发优势，则有可能缓解未来的威胁。

图 6-4 说明了亚洲品牌在不同市场中可能实施的增长战略。该矩阵主要的基础因素是管理控制和上市时间。横轴衡量亚洲公司的资源可用性（财务的和组织的），纵轴衡量所期望的市场范围。资源的可用性以及管理控制和上市时间决定了整体的品牌战略。

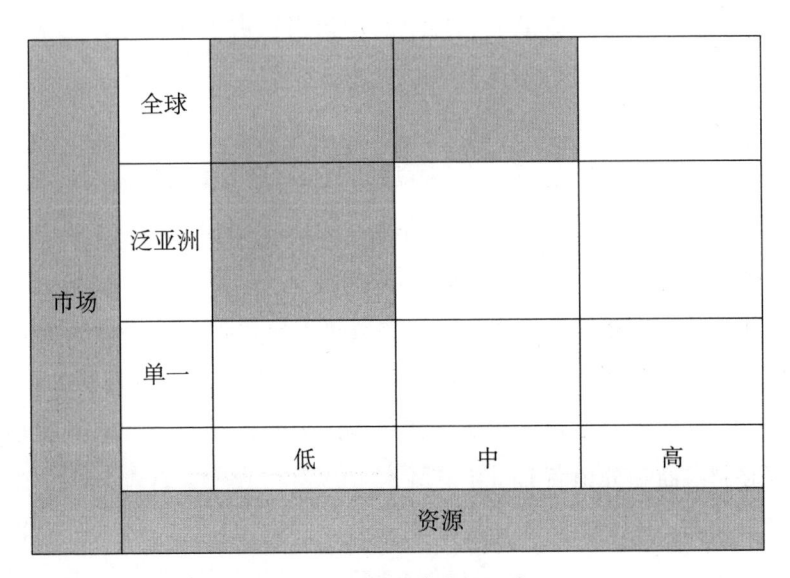

市场			
全球			
泛亚洲			
单一			
	低	中	高
	资源		

图 6-4 亚洲品牌成长矩阵

资料来源：Martin Roll Company.

（1）**纵向移动的挑战**：当公司从本国市场进入新的市场领域时，往往被认为是双刃剑，机会与挑战并存。一些明显的挑战包括：

缺乏客户知识：新进入者必须采取强有力的市场导向——通常被定义为在组织范围内生成、传播和响应市场情报。这不仅意味着企业会采用数据分析，希望CMO、首席信息官（CIO）有更为突出的作用，而且有时会打破报告层次结构，使顶层人员可以更好地了解组织一线员工的需求。

进入新市场的全球公司必须利用当地公司的资源。将全球品牌强大的品牌资产、财务实力和商业头脑与本地网络结合起来，建立分销渠道，并利用当地公司关于本地客户的丰富知识。这样的合作不仅可以促进企业更快地进入市场，还可以让其了解当地商业市场的细微差别。

缺乏分销网络：亚洲市场蓬勃发展，印度和中国两大经济体占据了新兴市场中的重要位置，并且分销是许多行业在其范围内成功的关键。通常来说，本土企业拥有根深蒂固的分销网络，以及长期的合作关系和人脉关系，这些均可以阻止新进入的外国公司进入分销网络。新进公司为克服这一问题可使用的典型策略包括与当地企业合资，在自有分销网络建成之前利用现有企业的分销网络来提供产品。

在亚洲许多市场，零散的和传统的零售仍然占主导地位，比预期更加根深蒂固。消费者也可能对渠道有强烈的本土偏好，从而阻止了外来企业成功渗透进这些市场。

国际超市零售品牌就面临这些挑战。Tesco是英国最大的零售商，在日本和中国市场先后受阻，2012年退出日本，2013年退出中国。世界上最大的超市品牌沃尔玛于2006年退出韩国，并转让了16家零售店给Shinsegae——三星集团旗下的韩国领先的百货公司和大型超市连锁店。Shinsegae将以前的沃尔玛门店整合到其成功的E-Mart超市品牌中，以满足韩国人的品位和喜好。法国零售商家乐福退出韩国市场比沃尔玛还要早几个月，并将其卖场卖给当地的服装制造商和分销商Eland集团。

竞争加剧：向不同国家拓展加剧了企业的竞争压力，因为公司将与市场上已有的公司竞争。除了了解市场和竞争，了解一个国家的监管和经营环境至关重要，这可能会显著影响新进入者的竞争力水平。

（2）**横向移动的挑战**：当企业决定扩展区域或全球市场时，将面临资源可用性的问题。公司可以运用自有的或寻求外部的资金来解决该问题。具体说来，可使用自有的用于扩张计划的现金资产或强大的现金流，或通过投资者、私募公司从外部募集资金。

内部资金和强大的资源提供了更好的管理控制。一定程度上公司在战略和目标方面可以自由决策，并对盈利能力、增长率和时间跨度的期望保持一致。

但是外部资金会稀释公司权益，因而具有挑战性。成功取决于投资者对无形资产（如品牌）的看法。投资者还需要了解，使整个组织中的品牌承诺与兑现保持一致需要资源和时间。最后，品牌投资得到回报也需要时间，投资者必须接受这一点。

L Capital Asia——以全球视野和专业技能打造亚洲品牌

L Capital Asia 是由路易威登集团与两家私募股权基金的投资者共同赞助的私募股权集团。旨在为私营企业提供增长的机会，帮助他们建立自有品牌。L Capital Asia 成立于 2009 年，通过利用路易·威登在亚洲和全球的独特经验和资源，在亚洲市场实现高速增长。[5]

L Capital Asia 成立于新加坡，随后在中国和印度都设有办事处，专注投资新兴/快速增长的亚洲市场，主要涉足以下行业：消费品品牌、精选零售和分销、时尚餐饮、美容与健康、精品酒店以及媒体/娱乐。

虽然路易威登一贯专注于高端市场，但 L Capital Asia 也投资轻奢、低成本和有发展空间的市场。

与西方企业家相比，亚洲企业家通常不愿意放弃或很少放弃对其业务的控制。但他们也意识到拓展区域和全球市场是一个挑战，L Capital Asia 旨在弥合这一差距。[6]

借助其在品牌和营销方面的全球经验、分销渠道和合作伙伴，例如本地零售商和知名的加盟商，企业可以从 L Capital Asia 的专业技能中受益，从而进行全球扩张。L Capital Asia 还积极改善公司运营情况，并且共享路易威登的最佳实践和专业技能，以提高所投资公司的管理水平和专业水准。

L Capital Asia 于 2014 年 10 月投资了 18 家公司，其中包括 Charles & Keith（新加坡鞋类、手袋和配饰品牌）、FabIndia（来自印度的天然、手工制作、现代、可负担的产品）、赫基集团（中国时尚集团，旗下拥有欧时力、Five Plus 等品牌）、Ku Dé Ta（新加坡的酒吧和夜总会品牌）等。

2014 年 10 月，L Capital Asia 向 YG 娱乐公司投资了 8 000 万美元。YG 是一家韩国经纪公司，拥有韩国著名歌手和演艺人员——创作了《江南 Style》并在全球范围内病毒式传播的"鸟叔"就是其旗下艺人。L Capital Asia 帮助 YG 在时尚和美妆领域开拓新业务，其投资也使 L Capital Asia 投资的公司更容易接触到韩国明星，他们是亚洲主要的潮流定义者。

大中华区将是 YG 的一个增长领域，韩流对中国消费者造成巨大影响，使得许多中国消费者热衷于韩国的流行文化和产品。全球奢侈品牌香奈儿、古驰和思琳（Celine）都在韩国电视剧中植入产品来增加对亚洲年轻消费者的吸引。[7]

资料来源：Courtesy of L Capital Asia.

在这些机遇、挑战以及潜在约束条件下，董事会需要决定怎样用以下三种品牌战略来增长他们的品牌：

- 有机增长战略；
- 联盟增长战略；
- 并购增长战略。

基于公司或品牌的生命周期，公司在满足企业生存发展需求中可以选择一个或多个战略进行组合。

1. 有机增长战略

有机增长战略是指企业在不借助其他品牌和组织资产的情况下增加它们的品牌投资组合。企业通过在相同市场或其他市场上扩张品牌获得对品牌更全面的管理控制权。企业作为唯一的品牌所有者，有足够的自主权来决定品牌的市场定位和个性特点，并跨越所有接触点持续不断地管理品牌。

这种战略的缺点在于由于资源要求较高，公司几乎不可能延伸它们的品牌以超越一定的产品种类和市场划分。对公司来说拓展新的品牌具有挑战性。在亚洲面临的另一个挑战是品牌有非常刻板和本土化的标准与个性，因此要发展品牌的顾客偏好和联系是十分困难的。这是由不同的亚洲文化和它们高度的异质性决定的。随着亚洲企业向区域及全球市场扩张，品牌需要为成功地吸收、接纳不同的文化做好准备。这是国际品牌建设战略最具挑战性的方面。

当韩国企业首先在国际上脱颖而出时，它们早期的营销战略是首先进入其他发展中国家，这些国家与更大和更发达的市场相比，资源需求较少。

2. 联盟增长战略

联盟增长战略指的是一个公司通过战略联盟与另一个公司联合，两者都可以从联盟优势中获益，产品或服务也可以使用两家公司的品牌名称。

典型的例子是印度摩托车市场的领导者英雄本田（Hero Honda）——最成功的联合品牌之一（本土的英雄集团和日本本田之间的联合品牌）。英雄集团熟知当地情况，拥有当地分销网络，并且知道如何创造适合本土市场的营销传播。本田拥有顶级的日本技术，利用印度市场上英雄的高品牌认知度获得了极具影响力的印度摩托车市场。2010年，本田公司结束与英雄集团的联盟关系。本田现在在印度拥有自己独立的全资摩托车制造和销售子公司HMSI。[8]

联盟增长战略具有固有的优点和缺点。当两家公司决定结合两个不同的品牌（或品牌组合）时，两家公司都可以拥有新的市场、分销渠道、客户群和产品。但是，它们面临定位混乱的风险，以及对品牌识别的无效管理。当两个品牌在市场上代表两个不同的东西时，要迎合两个不同的客户群体，就会发生这种情况。

因此，为了制定出一个成功的联盟增长战略，有效的品牌管理实践至关重要。公司必须确保定期的品牌监控程序，维持两大强势品牌联盟之间的适当平衡，并且客户的看法也要支持品牌联盟这一意图。

在亚洲的廉价航空公司中已经出现一系列的联盟和合资企业。澳大利亚廉价航空公司Jetstar在多个亚洲市场与当地投资者（通过股权或直接所有权）建立合作伙伴关系，这使得Jetstar在多个国家和地区进行扩张（亚洲Jetstar航空公司、新加坡Jetstar航空公司、越南Jetstar航空公司和日本Jetstar航空公司等一系列航空公司成立）。[9]

不借助本地联盟，一些品牌将无法进入某些市场。例如，印度政府不允许外商独资设立零售企业。因此星巴克通过与塔塔（Tata）成立合资企业以在印度开展经营活动。

3. 并购增长战略

并购增长战略是公司通过收购其他公司或品牌获得增长。并购成功的案例有很多。与任何业务决策一样，企业需要进行成本效益分析。留住关键人才、管理人员、沟通和企业文化融合是公司并购成功的四大关键。

并购增长战略对于冒险进入新的国外市场的公司有所助益。理解当地市场需要外国公司从零开始并经历很长的一段时间，因此企业跨越式发展的最佳途径之一就是收购当地的公司或品牌。通过这一方式收购方就可以利用当地企业已经建立的品牌资产，从其客户群和分销网络中受益。

在食品行业，卡夫（现称为亿滋公司（Mondelez SA））于2007年斥资72亿美元收购了达能（Danone）饼干业务，这使得卡夫控制了法国最大的两个饼干品牌——Lu和Prince。除了法国，卡夫还在包括比利时、俄罗斯、波兰和中国等19个国家收购了达能饼干业务。通过单一收购特定类别，卡夫将其市场扩大到一个庞大的地理区域。

亚洲也有类似的例子。威普罗护理与照明公司（WCCL）是印度IT巨头威普罗（Wipro）的快速消费品集团，通过收购迅速扩大其国际业务。2007年，它收购了新加坡的Unza控股有限公司，并从印度的产品组合中推出了一系列产品。通过这一并购增长战略，印度快速消费品制造商已将其业务扩展到马来西亚、印度尼西亚和越南等东南亚市场。[10] 2013年，WCCL收购了新加坡的L D Waxson（S）Pte，该公司在护肤品领域的品牌市场价值为1.44亿美元。

并购战略主要由财力雄厚的公司采用。虽然一开始并购战略似乎是乐观的，但它有其本身的劣势，例如整合问题——人员、资源、政策和程序的整合，最重要的是品牌和品牌管理实践的整合。为了获得成功，它还需要节约成本和实现规模经济。

快乐蜂——来自菲律宾的快餐品牌

菲律宾华人陈觉中于1975年在菲律宾创立了快乐蜂食品公司

(Jollibee)。该公司很快超过麦当劳，成为菲律宾最大的快餐品牌。快乐蜂在菲律宾本土有超过 750 家分店，并且也经营超群（Chowking，中式快餐）和格林威治（Greenwich，比萨饼及意大利面）。[11] 快乐蜂在 2010 年以 6 800 万美元收购了本土品牌 Mang Inasal。

快乐蜂计划在下一个 5 年中将收入翻倍，并成为国际产业大亨。[12] 到 2020 年，公司希望其一半的销量来自海外市场，远远超过当前的 20%。[13] 该公司也有意扩张中国市场，在当今 400 家店的基础上再增开 100 家。在中国，它收购 3 个子品牌，分别是永和大王、北京宏状元以及广西三品王。快乐蜂曾于 1998 年在厦门开过第一家店，3 年后倒闭，所以公司决定通过收购本地受欢迎的品牌以增强其在中国市场的实力，而不是建立自己的品牌。[14]

快乐蜂也热衷于寻求收购以扩大它的组合品牌效应。2014 年，快乐蜂打算在新店和其他扩张计划方面投资 21 亿美元，这比 2013 年的两倍还要多。

快乐蜂已经在文莱、越南、新加坡、中东和美国设有分店，计划重新进入在 1997—1998 年亚洲金融危机期间退出的印度尼西亚市场。印度尼西亚以其 2 亿多人口的市场规模和增长强劲的中产阶层极具吸引力。[15] 快乐蜂需要一个当地的伙伴才能在印度尼西亚站稳脚跟，同时也需要改进它的产品以迎合当地居民偏辛辣口味的需求。

美式快餐已经在印度尼西亚占据了有利的市场地位，比如国际化的品牌麦当劳、肯德基，再加上当地品牌 Es Teler 77，基本占据了印度尼西亚快餐业半数以上的市场。[16] 无论快乐蜂想要在菲律宾以外的哪个地方扩大产业，都将面临一场硬仗，所以灵活、坚持不懈和长期的战略才是其正确的选择。

在外国市场上扩张是一个长期的战略，需要时间来站稳脚跟，同时需要高效学习经营知识，以及不断适应当地消费者的需求和偏好。快乐蜂于 1997 年进军越南市场，并在第一个 5 年中开了 10 家店；如今，快乐蜂在越南已经开了 48 家店并且计划进一步进军马来西亚市场。

品牌实施

品牌审计和品牌识别将会让公司建立良好的品牌基础和方向，而所有预先制定的战略都会在市场投入实践,即品牌实施,这将会给品牌注入新的活力并且最终形成消费者印象。

品牌审计确定了可以建立品牌的差异化和基本属性。这些都是通过公司与其内部或外部利益相关者之间的触点来实现的。这些触点为品牌提供了多种渠道,可以将其价值主张传达给目标受众,并期望给其留下深刻的印象(见图6-5)。

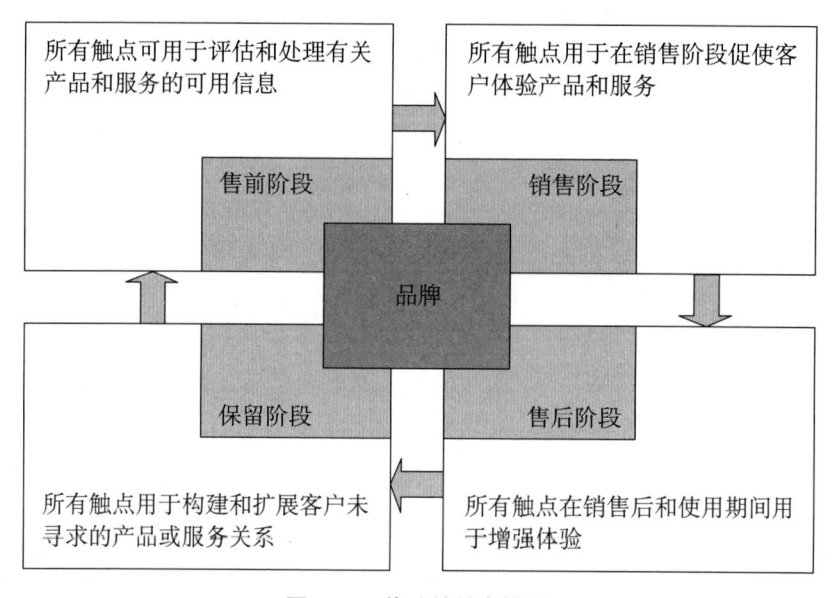

```
┌─────────────────────────┐        ┌─────────────────────────┐
│ 所有触点可用于评估和处理有关 │        │ 所有触点用于在销售阶段促使客 │
│ 产品和服务的可用信息        │        │ 户体验产品和服务            │
│                         │        │                         │
│         售前阶段          │   →    │         销售阶段          │
└─────────────────────────┘        └─────────────────────────┘
                          ↘   品牌   ↙
┌─────────────────────────┐        ┌─────────────────────────┐
│         保留阶段          │   ←    │         售后阶段          │
│                         │        │                         │
│ 所有触点用于构建和扩展客户未 │        │ 所有触点在销售后和使用期间用 │
│ 寻求的产品或服务关系        │        │ 于增强体验                 │
└─────────────────────────┘        └─────────────────────────┘
```

图 6-5　战略性触点模型

资料来源:Martin Roll Company.

综合所有消费者的经历来看,这些触点可以最终实现良好的品牌效应,所以,品牌宣传不仅仅是营销传播。

触点可以是公司的一些职能部门,比如营销、销售、人力资源、财务和采购。所有这些职能都在一定时点与利益相关者互动。

正如图6-5所示,触点可以划分为四个阶段:售前阶段、销售阶段、售后阶段和保留阶段。这些阶段呈现了消费者购物的生命周期。每一个阶段都为品牌影响力提供了特殊的机会。在每个阶段客户和利益相关者的认知度、参与度和意义都有不同程度的影响,因此企业需要根据不同阶段选择正确的传递方式。

品牌咨询师丹妮斯·李·约恩(Denise Lee Yohn)在《大牌:打造伟大

品牌的 7 条原则》一书中描述了如何将商业战略、品牌体验和企业文化融合在一起，以促进企业获得持续成功。[17]

1. 内部实施

公司可以实行以下措施使组织围绕品牌进行调整。

品牌招聘：在品牌发展中 HR（人力资源）的领导角色是吸引正确的人。虽然员工的工作技能可以随着时间慢慢增强，但员工的行为却是很难改变的，因此面试必须从零开始。围绕企业文化，品牌将会吸引许多与之相匹配的应聘者，他们将会给企业带来财务上的提升。拥有大量充满热情、乐于贡献、积极投入的员工的企业往往在顾客满意度、生产效率和效益方面比其竞争者表现得更出色。

品牌培训和研讨会：从高级管理人员到一线员工，企业内部的利益相关者必须了解并接受品牌以成功传递品牌承诺。通过结构化的培训计划和品牌研讨会，员工可以对公司的使命、愿景、价值观和品牌承诺更加了解，从而可以促进这一过程的实现。员工需要详细了解品牌历史和传统中有意义的故事，目标客户是谁，他们期望的是什么，他们的需求、欲望是什么，他们的角色如何有助于提供差异化、关键的客户体验。

以品牌为导向的人力资源奖励：整体品牌成长和盈利能力的贡献的关键在于确定工作职责和责任以及评估和绩效目标。绩效与财务奖励挂钩方能保证组织承诺的实现。除了通过金钱来奖励员工，企业还应更多地针对个人的情感需求给予奖励。

品牌也可能需要重新思考如何定义"最佳表现者"。2011 年之前，葛兰素史克（GSK）的药品销售人员的奖金与销售处方药直接挂购，而现在则对关注患者、了解客户、解决问题和科研活动进行奖励，随着医生更积极的反馈和财务结果的支持，GSK 现在将这些激励措施扩大到其所服务的 140 个国家。

内部交流：无论招聘过程多么完美，不是每个人都能成为理想的品牌或客户导向型员工。为了确保内部品牌整合的成功，所有员工必须及时了解并更新对品牌的认知，包括品牌的目标、挑战和外部状况与形象。整个组织必须了解品牌承诺、品牌市场定位、整体营销传播方式，以及最新的战略和品牌更新。通过深入了解外部客户，每个员工都能够与品牌识别行动一致，并为整体成功做出贡献。

2. 外部实施

在外部，触点提供了品牌与客户接触的多种途径的结构化计划，以及品牌如何通过选择正确的渠道和信息来产生影响。

营销组合：在外部，所有营销要素都应符合其整体品牌识别，包括产品质量、价格和分销渠道的选择等。公司必须确保所有这些方面得到不断的监控、调整和优化，以获得更好的影响。

营销传播：品牌的成功取决于如何有效地将信息传达到细分客户、分销渠道以及许多其他利益相关者。

只有选择正确的传播渠道，品牌定位、个性和价值观才能发挥作用，语言、视觉和音频等方式综合起来能产生强大的影响。鉴于市场上有高水平的竞争信息和噪声信息，企业必须对可用的传播渠道加以甄选，确保信息传达到消费者。

创新传播

英格兰足球超级联赛是在中国最受关注的外国体育赛事之一，每年会有1亿～3.6亿人通过电视观看比赛。2003年，来自深圳的移动公司科健公司旨在将品牌定位为健康、精力充沛和高端的企业。企业决定赞助英超的埃弗顿足球俱乐部[18]，还参与了一个球员交换项目。[19] 在国外联赛中有中国足球运动员并不新鲜，但这是中国品牌第一次赞助一个国外联赛的俱乐部。埃弗顿球员的衬衫上有科健的名字和徽标，公司将足球与所有东西联系在一起，为2008年的北京奥运会做准备。科健并没有购买昂贵的电视广告，而是在利物浦雇用了一名中国记者创作足球故事并发布给中国电视台和体育网站。[20] 埃弗顿一直是中等水平球队，粉丝有限，但一夜之间，他们成为在中国最受欢迎的英国足球队。

协会和联盟：品牌互动的每个实体都将对其形象产生影响。因此，通过协会和联盟选择合作伙伴时，公司应确保进行适当的评估。

公司标识和设计：品牌的视觉元素必须简洁、有吸引力、令人兴奋和持久。整个设计方案，包括公司和品牌标志，都起着重要的作用。设计和标志必须与目标客户群相关，反映品牌的愿景，并以清晰的方式有效传达品牌形象、个性和价值观。耐克、可口可乐、梅赛德斯-奔驰以及麦当劳持久的品牌特性充分证明这一观点：随着时间推移，重要的品牌标识已成为品牌联想和价值观的重要标志。

品牌名称：有效的品牌名称是一种使公司从竞争者中脱颖而出，并对消费者进行价值传递的沟通方式。脱颖而出的品牌名称甚至可以成为一个类别本身的代名词，例如邦迪创可贴。然而，很少有品牌可以取得这样的成功。对于大多数品牌，目标是创建一个生动的、描述性的和难忘的名称。

为了成功实施品牌识别，必须仔细监控和管理内外部因素。图6-6是一个如何在航空公司开发和实施触点模型的例子。它阐释了何时何地目标客户与航空公司发生互动。

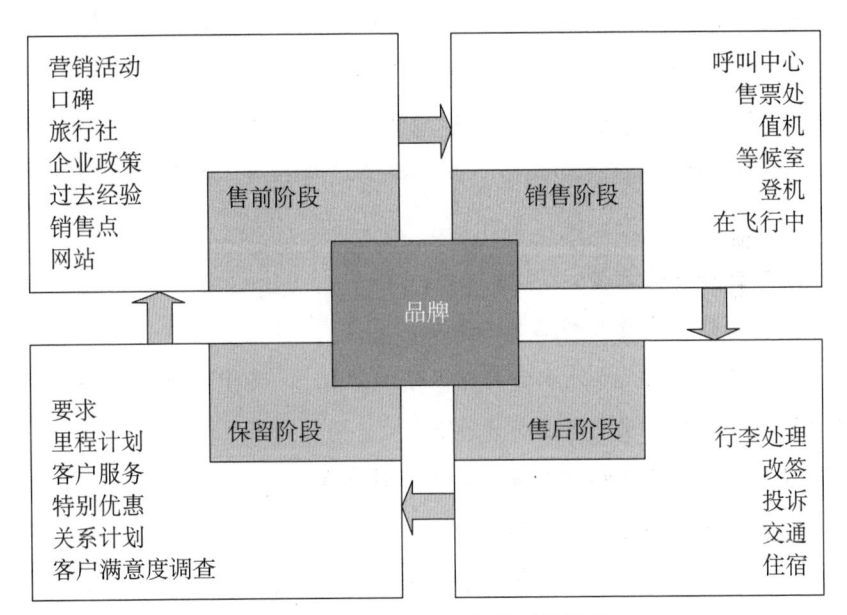

售前阶段	销售阶段
营销活动 口碑 旅行社 企业政策 过去经验 销售点 网站	呼叫中心 售票处 值机 等候室 登机 在飞行中
保留阶段	售后阶段
要求 里程计划 客户服务 特别优惠 关系计划 客户满意度调查	行李处理 改签 投诉 交通 住宿

图6-6 航空公司触点模型的例子

资料来源：Martin Roll Company.

通过利用不同的渠道传达品牌定位、有效接触客户，航空公司可以使用触点模型在客户群和市场中提供最优的、一致的品牌体验。

客户和品牌之间的整个交互周期被分为四个不同的阶段，这种方法帮助企业在管理过程中通过有针对性和可行的方法借助品牌承诺和品牌交付来优化自身资源。

在亚洲，组织有能力通过营销和沟通策略来影响关键触点。这个具体的触点即"口碑"，组织无法直接控制口碑，但是通过一致的品牌实施和交付过程，保持品牌识别，组织可以积极地影响这个触点。

许多全球性组织在亚洲的营销策略中成功地利用了口碑的力量。宝洁在印度推出其护舒宝卫生巾时，首先通过培训向当地社区介绍，并向在校女生提供免费样品，在这些社区产生积极的口碑之后，宝洁扩大了活动范围，使150 000所学校的200万女孩都了解了这一品牌。[21]

品牌命名技巧指南

在考虑公司或产品的识别之前，品牌必须先明确其对客户的承诺及其独特之处。公司必须问自己：我们的目的是什么？什么使我们与众不同？我们的可持续竞争优势的来源是什么？

尽管存在各种各样的名称类型，但它们具有共同的特征，即传播重要品牌特征的可记忆性和能力。无论命名技巧如何，品牌名称应该尽量简洁。

亚洲品牌名称类型：

视觉名称让消费者想起与之关联的意象。

- 三星（Samsung）来自韩国汉字"三星"，其中"三"表示许多或强大的东西，而"星"则意味着永恒。

富有表现力的名称向消费者传递一种感觉：

- 香格里拉描述了一个乌托邦。
- 阿曼度假村使用乌尔都语和梵语词中"和平"一词。

富有承诺的名称向消费者传达一种信念：

- 时尚品牌"Forever 21"旨在让每个人都感到年轻。

通过重写现有单词或组合单词创建的新单词：

- 优衣库（Uniqlo）是"独特"（unique）和"服装"（clothing）的组合。
- 索尼（Sony）是"声音"的拉丁词根（sonus）和"男孩"的美国俚语（sonny）的组合。

地理名词将品牌与其起源或某个地区的特征联系起来：

- "淡马锡控股"是新加坡政府投资的公司，以新加坡岛上的早期城市命名。
- 许多银行和航空公司都以它们的国家命名，如瑞士信贷、德意志银行、新加坡航空公司。

虽然许多品牌以自己的语言来命名，但外国词汇也可以用于品牌名称，使品牌听起来更具异国情调或正宗：

- "爱茉莉太平洋"是一个快速增长的韩国化妆品品牌，将意大利表示"爱"（amore）的词与亚洲文化相结合。
- 印度制造的威士忌酒"Royal Barrel"，使用英文名称将其与苏格兰联系起来。

品牌名称翻译为目标市场语言后含义不能改变。

- 在中国，LinkedIn译为"领英"，有领袖、精英之义。
- BMW翻译成"宝马"，指的是"珍贵的马"。
- Reebok译为锐步，意思是"快步"。
- Tide洗涤剂称为汰渍，意思是"去除污渍"。

真正了解品牌目的和本质将有助于确定正确的品牌名称。同时为避免潜在的误解以及消除消费者的负面看法，检查文化偏见也是至关重要的。

企业还须检查品牌名称在所有市场中是否合法，确保品牌名称能够作为商标进行注册，并拥有自己的域名。

资料来源：Martin Roll Company.

品牌资产管理

品牌资产并没有通用的定义，其含义因公司而异。多数公司主要关注消费者的反应，并从财务绩效中获益，这反映出品牌的唯一目的——推动有利可图的业务，为股东提供价值。

如今关于品牌资产的众多定义有几个共同的特征。戴维·阿克教授将品牌资产定义为：

> 与品牌的名称和符号相关联的一组资产（和负债），能够增加

（或减少）产品或服务为一个或多个客户提供的价值。[22]

营销科学研究所将品牌资产定义为：

> 品牌客户、渠道成员和母公司的一系列联合和行为，帮助品牌比在没有品牌名称的情况下获得更多的边际利润，并赋予品牌强大、可持续和差异化的优势以超越竞争对手。[23]

品牌资产还有其他定义，但上述两个或多或少都反映出品牌的本质特征。

利益相关者关注品牌资产，如公司、客户、分销渠道、媒体以及其他利益相关者（金融市场和分析师），这取决于公司的所有权类型。然而，客户是定义品牌资产最重要的组成部分，因为客户的选择决定了公司的成败。客户关于品牌的认知、其感知的差异及其对购买行为和决策的影响是品牌资产的核心。关于品牌的知识、与品牌的联系引导客户进行选择，并直接影响着品牌的财务绩效。

品牌资产是品牌实力的综合衡量标准，由知识、偏好和财务三个指标组成。表6-2中的品牌资产模型是企业管理者对自己和竞争对手品牌的目标和表现进行测试的有用指南。

表6-2 品牌资产模型

知识指标	偏好指标	财务指标
品牌知名度 • 认知 • 无提示回忆 • 辅助回忆 • 第一提及回忆 **品牌关联** • 功能 • 情感	• 熟悉 • 考虑 • 购买 • 使用 • 忠诚	• 市场份额 • 价格溢价 • 收入 • 交易价值 • 终身价值 • 增长率

资料来源：Martin Roll Company.

1. 知识指标

品牌知识包含了品牌知名度（客户是否知道品牌）和品牌关联（客户与品牌的关联）。这些指标体现出客户如何看待品牌（认知、感受和看法）。正如上文所讨论的，品牌将选择并使用相关的传播渠道和触点，将其品牌识别传达给客户。这些活动的直接结果将创造品牌知识。

品牌知名度可以通过品牌认知和品牌回忆来衡量。"认知"指了解品牌过去的许多行为，与品牌进行互动和体验。无论何时提及品牌的任何维度（如产品类别、使用场合等），都将与记忆中的品牌相联系，称为"回忆"。[24]

基础品牌知识的发展将会不断驱动其与客户的互动。但只是认知不足以推动品牌资产的发展，还需要做到确保客户能够将品牌与产品类别、现实需要、使用场合等相关联，这样才能确保品牌符合客户的要求。简单来说，没有回忆的品牌认知效率较低，企业必须为其品牌寻求高回忆度。回忆通常是在三个层面上测量的。

辅助回忆：客户在收到一些提示时会回忆起品牌。客户知道该品牌，但不能将其与任何特定的维度（产品类别、需求、用途）相关联。公司需要有效地传播品牌信息及其价值主张，使其成为其品牌的一个维度，客户可以自主回忆起它，无须提示。

无提示回忆：客户在没有任何提示的帮助下能够回忆起品牌。无论何时提及相关维度（产品类别、使用、需求等），客户都可以将其与品牌联系起来，这反映了更高层次的回忆。公司可以通过不断传播品牌相关性和提供品牌承诺来实现这一目标。

第一提及回忆：所有品牌渴望实现的理想的回忆层次——品牌在各自产品类别中占据客户头脑的顶峰。没有任何提示，当提及某种产品类别或受到其他提示时，他们可以回忆起某一品牌名称作为首选。

道格拉斯·霍尔特（Douglas Holt）教授在他的《品牌如何成为偶像》一书[25]中描述了四个不同的"主人公"，即公司、流行文化、客户以及其他影响者（如媒体、舆论界等）对品牌的看法。随着时间的推移，这些"主人公"在他们的日常生活中使用、讨论并监控品牌，并在不同程度的参与下进行互动，由此建立了品牌文化。品牌可以被视为一种产品或服务的文化，其中产品和服务可以成为文化艺术品。因此品牌在社会和大众文化中起着重要的作用。

品牌审计研究将帮助企业识别品牌差异化和基本品牌属性，以获得相关的和最佳的组合。成功的品牌意味着强调对客户重要的功能、效用和情感方面的作用，将其与竞争对手区分开来。

功能关联是品牌根据构成品牌的某些有形和基本属性与客户建立的联系。例如，宝马的功能关联可以是德国工程、精密技术、测试质量和长期耐用性。所有这些都是组成宝马汽车的属性。它们是有形的，可以用量化指标来衡量和评估。

对于竞争对手来说，功能关联比较容易复制，它们通常可以声称自己的品牌也拥有同样的产品。因此，品牌必须寻求创造额外的关联，吸引人的情感，以确保与客户之间更紧密的联系。

情感关联是品牌与顾客建立联系的基础，因为这些因素吸引着顾客的心态、信仰和个性。这些关联本质上是无形的，涉及地位、声望、愿望、价值观和个性类型等因素。在宝马的例子中，情感关联可以是声望和社会阶层。因此，品牌对于客户表达自己的个性、信念和理想地位起着重要的作用。

情感关联比功能关联强大得多，因为它们利用了客户的情绪，但情感关联需要更长的时间才能建立起来。具有强烈情感关联的品牌通过成为客户生活和经验的一部分，创造了转换成本，使客户转换品牌变得复杂，因为这可能意味着放弃其在集体和网络中的共享约定。

情感关联通常是敏感的，但同时又对品牌市场的成功有很大影响，因此需要更细心地构建。另外，因为情感关联有更强的影响，因此拥有明确的情感差异也更具挑战性。品牌需要占据与品牌识别同步的情感空间，并开发和增强消费者心中的空间。想要成功甚至可能涉及创造一套从未存在的新的情感需求。创造新的需求是品牌战略成功的最高层次。

知识指标是品牌资产的初始组成部分，其重点在于围绕品牌创造的认知和关联，为与客户和其他利益相关者的进一步互动奠定基础，这些互动是营销行动与各种客户回应之间的强大联系。

2. 偏好指标

这些指标根据前一阶段创建的认知和关联来描述和跟踪客户行为。偏好指对某事物的喜好程度，从单纯的喜好到极度的忠诚不等。偏好指标包括对于所创建的认知和关联的不同水平的喜好程度和实际的客户行为模式：

熟悉：客户对品牌知识的了解程度高于品牌名称本身。

考虑：在获得基本品牌知识并评估同类别中的其他品牌的效用和属性之后，客户有兴趣购买品牌。

购买：品牌被购买，也可以称为交易。

使用：客户决定是否坚持使用该品牌或转换到不同的品牌。这是至关重要的，取决于客户的使用体验。

忠诚：忠诚阶段是客户与品牌保持深刻而有意义的联系。忠诚度量指标包括客户满意度和保留率。

偏好指标有助于公司在营销指标方面评估品牌资产。图 6-7 说明了如何将偏好指标应用于三个不同的品牌。品牌渠道显示每个偏好指标的水平，并跟踪各个阶段之间的转化率。转化率很重要，因为它表明可能出现的瓶颈，需要通过具体的营销行动加以解决。它也可以突出显示某些触点必须被评估。例如，与其他两个品牌相比，品牌 B 从熟悉阶段到考虑阶段的转换率较低（只有 40%）。

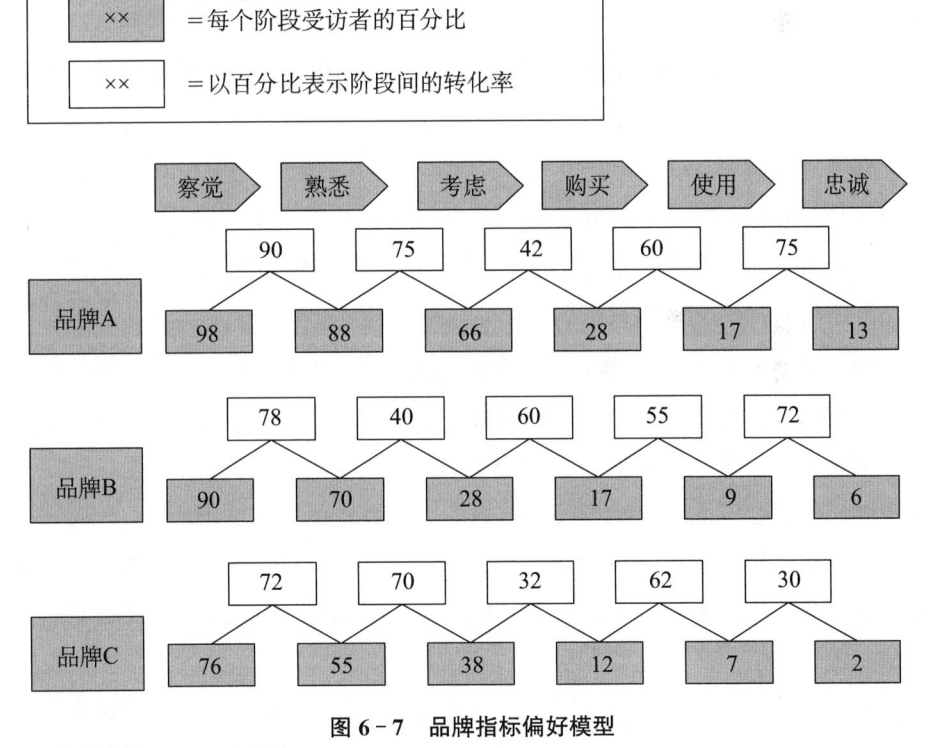

```
×× = 每个阶段受访者的百分比
×× = 以百分比表示阶段间的转化率
```

阶段：察觉 → 熟悉 → 考虑 → 购买 → 使用 → 忠诚

品牌A：
- 转化率：90, 75, 42, 60, 75
- 百分比：98, 88, 66, 28, 17, 13

品牌B：
- 转化率：78, 40, 60, 55, 72
- 百分比：90, 70, 28, 17, 9, 6

品牌C：
- 转化率：72, 70, 32, 62, 30
- 百分比：76, 55, 38, 12, 7, 2

图 6-7　品牌指标偏好模型

资料来源：Martin Roll Company.

该模型也可用于其他变量，如客户细分、分销渠道和其他因素，这可以帮助企业创建偏好指标及其对业务影响的完整模型。针对品牌、细分市场和分销渠道的基准是重要的，因为它反映了随着时间的推移而发生的变化，同时需要跟踪其进度情况。

由于产品选择的增加、数字渠道的崛起，以及越来越多成熟的、信息丰富的消费者的出现，品牌渠道正在经历一场演变，企业很难捕捉到消费者在复杂现实世界中所有的触点和关键购买要素，因而需要一种更复杂的方法来帮助营销人员以非线性的方式来适应变化的环境。麦肯锡在这一领域进行了研究，并将这种方式称为消费者决策之旅。[26]

3. 财务指标

下列财务指标衡量与营销指标相关的品牌资产的财务影响：

市场份额：衡量品牌在市场上的份额，可按客户、产品以及地理对市场进行细分并加以衡量。该指标表明品牌保留的能力，更重要的是吸引新客户的能力。

价格溢价：强品牌的财务优势是其在市场上获得价格溢价的能力。对品牌与竞争品牌之间的价格差异的度量表明，价值创造和溢价水平增强了整体的品牌资产。

收入：可根据每个客户的平均年收入、产品类别以及地理位置进行度量。这一指标的趋势说明了品牌每年能否从客户那里获取更多的价值。

交易价值：这一指标的趋势显示了品牌对客户的拓展，例如与其他产品和品牌的交叉销售和/或升级销售形式。

终身价值：客户生命周期平均价值。这一指标的趋势说明了品牌在整个客户生命周期中是否从客户身上吸取更多的价值。

增长率：反映了品牌实力和市场份额水平，以及客户的忠诚度，决定了品牌增长的机会。品牌推动增长的能力增加了其企业整体的资产。

财务指标衡量公司通过投资建立和管理品牌所产生的总体价值。公司需要确保业务驱动因素和营销指标相一致，以最大限度地发挥品牌资产对财务业绩的影响。

基于对品牌资产的详细分析，应该很清楚，品牌资产不仅仅需要顶层增长，而且也需要关注底层需求。品牌资产为衡量公司总体资产提供了工具，但考虑到会计核算和并购目的的实际品牌价值往往与此不同。品牌管理模型的最后一步涵盖了这一方面。

品牌价值评估

品牌价值评估是品牌管理实践中较新的发展。在大多数营销案例中，营销人员无法充分证明营销和品牌相关费用对财务的影响。直到 20 世纪 80 年代，厂房、土地、不动产和金融资产等有形资产仍被视为主要业务来源，可以在资产负债表中计算。人们普遍认为品牌等无形资产产生了很大一部分股东价值，但是在资产负债表中没有一个普遍接受的方法来解释这些资产。

20 世纪 80 年代，两个主要因素推动无形资产估值获得越来越多的认可。首先，公司账面价值与市场价值之间的差距。其次，20 世纪 80 年代多起并购大大增加了公司支付的溢价。一家领先的英国食品企业集团是第一批独立评估其品牌价值的公司之一，其目的是避免潜在的恶意收购。到 1989 年，这种早期估值方法被伦敦证券交易所认可，允许将无形资产纳入估值范围。[27] 这导致了 20 世纪 90 年代开发更为先进的方法，而这一主题仍然是学术界和从业人员正在进行的工作。

这些方法的目的都是通过不同的步骤衡量品牌带来的财务价值。一种方法是基于预测的从品牌衍生出来的未来收益，通过贴现率的形式资本化收益，从而计算净现值（NPV）。这种方法结合了品牌资产衡量和财务衡量标准，成为最广泛认可的品牌估值方法。

品牌资产衡量涉及品牌如何推动客户需求并影响长期忠诚度。财务衡量是预期未来收益的净现值（NPV），这是商业和金融界共同的概念。该方法包括以下三个品牌估值步骤，如图 6-8 所示。

财务分析：识别和预测与单个品牌或整个品牌组合相关的无形资产的收入。分析可以进一步分为不同的部分，如客户类型、分销渠道、市场等，然后计算总和。无形收益计算为品牌收入减去运营成本、资本费用和税费。这种方法类似于净经济增加值（EVA），代表来自机会的现金流量，根据用于产生现金流量的资源成本进行调整。[28] 因此，计算中包含资本费用。

品牌贡献：评估品牌对推动需求的贡献，从而衡量品牌对无形收益的贡献程度。品牌贡献可以以各种各样的方式衡量，但先前讨论的关联和偏好指标是确定与品牌有关的无形收入比例的最常见因素。

品牌价值：可根据贴现率计算预期未来品牌收益的净现值，贴现率最能反映未来品牌收益的风险。换句话说，贴现率考虑到品牌资产的实力，并且预期未来会产生的品牌收益。原则上，强品牌资产可以加速和增加现金流量，使得现金流量仅存在较小的波动，反之亦然。[29] 品牌价值是对所选期间预期图中内容：

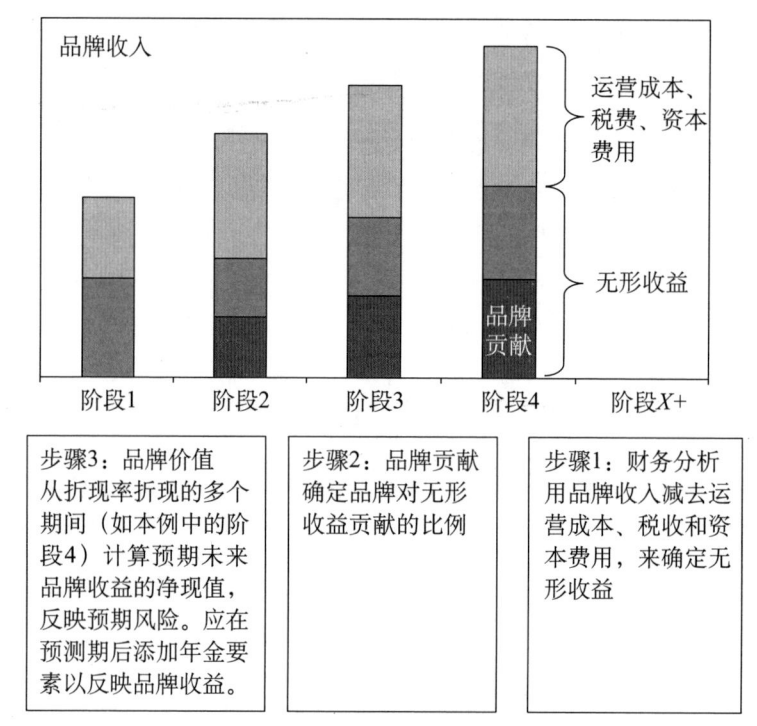

品牌收入

阶段1　阶段2　阶段3　阶段4　阶段X+

运营成本、税费、资本费用

无形收益

品牌贡献

步骤3：品牌价值从折现率折现的多个期间（如本例中的阶段4）计算预期未来品牌收益的净现值，反映预期风险。应在预测期后添加年金要素以反映品牌收益。

步骤2：品牌贡献确定品牌对无形收益贡献的比例

步骤1：财务分析用品牌收入减去运营成本、税收和资本费用，来确定无形收益

图 6-8　净现值品牌评估方法说明

资料来源：Martin Roll Company.

未来品牌收益的净现值的计算。由于该品牌在所选期间之后预计仍会产生收益，因此应添加年金组成部分以反映这一点。年金可以估计预测期后品牌收益的价值。

小结

过去10年来，不同品牌和管理咨询公司开发了多种品牌估值方法。Interbrand 是最早开发和完善贴现品牌收益估值方法原则的咨询公司之一。它几乎成为行业标准，被许多全球性公司所采用，并被美国公认会计原则（Generally Accepted Accounting Principles）和国际会计准则认可。

上述标准会计程序的认可扩大了各种品牌估值方法的可信度。因此，会计师事务所、审计师事务所、地方会计准则委员会、税务机关和证券交易所在财务报表中接受品牌价值，董事会也可以据以进行品牌估值研究。

尽管有这些发展，所有估值方法，包括品牌估值，都具有固有的主观性。

几个评估因素，如未来收益的时间长度、运营成本的大小、品牌对无形收益的贡献以及品牌贴现率的估计，都需要进行单独评估。

品牌估值可以应用于两个主要目的：为公司提供战略品牌管理的内部工具和框架，并确定营销行为的财务结果，从而有助于评估利润；同时品牌估值也适用于会计以及财务活动，如并购、许可、合资企业、联盟、债务抵押等。

注释

第 7 章

亚洲品牌的成功案例

品牌化是强商业战略的基础

在未来 20 年的亚洲，品牌将成为商业的核心驱动力及企业获得可持续竞争优势和价值的重要来源——诸多讨论对此达成了共识。亚洲已经进入一个新时代：人们对于未来的信心前所未有，数百万中产消费者涌现于市场。对于企业来说，全新的增长、发展和繁荣的机会就在眼前。日益增长的可支配收入带来的是消费市场的繁荣，品牌观念的深入人心更是为亚洲地区的品牌成长提供了一片沃土。

本章的案例主要选取自拥有在亚洲甚至全世界知名的品牌的亚洲公司，它们通过将亚洲本土的管理经验与时代商业洞察相结合，成功创建了具有较大知名度和较强影响力的强品牌，其成功十分有借鉴意义。

尽管故事的开端各有不同，但每个成功品牌的背后一定有其必然性。本章描述了这些品牌发展的历程、品牌管理流程以及品牌未来可能会面临的主要挑战。

决定品牌战略成败的因素有很多，例如公司内部环境、宏观环境、市场变化、行业变革等，但正如之前所说的，品牌的成功确实与洞察力、信念、技术、资源等都有关系，然而有一点在其中扮演着不可或缺的角色，那便是企业高级决策层在创建、管理以及发展品牌过程中所形成的企业公信力。

本章的成功案例都有一个相同的特点，并且这也很可能是它们取得成功的最主要原因——品牌公信力（commitment to branding）。这些企业的高层普遍相信品牌化的重要性，并且有着从品牌战略中获得价值的能力，在决策层面进行辩证性的品牌管理过程。

这些品牌的另一个共同点是，从成立之初就将品牌化作为企业的关键性战略支撑之一，这与传统的亚洲式自下而上的营销和品牌化理念形成了鲜明对比。二者在价值观、风格、战略以及结果上有着明显区别，如此正表明了管理风格是品牌化取得成功的关键性因素。我们相信，以下两个案例对想要在亚洲打造知名品牌的公司有深远启发。

新加坡航空——优秀的亚洲品牌[1]

如果让人们试着说出一个最出色的亚洲品牌，可能很多人首先想到的就是新加坡航空（以下简称"新航"）。

长久以来，新航一直是全球最赚钱的航空公司之一，并一直被誉为行业的弄潮儿和挑战者。这背后的原因有很多，但大多数都直接关系到由新航董事会和企业高层领导的强大的品牌管理以及专业的品牌战略在一个多元化、全球性组织中形成的健康的品牌资产。

新航品牌从创立开始就一直在发挥作用。作为亚洲领先的品牌之一，新航为其他品牌提供了值得借鉴的经验。与其他亚洲企业不同的是，新航的高层对品牌战略的专注领导非同一般。

这种领导力反映在新航在 2014 年《财富》杂志评选出的"世界上最值得敬佩的企业"榜单上排名第 18 位，是新加坡唯一上榜的品牌，也是排名最高的亚洲企业。

除此之外，新航也是亚洲第一家、世界第三家通过国际航空运输协会运行安全审计认证（IOSA）的航空公司。

新加坡航空品牌故事

1947 年 5 月 1 日，马来亚航空（MAL）实现了首飞，飞机从加冷机场飞往吉隆坡、怡保和槟城。

1966年，马来西亚政府和新加坡政府共同获得了这家公司的主要控制权，公司的名称也于1967年从马来亚航空改为马来西亚-新加坡航空（MSA）。

1968年，法国设计师皮埃尔·巴尔曼（Pierre Balmain）设计了极其著名的传统服饰作为MSA空姐的制服。

马来西亚政府和新加坡政府在愿景和优先事项上的分歧，导致双方达成了分别建立独立航空公司的协议。

1972年10月，MSA分为马来西亚航空（MAS）和新加坡航空（SIA）。

新航的定位与其他航空公司不一样。由于没有国内航线的服务，它不得不与其他国际航空公司竞争航线，取得各机场的进入许可，争夺航线机位和飞机起降权，并争取新的客源。新航成立伊始就面临激烈的竞争，这样一个艰难的起步带来的是进行竞争的精神驱动，以及高层对品牌化的高度专注。

从那时起，品牌因素在新航内已经深入人心，并且为新航的发展带来了强有力的帮助。1981年，新航搬入新的樟宜国际机场，并且开始推出一种先进的飞行娱乐系统KrisWorld。这个系统于1995年覆盖新航客机的全部舱位。

2007年，新航成为全世界第一家使用空客A380的航空公司，这是世界上最大的飞机，取代了现代航空领域中的传奇飞机波音747。

目前，新航在59个国家的超过250个目的地开展飞行业务，包括新加坡货运航空、胜安航空（新航1989年推出的区域航空）、酷行（新航2011年推出的低成本中长途航空），以及全球航空合作伙伴和星空联盟下代码共享合作伙伴。

新加坡国有投资公司淡马锡控股持有新航56%的股份。

创建品牌

新航从一开始就决定采用产品/服务完全品牌化的差异化战略。创新、最好的技术、出色的质量以及卓越的客户服务成为品牌的主要驱动力。

纵观新航的历史，它始终保持着品牌的卓越品质。新航开创了许多飞行新体验，进行了娱乐创新，它是第一家在所有客舱都提供膳食、免费饮料、免费耳机、热香巾、个人娱乐系统以及视频点播的航空公司。新航将不断创新作为品牌的一个重要组成部分，舒适的乘机氛围和优秀的综合体验是其取得成功的关键因素。

在技术方面，新航是所有主要航空公司中使用最新机型的公司，并且严格保持替换旧机型的制度，将旧飞机更换成更新的、更省油的机型。新航通常是最新机型的第一批使用者，如波音 747 和波音 777。2007 年，新航成为第一家使用超级巨无霸空客 A380 飞机的航空公司。

1977 年 12 月 9 日，新航和英国航空公司（以下简称"英航"）在伦敦和新加坡之间经巴林的航线上开通了协和式飞机服务。由于环境问题，这一超音速飞机服务仅仅在飞行了 6 个航班之后就因马来西亚政府的反对而暂停，1979 年 1 月 24 日恢复运营。然而，持续上涨的成本，如燃料费、航线导航费和起降费，使得新航和英航面临巨大的压力。在 1980 年 11 月 1 日最后一个航班结束飞行之后，两家公司终止了这项服务。

该服务使用的飞机的两面分别涂有新航和英航的颜色和标志，机上搭载的机组人员也都来自这两家公司。如今乘客登机时通常使用登机桥，然而早年间使用的却是登机梯车。乘客通过梯车登机时可以在左舷垂直尾翼上看到新航的颜色和标志，而在右舷看到英航的标志。

2007 年，新航成为全世界第一家在新加坡和澳大利亚悉尼的航线中使用空客 A380 的航空公司，这与其在每个领域中成为先驱的战略一致。将近一年半之后，A380 此次航班号为 SQ380 的首飞才开始进行大规模的全球性宣传。在悉尼举办的庆典上，此次航班中 455 名乘客的全部航资都捐赠给三家慈善机构。在这之后，新航又陆续将 A380 投入伦敦、东京、纽约、香港等航线。

新航技术方案背后的战略十分明确：使用最新的飞机除了可以提高成本效益，还可以用于营销宣传。2004 年，新航在洛杉矶和纽约的航线中推出了新的不停站直达航班，不仅吸引了来自全世界媒体的广泛宣传，也继续履行着品牌的创新承诺。新航为这些服务于远途航线的特别飞机（空中客车 A340-500）创建了诸如 Leadership 这样的子品牌，以进一步区分和其他品牌不同的品牌承诺。由于燃料成本的不断上涨，新航于 2013 年先后关闭了到洛杉矶和纽约的不停站直达航线。

新航认为每一次创新的寿命都十分有限。一旦其他航空公司也采用这种方法，它就不再是"创新"了。因此，新航一直投资于研发、创新和技术，并将其视为商业战略的重要组成部分，以进一步将自己和其他品牌区分开来。

新航机群

新航机群总共包含 105 架飞机（数据截止到 2014 年 11 月）。飞机的平均机龄为 7 年零 1 个月，这一数字使其成为全世界最新、最省燃料的机群之一。

新航在全球各地的机群中包含以下机型（数据截止到 2014 年 11 月）：

- 19 架空中客车 A380-800，5 架在订购中；
- 29 架空中客车 A330-300，5 架在订购中；
- 29 架波音 777-300，6 架在订购中；
- 28 架波音 777-200。

20 世纪 90 年代，新航成为波音 777 最早的客户之一，并且坚持在大多数国际航线中使用这一机型。这一机型拥有行业内最好的安全记录，对国际航空公司而言是一款非常可靠的长途飞机。

1972 年 7 月，也就是在航线正式开始运作的 3 个月之前，新航首次订购了两架波音 747-200。1973 年 9 月底，这两架波音 747-200 交付使用。1994 年，新航在获得第 23 架波音 747-400 飞机的时候成为波音 747 在世界上最大的运营公司。到 2003 年为止，新航总共拥有 51 架波音 747-400 飞机，其中包括 39 架载人飞机和 12 架载货飞机。2012 年 4 月 6 日，新航完成了最后一班波音 747 飞机的飞行。

新航空姐

尽管新航的品牌人格化形象为男女皆有的机组人员，但由于新航空姐闻名世界，所以提到机组服务人员时，人们通常想到的是新航的空姐们。1968 年，马来西亚-新加坡航空聘用了法国高级时装设计师皮埃尔·巴尔曼。他为其设计了一款特制的娘惹服作为空姐制服，这款服装后来成为该航空公司最被认可的特征之一，并且也成为新航整个品牌体验中非常具体、可见的一个组成部分。

MSA 在 1972 年 10 月正式分为马来西亚航空公司和新加坡航空公司，之后，新航仍保留了原有的娘惹制服，这也标志着新航空姐这一品牌符号的诞生。

新航空姐的战略取得了出人意料的成功，成为一个传奇般的品牌形象。新航空姐表现出的是亚洲人热情好客的性格和传统亚洲价值观的融合，具体而言包括关心、热情、温柔、优雅、平和等特点。这是新航对卓越服务和品质保证的人格化表现。1994 年，伦敦的杜莎夫人蜡像馆展出了新航空姐的蜡像，这也是它们展出的首个商业形象。

新航拥有行业内最广泛且严格的机舱人员招聘培训系统，以确保品牌体验能够完整、连续地传递下去。新进人员的培训计划持续 15 周的时间，是该行业平均培训时长的两倍。

新航乘务人员

尽管空姐是新航公认的形象代表，但实际上它的乘务人员中男女皆有。每架新航飞机上的乘务人员都有 4 个级别，分别是乘务员、领班、乘务长和总乘务长。

乘务长和总乘务长这样的高级乘务人员都是来自新航学院的教员以及顾问。总乘务长除了做与其他乘务人员一样的工作，还需要履行顾问和教员的职责。他们需要确保服务、安全和管理相关的业务及标准操作程序与学院教授的内容保持一致。同时他们的职责也包括观察飞机上的哪些服务、安全级别和标准仍可以继续提升，并将这些内容反馈给运营培训部门。总乘务长以及其他所有的乘务人员都是新航重要的资产，他们时刻都在寻求创新，努力提升品牌。

信息传播

新航品牌战略的核心与其通过媒体传播的内容是一致的。从 1972 年以来，新航一直通过独家印刷媒体和电视广告传达"新加坡航空——一种伟大的飞行方式"这一主要信息，强调了该品牌对质量的诉求。遍布世界各地的新航空姐将其品牌想要传递的所有信息通过其标志性的服务传达给消费者。

当新航在商务舱推出舒适的"太空床"座椅时，它制作了一则 60 秒的商业广告，广告中描述的是一个高度感性且富有神话色彩的形象。这则广告强调了新航品牌与新航空姐的伟大愿景，从而将自己与其他竞争对手区分开来。

有趣的是，新航选择将重点放在作为品牌体验战略之一的新航空姐的热情服务上，而并非直接向消费者传达有关品牌优点的信息。许多其他品牌往往尝试在第一时间向消费者传达所有的信息，实际上这是一个极其危险的陷阱，这一陷阱往往使这些品牌不能自拔。新航的战略则使其在过去的40多年间向外界传达的信息始终如一，对于任何品牌而言，这本身就是一个非常伟大的成就。

不可否认的是，新航空姐为新航品牌战略及其围绕顾客与服务进行整体定位的成功作出了巨大的贡献。

2014年4月，新航与F1签署协议，成为新加坡F1赛事两年的冠名赞助商。新加坡F1赛事更名为"2014世界一级方程式新加坡航空公司大奖赛"，比赛于2014年9月19—21日在新加坡滨海湾街道赛道进行。新加坡从2008年开始举办F1赛事，不仅拥有亚洲第一条街道赛道，也是世界上第一个F1夜间赛事举办地。

品牌创造收入

同样都是追求高服务、高质量的品牌战略，但没有一家公司能够做到与新航一样保持品牌的一致性、品牌承诺以及在各个方面的真实渗透。新航通过不动摇的品牌战略始终保持着其品牌优势。在竞争局势似乎每天都发生变化的强周期性行业中，能够始终做到这一点是非常困难的。这种类型的承诺不仅来自董事会、CEO和高管团队的奉献精神，也来自他们对于品牌能够渡过艰难时期的能力所持有的坚定信念。管理团队和股东必须保持对长远前景的规划，以避免作出可能会稀释品牌的短期或过于保守的决策。

举例来说，来自低成本运输竞争者的压力使得一些提供全方位服务的美国航空公司开始对曾经免费的机上服务收费。从历史来看，商务旅客愿意向提供全方位服务的航空公司支付额外费用，从本质上也是因为它们提供的服务确实足够优质，值得乘客为此付款。然而，许多美国的高级航空公司为了获取短期的盈利，选择了放弃优质客户服务的战略。这种行为带来的是恶性循环，因为那些对成本敏感的客户正从这些高级航空公司流向低成本航空公司；于是高级航空公司不得不降低价格留住这些客户，结果反过来又造成了更大的成本压力，这样的成本压力迫使它们减少提供那些能使它们区别于低成本航空公司的优质服务。

新航已经在业界证明了"反其道行之"反而能够带来更好的效果。它通过投资欣丰虎航以及酷行航空的方式竞争低成本运输的市场份额。

全球的航空公司都面临来自低成本运输公司和航空公司与日俱增的竞争压力。尤其是那些中东的航空公司（如阿联酋航空、阿提哈德航空和卡塔尔航空），已经将价格压力施加给那些提供全方位服务的高级航空公司。新航在2015年推出超级经济舱座位的计划以提高其吸引力。许多竞争对手都早已准备推出超级经济舱座位，但是新航对此一直很小心谨慎地跟进，因为它考虑到这项服务可能会打压原有的全票价商务舱及头等舱产品，而新航需要从整体上对品牌的影响力进行考虑。2004—2008年，新航在洛杉矶和纽约之间的不停站直达航线上提供了超级经济舱座位，但后来它们将全部的飞机客舱都转换成商务舱的配置。

发展成本优势

从理论上来说，新航的品牌战略是一种成本相对较高的战略，需要依靠高额的投入、精心的管理和详细的实施方案，才能履行其品牌承诺。新航精心打造了一个财务和固定成本的基础结构，允许它在面临成本压力的时候继续通过投资支撑品牌。

首先，强劲的经济实力让新航有能力使用内部资金购买新的设备和飞机，并且极大降低了利息成本。新航还使用了长期租赁的方法，这使其能够轻松装配更新更高级的设备，从而最大限度地减少了维护成本，并且避免了昂贵的飞机停机时间。

其次，新航拥有最年轻一代的飞机，从而保持着行业内最低的燃料成本。这一点非常重要，因为航空公司总成本的40%来源于燃料成本。此外，为了避免燃料价格的周期性波动和经常性波动，新航提前两年对冲60%的燃料需求。

最后，财务状况和现金状况使得新航比其他竞争对手能够更为平安地渡过行业内的短线抄底。

品牌带来卓越成效

在航空行业中，当其他品牌为企业存活问题苦苦挣扎的时候，新航作为亚洲最知名和绩效最好的几个品牌之一，始终保持着良好的运营。这归功于新航通过品牌管理实现的这些卓越成效：

收入：通过持续的品牌一致性实现价格溢价，并且一般不会做出临时的价格调整，这减少了客户等待降价的行为。

成本：通过保有最具成本效益的飞机、对冲燃油价格上涨以及敏捷管理的方式严格控制成本。

利润：始终以长远的眼光经营业务，将保持品牌形象作为利润策略的优先考虑因素。

新航多年来为新加坡的国家品牌作出了巨大的贡献。大约50%的新航乘客是过境旅客，虽然他们没有入境新加坡，但是可以从新航品牌的元素中获得对新加坡这个国家的全面感知，包括服务导向、高效、干净整洁、充满关怀等。

新航的未来

近年来，全球航空业发生了戏剧性的变化。高端航空公司和提供全方位服务的航空公司之中出现了重新洗牌和调整，低成本运输市场迅速扩张，亚洲空域管制更为严格，等等。航空旅行已经成为一种商品，大多数主要航线都充斥着激烈的竞争。

以下是新航正面临的主要挑战以及航空公司在未来几年需要关注和解决的战略难题。

中东运输业的崛起：过去十年中，来自中东的竞争者崛起得非常迅速。像阿联酋航空、阿提哈德航空和卡塔尔航空一样的航空公司打乱了全球航空格局，它们可以提供新的航空目的地，并通过价格竞争获取更多价格敏感的客户。

来自低成本运输业的激烈竞争：低成本运输通过低廉的价格改变了休闲旅客和商业旅客的消费行为。新航通过率先推出自己的区域性运输服务以及中长途运输服务走在行业的前沿。其中胜安航空公司是一家在新加坡地区提供全方位服务的区域型航空公司。欣丰虎航是一家直接与其他低成本运输公司竞争的廉价航空公司。成立于 2012 年的酷行航空是一家从事中长途运输的低成本航空公司。所有这些航空公司覆盖了它们周围的航线，它们与新航共享了大量的客户。胜安航空有 60% 的客户来自新航。

采用这种战略是为了避免对作为核心优质品牌的新航产生品牌稀释，并确保所有品牌都能在各自的细分市场中找到合适的定位。

在新区域中开辟航线：举个例子，印度与欧洲之间存在大量的交通需求，这促使新航与印度企业塔塔集团共同成立了维斯塔拉（Vistara）航空公司，为从印度德里市中心向外辐射的交通线提供服务。印度航空市场的环境很艰苦，主要体现在高税收、过度监管以及基础设施不足等问题上。因此为了取得成功，新航需要谨慎、勤奋地管理这个新企业。

保持创新的战略驱动作用：创新对于全球航空业而言非常重要，现阶段行业的竞争主要集中于座椅、服务、机上娱乐、休息室等项目的竞赛上，这些给所有的航空公司都带来了巨大的压力。客户期望这些项目得到更快的更新。为了更有效地展开竞争，新航重点关注产品、服务和网络三个核心点，而自新航成立以来创新能力始终受到企业内部的高度关注。新航在 2015 年推出了超级经济舱服务，升级了全球机场的休息室，并改造了所有客舱的座椅，这些行为正说明了新航坚持创新的战略。

结论

新航的强势定位以及品牌信誉使它在与对手的竞争中处于优势地位。它所面临的挑战是保持品牌的真实性、继续高质量和具有创新性的优质服务，实现这一品牌承诺无疑需要耗费高额的成本。这需要依靠大量的、持续的投资和健康的现金流，而这些资金只能通过持续的价格溢价战略以及高度的顾客满意获得。

因此，客户的价格态度、忠诚度以及未来在低成本运输服务商营销下客户的购买行为将是未来新航能否传承辉煌的关键因素。

无论在什么行业中，总是有一部分客户愿意为优质品牌支付溢价费用。

因此，问题的关键不在于市场上是否有客户，而在于新航是否有能力信守品牌承诺、不断创新以及挖掘客户心中潜在的品牌价值。

新航强大的品牌资产是其现金充裕的资产负债表中最有价值的资产之一。新航是标志性的亚洲品牌，它不仅证明了品牌化战略的重要性，也为其他亚洲公司的高层战略部署和品牌管理提供了值得借鉴的经验。新航是全世界顶级的航空公司之一，并且在激烈的行业竞争中，它仍能够保证在与客户的每一次互动中做到掌控品牌。作为行业的创新者和领军者，新航当之无愧被称为"一种伟大的飞行方式"。

安缦——豪华度假村酒店品牌

奢华的服务、高端的客户群、极具异国情调的度假地……安缦因此闻名于世，并且被誉为全球最好的豪华酒店品牌。[2] 安缦在梵语中蕴含着平静安心的意思，正如其名，安缦在对待顾客（许多是社会名流）的过程中始终保持高度的私密性和谨慎性，真正做到了让客户享有平静、安心的度假体验，因而在业内享有很高的口碑，有的杂志甚至称之为"完美的家"。[3]

尽管没有走传统的品牌建设道路，安缦集团仍然在全球酒店行业建立起一个最强大的品牌。安缦为客户提供了一种与当地历史、文化和传统完美融合的度假体验，为他们创造了一个真实世界中的天堂。作为世界上最具标志性的品牌，安缦从成立伊始就处于阿德里安·泽查（Adrian Zecha）及其明确的商业战略的领导下。阿德里安·泽查在印度尼西亚出生，拥有荷兰血统，他是安缦的创始人和董事长，是一位极富远见的企业家。

品牌资产的建立依赖于企业建立起一个符合其理念的强大、鲜明的人格形象。阿德里安·泽查领导的管理团队保证了在各方面的持续投资，确保品牌承诺能够一致地传达给客户。安缦品牌过去一直面临着所有权问题的挑战，管理权和控制权变更过多次，但是阿德里安·泽查总是能够通过与每一位所有人密切合作的方式使品牌坚持其核心理念。

阿德里安在接受采访时用安缦的例子解释了品牌建设的方式，他说："我们遵循那些优秀餐馆的经验，就是只依靠口碑的方式传播。或者换句话说，当某家餐馆开始做广告的时候，人们就知道在那里吃饭通常是不明智的。"[4]

安缦的气质建立在特殊的地理位置与独特的人文环境和谐融合的奢华享受上。这种现代与历史相结合的度假村为客户提供了一种使人顿悟且充满意义的"生活方式",让人沉醉其中。

背景

安缦诞生于阿德里安·泽查对酒店和度假行业产业化的强烈蔑视之中。1987年12月,安缦集团在泰国普吉岛开设了第一家酒店安缦普瑞。基于创办理念的不同,安缦的客房数少于50间,借此与那些拥有超过400间客房的标准大型连锁酒店抗争。这是它战略的一部分。由于每一家酒店的客房数量少于50间,安缦有能力为每一位客户提供一流的个性化服务。安缦拥有整个行业中产出值最高的房间。

这个战略非常成功,现今安缦已经在多个国家和地区开设了酒店:不丹、柬埔寨、中国、法国、希腊、印度、印度尼西亚、意大利、老挝、黑山、摩洛哥、菲律宾、斯里兰卡、泰国、土耳其、美国、越南以及日本等。

正确的选址是酒店行业取得成功的主要因素,对于像安缦这样的豪华品牌而言更是如此。阿德里安·泽查是一个伟大的选址专家,对于酒店未来的位置有着无可挑剔的商业嗅觉。在巴尔干战争仍在进行时,他就预言克罗地亚会成为欧洲的下一个热门胜地。世界上许多地方都居住着一些古老家族,这些人很少会考虑出售他们自己的房屋和土地。而当他们决定要出售的时候,泽查很有可能会第一个得到他们的来电,因为他有着良好的声誉并且拥有自己的独家交际网络。[5]

品牌理念

安缦已经成为全球酒店行业的标志性品牌。除了高层管理者积极的支持,另一个促成品牌成功的因素在于企业愿景与品牌战略、策略的统一。安缦的企业战略以及由此产生的品牌战略均建立在以下四个主要支柱之上:

- 度假酒店的家庭公寓式管理;
- 为客人提供豪华的私人府邸,而不仅仅是酒店;
- 现代化的奢华享受与当地传统特色文化碰撞带来的全方位体验;

- 超高级别的私密性。

从一开始，安缦就致力于将自己与传统的商业连锁度假酒店区分开来，企业高层对于酒店企业化的排斥给安缦带来了一种独特的工作文化和氛围。为了向所有客户提供优异的个性化服务，安缦不断敦促工作人员要尽可能在服务中创新，使与客户的每一次互动都成为他们一次难忘的经历。安缦聘用的大多数管理人员和其他工作人员都没有酒店行业的相关工作经验，但必定都有与企业价值观一致的理念，符合安缦的企业文化。安缦坚信缺乏经验的人反而不会思想僵化、墨守成规，更加能够在工作中创新，这一点与安缦的创新服务理念十分吻合。

安缦用人的关键在于其是否拥有正确的理念。一次偶然的机会，阿德里安·泽查发现悉尼的一家酒店拥有一位出色的前台接待员，随后他就立刻聘用了这位接待员运营安缦普瑞酒店。这位接待员后来成为度假村酒店中最出色的执行经理之一。[6]

安缦没有任何描述标准操作程序的书面手册，也没有设定任何做事的方式。管理者和员工被要求将安缦视为他们自己的公司一样去经营。这种独特的工作文化使得安缦能够做到一直满足他们高消费客户的需求。

从阿德里安·泽查成立只有不足50间客房的安缦起，就表明他们的目标是那些超优质的客户，包括好莱坞明星、歌星、体育明星以及富商等。由于安缦的客房数量有限，而提供的设施却十分昂贵奢华，因此它的定价非常高，这正符合客户的要求。

安缦战略的一个主要特点是在每个度假村都为有限的客户提供超优质和极个性化的服务。在某些地方，安缦维持着6∶1的员工客户比，这在酒店和度假村行业中是十分罕见的。安缦在信守品牌承诺的过程中付出了巨大的努力，这也就不难理解为什么他们始终拥有高度忠诚的客户群，以及这些客户为什么愿意在安缦酒店做一次又一次的回头客。

安缦品牌化战略的另一个重要特征是为客户提供全方位的度假体验，他们将奢华享受与当地的历史文化相结合，为客户提供舒适的个性化服务。每一家安缦度假村的位置都拥有一定的历史背景和意义。安缦和度假村周边地区的当地居民建立合作关系，为客户提供特别的导游服务，帮助他们探索体验当地的传统和文化。他们也会带着客户在旅游胜地的周边进行独特的旅行。

在印度安缦伊卡斯帐篷度假村开业前,他们的法国经理花了 6 个月时间骑着摩托车探索了周边半径约 20 公里的区域。他向联合创始人印度人阿尼尔·塔蒂尼(Anil Thadini)展示了一个从 12 世纪开始就被废弃的村庄,而在此之前它已被所有人遗忘。[7]

安缦的客户有一些是频繁出差的商务人士,他们经常吃的是那些在酒店和餐厅中一年四季都能见到的日常菜肴。因此,安缦并不提供酒店饮食,而是提供那些由本地厨师用新鲜食材烹调出来的当地特色美食,以此来使顾客获得更好的沉浸式体验。对于客户而言,他们能够享受到令人满意的家庭烹饪式菜肴,这也是为什么大多数客户不在度假村外吃饭的原因。

安缦的最后一个品牌支柱是高度私密性。由于其客户大多是社会名流,对安缦而言原本很容易利用客户的声望来进行世界性的媒体宣传和报道,但是基于整体品牌战略的需要,安缦却并没有这么做。安缦从未将自己定位为为大众服务的度假村酒店,并且未来也永远不会往这一方向发展。其品牌目标就是致力于为那些愿意支付高溢价的客户创造值得铭记一生的入住体验,因此安缦一直坚守着严格的客户保密政策。

安缦公司形成了一个让所有员工成为品牌大使的系统,它能够成功做到这一点依赖的并不是死板的规章制度,而是保证所有员工能够关怀客户并响应客户的需求。

安缦花费了很多时间和精力在培训方面,通过定期培训计划为企业培养领导者。事实上,安缦创造的是一种自我实现的文化氛围,每一位经理对自己的度假村都具有深厚的感情。通常情况下,每个度假村周围的当地多代家庭都是这个团队的一部分。在全体员工和组织活动之间的匹配调整问题上,安缦通过上述管理方式取得了成功。

安缦对品牌承诺的四个组成部分进行不断实践和传递,努力保持员工责任与品牌承诺的一致性,最终虽未采用传统品牌的建设方式,却创建了一个拥有高忠诚度客户群的标志性品牌。安缦把"安缦粉丝"当作自己品牌免费的全球形象大使,他们会通过自己的专刊和交际圈为安缦进行品牌推广。

安缦的每个经理都在用自己独特的方式经营着度假村,这使得安缦的连锁经营具有相当程度的独立性;但是尽管如此,这些经理们都强烈地坚持着共同的品牌价值观。创始人阿德里安·泽查对所有的安缦员工都灌输了一种强烈的品牌归属感，这一点在每一个安缦员工维护安缦形象时所展现出来的承诺和热情上得到了充分的体现。

安缦网站上写着阿德里安·泽查描述安缦和员工独特关系的一句话："我想对我们的员工表达衷心的赞美和感谢，感谢我们的客房服务员、司机、厨师、保洁员、园丁和导游。为了给我们的顾客带去真正的舒适与满意，他们中的大多数人从一开始就和我们在一起，并且一直都在努力扮演着那普通却并不平凡的角色，他们是真正的安缦人。"

品牌传播

安缦也许是世界上仅有的自成立以来从未做过广告却能够取得世界性地位的度假酒店品牌。由于安缦始终坚持品牌理念，尤其是针对客户的保密性，阿德里安·泽查和他的团队决定从一开始就拒绝任何形式的广告。安缦从1988年成立以来采用的最主要的品牌沟通方式就是口碑传递。在每一家安缦酒店开业前90天，公司根据收件人列表向客户寄出印刷手册。

此外，安缦也会在酒店开业前邀请一批顶级"安缦粉丝"提前体验度假村。这样一来，有关新酒店开业的消息就会在安缦客户中传播开来，并引起像《悦游》和《安德鲁·哈珀旅行报告》这样的高端旅游杂志的关注。这种私密性本身就会吸引更多的客户关注安缦品牌。由于安缦在好莱坞明星、流行歌手和体育名人等名流群体中有着非常高的声誉，自然便在其潜在客户眼中呈现为非常高端的品牌形象。毋庸置疑，安缦赢得了许多，甚至包括《漫旅》2014年世界最佳酒店品牌奖在内的全球大奖。

安缦是一个完全依赖于口碑营销但却取得了非凡成就的优秀品牌案例，它紧紧抓住了客户的需求痛点——它的客户在进行酒店消费时总是希望能够保证私密性，远离媒体和公众视线——并且做出了迎合其客户需求的品牌承诺。事实上，不通过任何主流媒体渠道推广品牌的策略为它塑造了这一品牌形象。许多社会名流和成功人士都是安缦的忠实客户，包括比尔·盖茨、马克·扎克伯格等。

未来的挑战

文化驱动：安缦拥有高端的品牌地位，遍布世界的铁杆粉丝，以及优质而忠实的品牌赞助商……看起来似乎没有什么外部因素能够挑战安缦的地位，但必须要指出的是，安缦最大的挑战在于是否能够持续保持独特的企业文化以及提供不依赖规章制度和具体管理实践的品牌承诺。伴随成功而来的是模仿者的威胁，其他不同品牌的连锁酒店和度假村为了给予客户相似的体验，也开始打造出它们自己的"安缦"。尽管没有哪家连锁度假酒店能够达到安缦的高度，但这确实是一个需要持续关注的威胁。

领导转型：生于1933年的安缦创始人阿德里安·泽查已至耄耋之年，如何延续创始人的辉煌可能已经成为安缦如今最重要的挑战。2014年8月，跟随泽查工作多年的奥利维尔·乔立维（Olivier Jolivet）被任命为安缦的CEO。想到阿德里安·泽查不再是这个豪华连锁酒店的掌门人时，大多数"安缦粉丝"都感到忧心。安缦的客户将阿德里安·泽查视为活着的传奇[8]，正是他非凡的创作视野为安缦品牌的创建奠定了基石。阿德里安倡导的高度个性化生活方式的战略受到安缦那些拥有独到眼光的客户们的拥戴。

第二个挑战则是如何在阿德里安·泽查领导的第一代管理层淡出之后，再培养一批能力出众、富有热情的管理团队，并且这些管理者能够继承企业的独特文化，拥有科学的管理理念。2014年7月，一支新的行政管理团队诞生了，其中一些成员在旅游管理方面有着多年的工作经验。

所有权的混乱：尽管泽查确实有着卓越的领导能力，保持了品牌的标志力和管理的集权，但是当安缦在全球范围内扩张时，所有权问题仍然是其将长期面临的严峻挑战。2014年，安缦所有权的问题让来自俄罗斯和美国的两位投资者陷入了持续的争夺官司，负面新闻甚嚣尘上。[9] 所有权问题已经阻碍了安缦的成长，并且将它推进国际媒体和法律的视野中，这样的局面与安缦的品牌精神及其保持谨慎的理念截然相反。安缦需要的是一个能够考虑长远利益和品牌愿景的所有者。

品牌创新：阿德里安·泽查钟情于为安缦选择具有异国风情的位置，这也几乎使他成为豪华度假村概念的发明者。安缦的"成功准则"中包括未受破坏的偏远地区、简约的建筑、当地的美食以及最高级的客户体验。这种创新方式多年来一直为人所追捧。

奥斯卡·王尔德曾说过："模仿是追捧的最高形式。"很多旅馆经营者都在抄袭安缦关于奢华隐居度假村的理念，其中包括理查德·布兰森（Richard

Branson）的内克尔岛和各大五星级酒店品牌。尽管安缦最先开创了超利基豪华酒店市场，但是其竞争对手正在迎头赶上。此外，安缦主要客户群（高净值人群）的口味是善变的，这些客户会不断寻求金钱可以购买到的新体验。

结论

随着全球竞争的加剧，拥有优质客户基础的安缦一直通过市场主导品牌创新的方式巩固自己的地位。随着近年来企业所有权的动荡，注重品牌的创新问题很容易降至管理议程上的次要位置，这不利于安缦的市场定位及其在忠诚客户心目中的地位。

2014年7月，安缦任命了一位经验丰富的首席营销官，他重组了原先的市场部，其中包括1名市场总监以及3名分管品牌、数据和客户关系管理项目的高管。这样的结构重组可以确保市场仍然处于豪华品牌的中心位置。

在新一届管理团队强大的领导下，安缦保持着强大的品牌资产，致力于对运营过程中质量方面进行创新。安缦是一个拥有亚洲根源的真正的标志性豪华品牌，是阿德里安·泽查留下的宝贵财富，它一直都在飞速地朝着新的高度前进。

资生堂——亚洲标志性化妆品及护肤品品牌[10]

在所有亚洲品牌中，只有极少数几个称得上全球品牌，并且大部分来自日本。日本品牌多年以来以"三高"著称——技术水平高、生产效率高以及产品质量高。因此，作为亚洲最强大的化妆品品牌之一的资生堂同样起源于日本也就并不让人感到意外了。资生堂是少数几个能在全球时尚、美容和化妆品领域中取得巨大成就的日本非技术品牌，在其独特历史文化及原产国效应的积极影响下，资生堂已经能够渗透到世界各地的市场上，为消费者提供高品质、功效显著且备受追捧的产品。资生堂在很早的时候就意识到为消费者提供高差异化体验以及通过创新和高品质产品吸引他们的重要性。

资生堂在过去的一个世纪中能够取得成功的因素有很多，其中最主要原因是其良好的品牌管理以及管理层对品牌建设的持续投资。

介绍

1872年，福原有信（Arinobu Fukuhara）在日本东京银座创办了资生堂，这是日本第一家西式药房。刚开始的时候，资生堂是一家制药公司，主要经营日本当时的草药生意。但当它构想出融合东方神秘美学与西方科技的制胜理念时，很快便对最初经营的业务进行了拓展。这一融合理念成为资生堂强大的企业优势。资生堂很快就从原先的药品业务转向了多元化发展。

1888年，资生堂推出日本第一款牙膏；1897年，它开始尝试涉足化妆品业务，推出了一款名为红色蜜露的保湿润肤乳液；1918年，资生堂推出了第一款香水；到了1937年，它推出了第一个化妆品系列。自那时起，资生堂就转变为一个拥有广泛产品线的成熟护肤品和化妆品公司，其产品包括专业化妆品、护肤品、美容产品和一般化妆品。20世纪30年代，资生堂开始涉足国际商务，在亚洲的部分市场上销售化妆品。20世纪60年代，资生堂开始投资美国和意大利的海外分支机构。这之后，资生堂一直用特定的产品线渗透到国外市场上。现如今，资生堂品牌已经渗透至89个市场，其集团品牌已渗透至超过120个市场。

融合了东方美学与西方科技的品牌理念使资生堂脱颖而出，尽管如此，它仍必须在此基础上继续实现突破。资生堂依靠其核心理念指导。企业网站上列有三个品牌建设的核心价值[11]：

- 丰富——对无与伦比细节之美的一种纯粹的、整体的体验；
- 人文科学——将传统化学和生物学延伸至身体、精神、情感和心灵的敏感性；
- 无微不至——资生堂的好客精神，怀着一颗开放的心，用开放的思想和关怀欢迎您。

早在1921年，资生堂就将品牌哲学建立在五项核心管理原则上，分别是：质量第一、共存共荣、尊重客户、企业稳定以及诚信。资生堂还为所有产品都制定了品牌形象，将它们定位于不同的细分市场。

资生堂的品牌创建遵循以下五项关键原则：

- 产品创新；

- 东方独特神秘感与西方时尚价值观的融合；
- 应用临床测试创新产品，创造具有加强皮肤护理和美容功效的产品；
- 通过不断分析市场趋势，为不同的市场定制产品；
- 强大的分销策略。

资生堂是首批采用收购战略进行国外市场扩张的亚洲品牌之一。在全球市场上收购竞争对手的目的有两个：一是获得市场准入；二是使资生堂获得客户的认可。

欧睿国际的调查报告显示，日本拥有亚洲最大、世界第二大的美容及个人护理市场，市场规模大约为500亿美元，仅次于美国的700亿美元。但是中国庞大的中产阶层正在迅速缩小与日本的差距。[12] 资生堂在日本以外的全球市场上取得的销售额超过了其总销售额的50%。

美容和时装公司意识到高档消费者正在形成一个巨大的潜在市场，日本的零售商为此开始改变商店布局。亚洲最大的零售公司永旺株式会社（Aeon）拓宽了商场的过道，安装了更多的休息设施，并采用了能够营造高档感觉的设计。2015年，资生堂为高档消费者推出了特别的产品系列。[13]

资生堂在亚洲的区域增长计划雄心勃勃。2014年，为了拓展在印度尼西亚的业务，它和金光集团成立了新的合资公司。[14] 2013年，它将注意力放在印度市场的巨大潜力上，进军"平价奢华"的细分市场——价格低于其他名牌，却能满足新兴的印度中高阶层理想价值的美容化妆品品牌。[15]

品牌理念

自成立以来，资生堂一直都在塑造一个创新者和市场领导者的形象。当资生堂从核心的制药业务冒险转入化妆品业务时，就充分抓住了消费者追求独特的心理诉求。为了保持其独特性，资生堂成为日本第一个用天然花卉制造香水和化妆品的化妆品制造商，它的品牌理念及其产品在国内市场上广受追捧。

早在1931年，资生堂就开始进行国际化扩张。在这之后的一段时间内，它先后进入夏威夷（1952年）、意大利（1963年）、美国（1965年）、新加坡（1970年）以及法国和德国（1980年）等市场。

20世纪50年代初期，当资生堂决定走出日本时，它面临着许多挑战。与此同时，像索尼和佳能这样的品牌也在为国际化而奋斗。此外，比起化妆品和美容品，日本的生产效率、技术实力和高品质电子产品显然更为出名。对于资生堂而言，如何建立品牌声誉以及改变外界对其质量的看法成为一项艰巨的任务。时装、美容和化妆品业务过去一直由欧洲和美国的品牌主导，资生堂在全球化妆品行业的挑战下获得了外界的认可并建立起一个强大的品牌。

从开始扩张时起，资生堂就一直将创新置于品牌战略的核心位置。当资生堂涉入化妆品业务时，它们继续沿袭相同的战略。资生堂最大的优势之一是它是一个进军西方市场的亚洲品牌，它将遥远东方土地的传统、颜色、气味和美学所营造出的神秘氛围作为自己的优势。1964年，资生堂在全球市场上推出了它的第一款产品——禅，这款产品的包装采用了16世纪京都寺庙主题的传统漆器设计。除了外观独特外，这种包装也营造出一种神秘感。

1997年，资生堂的一款新型香水因率先创造使用了芳香心理学而荣获了香水行业中最权威的美国菲菲奖。

资生堂一直通过临床测试研发新的产品。资生堂研发背后的愿景是"创意整合"，要求的是功能性和灵敏度的整合。本着这一愿景，资生堂推出了许多能够让客户变得更美的产品，其中之一便是资生堂在1982年推出的第一代抗衰老护肤套装——盼丽风姿，这款产品为资生堂赢得了在新市场中的信誉。通过将科学带来的理性元素与强大品牌形象带来的感性元素汇聚在一起，资生堂成功地在全球市场上获得了自己的一席之地。

资生堂品牌理念的另一个重要支柱是其在修改和定制产品时保持的灵活性。它不仅在那些需求、文化等方面有所不同的市场上这么做，在整个品牌管理实践上也是如此。资生堂取得成功的原因之一是，该品牌已经能够通过为产品线创造独特的品牌身份和形象实现从溢价段到价值段的跨越。

进入中国市场时，资生堂创立了一个叫欧珀莱的子品牌，并将其定位为一个精英品牌。但这个子品牌只迎合了市场最顶端的1%。后来，当资生堂开始决定瞄准大众市场时，它又创造出一个风靡整个亚洲的大众精品品牌——姬芮（Za）。通过追踪客户的倾向以及他们对于某些产品和地方的联想，资生堂创造了属于他们的独特故事。举个例子，对于化妆产品，客户首选的是优秀的精英形象，这一点可以通过创造一个具有美国色彩的品牌形象来实现。

对于皮肤护理产品，客户首选的是质量和可靠性，这一点可以通过创造一个具有日本色彩的品牌个性"泊美"来实现。资生堂这种品牌管理模式中的灵活性帮助它成功地在不同的市场中采取不同的市场细分。

最终，资生堂成功地在日本、亚洲甚至是全球所有主要市场上建立起强大的分销网络。资生堂采用以下三种主要渠道：

- 在百货公司为客户提供豪华产品的销售与个人咨询服务；
- 在资生堂授权店（连锁店）为客户提供豪华产品和中档产品的销售与个人咨询服务；
- 在便利店和药店中通过推出开架化妆品服务为客户提供中档至大众产品的销售（不提供个人咨询服务）。

这个战略对资生堂而言非常成功，因为它能够通过多种渠道销售本品牌的所有产品。

品牌战略

资生堂采用了一种罕见的亚洲品牌扩展战略，通过收购的方式进入欧美的主要化妆品市场。由于化妆品是一个由美好愿望、生活方式和形象驱动的行业，因此资生堂选择收购与有机增长相结合的方式进行扩张，以提高知名度，在新市场中赢得客户的接受。

为了扩大其在法国和欧洲市场的品牌影响力，从而进入专业化妆品行业，资生堂于 1981 年收购了凯伊黛品牌以及巴黎圣·奥诺路上的著名沙龙。该沙龙在法国市场上拥有独特的地位，它拥有许多皇室客户和名流客户。为了进入北美市场，资生堂于 1996 年收购了联合利华旗下的海伦科迪斯。这些收购行为为资生堂在海外市场建立强大品牌提供了有力的支持。

2000 年，资生堂迎来了纳斯（Nars）品牌的加入，纳斯的加入不仅扩充了资生堂化妆品的颜色类别，并且意味着它的品牌名册中加入了一个世界前十的化妆品品牌。2010 年，资生堂斥资 17 亿美元收购了自然香调（Bare Escentuals）[16]，这一品牌是全球矿物化妆品行业的巨头。资生堂的这些收购战略对企业大有裨益，在为企业带来更多知识的同时，也带来了许多可以跨越品牌和地区的软资产。

除了收购战略，凭借其多样化的产品组合，资生堂还采取了一种筛选战略，淘汰那些不再是核心重点领域的业务。2014年，因为需要专注于那些可以推动未来增长的核心业务，资生堂将注重欧洲市场的护肤品品牌凯伊黛和思妍丽出售给巴黎欧莱雅。

从整体上看，资生堂遵循的战略是发展个别品牌以获取立足点并最终赢得某一特定细分市场的份额。资生堂总是在避免与企业品牌的直接关联。公司的名字所用的"资生堂"三个字仅仅代表了品牌高级护肤品和化妆品的经营范围。

品牌传播

资生堂在洗发水品牌丝蓓琦（Tsubaki）的广告中描绘了日本女性的形象，宣传着"日本女人是美丽的"这一口号，这种表现方式使得资生堂成为当时的头条新闻。在当时，日本的洗发水广告采用的是典型的西方模式，那时的审美标准也受到西方世界的影响。随着越来越多的日本女性开始从自己的文化中寻找榜样，并且收获自信，资生堂选择使用丝蓓琦品牌与她们沟通。资生堂并没有推广洗发水的功能，而是通过非常理想和富有情感的词汇推广了品牌。丝蓓琦凭此一举击败了传统竞争对手联合利华、宝洁以及日本花王，成为洗发水销售榜单中的冠军。[17]

由于资生堂一直奉行的是全球扩张战略，因此它很早就认识到选择当地名人担任品牌形象代言人的重要性。这种营销方式在化妆品美容行业中很常见。2012年，美国女演员珍妮弗·康纳利（Jennifer Cennelly）与中国模特何穗成为品牌的全球形象大使。2013年，资生堂签下冬奥会冠军、美国运动员汉娜·泰特（Hannah Teter）作为公司的代言人，代言公司在美国的防晒品、护肤品和彩妆产品。[18] 这是一个著名的名人代言例子，它将品牌旗下的产品与名人的生活方式联系在了一起。汉娜·泰特一直都在提倡运动员（尤其是女性）对护肤品和防晒产品的需求。因此对于资生堂而言，汉娜·泰特显然适合在这些受众中进行品牌推广。

资生堂拥有它自己的"广告设计部门"，里面共有100名"创造师"，他们不仅为这些品牌设计广告，也从事产品包装和零售店的设计。[19] 公司也会有效地运用广告、媒体策划和公关机构计划和实施品牌传播策略。资生堂已经开始越来越多地利用专业机构的服务，以更好地与数字化和社会化媒体世界接洽，挖掘品牌建设的巨大可能性。

未来挑战

尽管资生堂的成功已经持续了一个多世纪，但当它进入一个新市场时，仍然面临着一系列新的挑战。

继续贯彻亚洲与西方的融合：资生堂面临的主要挑战之一仍是如何保持将东方的智慧美学与西方的化妆品科技融合在一起。在资生堂成功收购美国与欧洲品牌之后，这个问题变得愈发重要了。鉴于此，对于资生堂而言，继续贯彻融合战略是一大挑战，因为这是它能区别于其他品牌的最大特点之一。

跟上韩国美容模式的潮流：韩国的流行文化一直以来都受到亚洲人的推崇，包括韩国电视剧和韩国明星，而韩国模式也已经成为亚洲人在美容方面的首选。来自韩国的美容竞争对手被认为在美容产品的创新上拥有特殊的专业知识，而韩国女性也是许多亚洲人的美容榜样。虽然日本历来是潮流、流行文化和美容的大本营，但是韩国的崛起对于资生堂而言确实是一个新的挑战。

定位的一致性：这主要是指资生堂在美国和欧洲市场上将自己定位为一个高端的奢侈品牌，而在亚洲市场上则定位为一个覆盖全部高中低端市场的品牌。随着客户在全球范围的旅行、全球媒体的发展以及各国互联网信息流的交汇，资生堂应该采取措施确保它在不同的市场上能够准确地传达其多样化的定位。社交媒体的广泛性和便捷性使得消费者之间针对产品会有更多的沟通和交流。

全球消费者日益增长的移动性：印度的女性前往韩国购买化妆品等现象已经非常普遍了。消费者都不想被当成不重要的人对待，因此，资生堂必须避免陷入"定位不匹配"的问题。定位问题带来的挑战，可以通过更高效、谨慎的产品线推广以及品牌推广和收购来避免。在欧美市场上销售产品的过程中，采用积极的沟通和广告策略对于表现全球化公司的公平性而言十分重要，但它必须仔细管理和实施。

保持强大的品牌架构体系：管理品牌架构对于资生堂来说是非常具有挑战性的。资生堂一直都在从事三项主要活动：在欧洲和美国进行品牌收购，通过品牌持股的方式为日本市场推出新的非资生堂品牌，以及在市场上推进多品牌延伸。"品牌屋"架构和分层定价体系的明显优势在于，品牌之间的关系较弱，一个品牌的表现不会影响其他品牌。这意味着，即使公司的有些中档品牌失败，也不会影响由其他独立品牌建立起的优质形象。但是，在获得优势的同时也伴随着一系列挑战，这些挑战基本上都围绕每个品牌的微观管理，比如盈亏表。

资生堂的品牌延伸至各个细分市场，这种方式有助于构建自身的品牌形象和品牌个性。整合这些子品牌与母品牌，并管理两者之间的互动是相当具有挑战性的。在某些方面，保持一些品牌与母品牌关系的独立能够为资生堂带来一定的优势，但是到最后，太多的品牌仍会让管理变得更加艰难和富有挑战。资生堂通过以下两种方式保持架构连贯、一致的强大品牌组合：

● 在收购的选择上更加谨慎，并且在不同细分市场（不同价位）上推出新品牌；

● 在品牌组合管理和重点关注的细分市场上拥有一个区域性的战略——这将自动形成一个有效且更易于管理的品牌管理系统，将关注的市场与其他市场分离开来。

在西方世界发展企业品牌：尽管资生堂的收购战略取得了非常大的成功，但它在欧美市场仍未能建立起一个强大的企业品牌。由于它收购的品牌都拥有一些忠诚的客户群，改变这些品牌的身份及个性以适应资生堂品牌的整体架构是相当具有挑战性的。发展具有独特个性和人格的强大企业品牌对于资生堂能否取得长期的成功至关重要。

成为一个真正的全球化公司：如果资生堂想要成为一个真正的全球化公司，它需要任命更多的外籍高管，聘用遍布全球各个组织的人才。其中所面临的一大挑战就是日本文化中精英阶层的强大人际关系网络。日本公司的高层管理人员通常就读于同一所精英大学，毕业后加入公司。因此，外来人员很难融入进来，成为文化的一部分。[20] 如果资生堂想要成为全球化公司，它就必须采取使它看起来像一个全球化公司的行动。这需要一个更加国际化的管理团队和企业文化，使资生堂能够在全球多个不同的市场和文化中进行有效的竞争。

三星——全球化的亚洲品牌

每当提到相机、手机、高清电视，甚至是摄像机等高端耐用品，人们很自然就能想到三星。三星是韩国的巨头品牌，在 Interbrand 集团评选的 2014 年全球最具价值品牌排行榜上名列第 7 位，总品牌价值高达 450 亿美元。此外，三星也是世界 100 强品牌年度排行榜的成员。[21] 三星拥有一个多元化的品牌帝国，对电子、重工业、金融服务和贸易等行业都有涉及，三星将自己视为大多数行业中的全球领导者。2012 年，三星在总收入 1 879 亿美元的基础上，创纪录地实现了超过 222.5 亿美元的利润。[22]

这些成就归功于三星董事长李健熙卓越的视野，他将三星从廉价产品制造商带向全球数字产品领导者。为了实现打造一流品牌的企业战略，公司投资数十亿美元将自己定位成一个高端品牌，以创新、尖端技术和世界级的设计作为品牌的特色。三星从 1997 年亚洲金融危机期间濒临破产的企业，逐渐成长为一个真正的世界级商业帝国。

介绍

1938 年，三星的前身三星百货商店于韩国北部的庆尚省成立。直到 20 世纪 70 年代，它才从原先的农产品、羊毛和保险业务转向化肥制造和广播等业务。三星过去最出名的就是生产日本的廉价电子产品。

李健熙于 1993 年接管了三星的管理层，并为今天的三星奠定了基础。他强调的是一种新的管理原则，注重智力资本、组织创新、技术创新和员工赋权。三星电子就是其中一个关键的业务部门，致力于生产世界一流的手机、宽屏等离子电视屏幕、数码摄像机等家用电器。三星电子成立于 1969 年，到 2012 年已经实现 272 亿美元的营业利润。[23] 一直以来，三星电子都是三星集团内部的旗舰部门。《彭博商业周刊》在 2002 年全球信息技术排行榜中将三星电子排在第 1 位。2003 年，三星电子又在《财富》杂志最受尊敬公司排行榜中名列第 5 位。[24] 2013 年，三星电子实现了 2 167 亿美元的销售收入，成为世界电子公司之最。[25] 三星的成功主要源于其品牌管理流程，从早期一个廉价的制造商到发展成为一个优质的品牌，三星拥有高度一致性的政策，即所有的活动都需要遵从品牌战略。随着三星公司董事长本人对品牌的不断管理和培育，公司在品牌管理方面为整个行业树立了榜样。

品牌理念

从一开始，三星就在努力地改变客户将其视为廉价电子产品制造商的看法。1993 年以来，三星采取了积极的品牌和广告策略。三星的品牌理念建立在五个主要的支柱上：创新、高新技术、世界级设计、顶尖人才，以及内部品牌化。

过去的 50 年中，索尼在尚未因快速衰退而退出前，一直是全球消费电子行业中无可争议的领导品牌。三星在其品牌之旅刚开始的时候，目标之一正是模仿索尼。在竞争激烈的行业中，三星不得不通过发明创新更多产品的方式来吸引顾客的注意力。由于标准化产品的出现以及消费电子行业中较短的产品生命周期，三星一直想要在创新功能、新家电产品类别和使用方式上实现突破。三星很早就知道，成功和创新需要依靠卓越的技术和最好的设计来实现。

三星投巨资于研发新技术。在思略特（原博斯公司）2013 年度研发支出排行榜上，三星以 104 亿美元的研发支出名列第 2 位。[26] 2013 年，三星宣布在其国内的 5 个新研发中心中额外投入 45 亿美元用于研发。[27] 三星在全球拥有 40 000 余名研发人员，在 11 个国家设有 26 个研发中心。[28]

这些数字体现了三星长期致力于开发尖端技术，以确保其竞争优势（值得注意的是它在多个产品类别中与苹果竞争）。2012 年三星向美国专利和商标局申报获取的专利数是第二多的（5 043 件），这一排名从 2006 年开始就从未改变过。IBM 则一直是每年获取专利数最多的公司。[29]

三星越来越意识到产品设计的关键作用。在创新和尖端技术的支持下，那些最新、最时髦、最酷的设计使三星在市场和消费者心目中占据了独特的地位。随着竞争的加剧，三星产品的视觉享受已经明显区别于竞争对手。此外，三星开设了一个创新设计实验室（IDS），这是一个内部学院，负责教学和研究产品设计。这个实验室也是未来三星产品的设计实验室。三星还为所有设计人员开设了全面的培训课程，学习最新的设计趋势，以及人机工程学和机械工程学的相关课程。通过对许多国家艺术、文化和雕塑的研究，设计实验室将他们培训成最好的设计师。创新设计实验室理念已经扩展到三星目前所有的全球设计中心。最近，在三星大举进军移动电子行业，与苹果展开直接竞争之后，设计成为新的关注点。在《福布斯》杂志2013年的采访中，三星首席设计师郑东勋谈到了设计3.0的理念。他认为："设计3.0"是设计战略的第三阶段，旨在为用户创造新的具有意义的产品服务体验价值和生活方式，从而超越其外部风格，方便用户使用。简而言之，三星的设计重心已经从以产品为中心的理念转向以服务为中心的理念。

三星设计的一个重要特点是，用于管理协调位于伦敦、旧金山、上海等五个全球设计中心的企业设计中心直接向首席执行官报告。

对于三星而言，无论是想要在尖端技术还是设计上取得领先，都意味着需要更好的人才。意识到这一点后，三星一直致力于从许多全球顶级的商学院招聘人才。前三星首席运营官及副总裁李鹤洙曾经说过："人才是三星最大的挑战，我们需要招聘和培养全球最好的人才，因为我们是一家全球化公司，而不仅仅只是一家韩国公司。"[30] 在任用人才方面，三星已经走过了很长一段道路。

通过对品牌战略五大支柱的实践，三星已经成功地在全球范围内重新定位其品牌。三星的产品，如盖乐世智能手机系列和智能曲屏电视象征着成熟的技术与创新。虽然重新定位的策略取得了成功，三星却没有将焦点放在标新立异上。公司现在最大的竞争对手是苹果，其企业和产品品牌除了具有创新性和先进性外，还与消费者保持着强大的情感联系。

三星在亚洲和全球的商业环境和运营环境都发生了明显的变化。公司需要全面化、结构化、集成化的品牌理念，通过有效的品牌架构和品牌组合战略将企业品牌与产品品牌成功地连接在一起。因此，三星必须强调情感等无形的品牌元素，以建立起与消费者之间牢固的联系。

品牌传播

三星利用所有可用的传播渠道传达品牌的定位与个性。其中主要的品牌传播渠道有大众媒体广告、公关、活动赞助、体育赞助、植入式广告、三星体验馆和三星体验零售商店。

品牌传播的主要目标有两个。首先,将三星重新定位成一个兼具质量、信誉和设计的高端世界级品牌;其次,被消费者认可和接受,成为像索尼一样的全球顶级消费电子品牌。在索尼衰退以及三星积极进入高端智能手机领域后,苹果现如今已成为三星在高成长类智能手机、平板电脑和智能可穿戴设备领域中最大的竞争对手。

由于这两个庞大目标以及强大竞争对手的存在,三星必须采用所有可能的渠道传播其优越的定位。

三星凭借在设计和创新上的技术实力,获得业界的关注。三星的产品,比如世界上第一款钟表型翻盖旋转拍照手机、最大的等离子电视、最大的液晶显示器以及彩色手腕手机等,都传递了一个信息,即三星的技术处于全球领先水平。当公司进入智能手机行业后,其盖乐世手机系列更是试图改变整个设计界和用户体验。它们为三星带来了不少商业媒体的关注,如《彭博商业周刊》《华尔街日报》《金融时报》《福布斯》《财富》《市场营销周刊》等杂志以及科技资讯网站。这些媒体的关注以及三星取得的众多设计类和科技类奖项成为三星值得信赖的第三方代言。三星希望充分利用 20 世纪 90 年代的突破性技术尤其是那些数字融合技术,凭借其在无线通信、内存芯片和等离子屏幕领域的领先技术,将自己定位成数字融合领域的领导者——创造出无线通信与摄影、音乐和视频相结合的产品。这种理念引导了三星过去七八年在通信行业中的发展。盖乐世手机上的连接体验功能、电视上的智能遥控功能以及智能冰箱上的 WiFi、应用程序和触摸屏功能,都是三星数字融合理念的延续。

1997 年见证了三星开展的第一个全球性运动:挑战极限。这一活动的宗旨是将三星定位成一个希望超越技术高度的领先公司。基于这一目标,三星赞助了很多活动,比如奥运会和极限运动。[31] 相比之下,耐克等其他全球性品牌更多赞助的是体育人物。三星想要传达的是团队精神、健康竞争以及全球融合的理念。接下来的一个重要的全球性活动发生在 1999 年，三星发起了"全体数字化：邀请每个人"活动。通过这个活动，三星重申其在数字融合时代的领先地位。它希望全世界都能看到，它有能力提供最好的数字产品和体验。[32] 2013 年，它又推出了另一个全球性活动"设计你的生活"，旨在促进其盖乐世系列智能手机、平板电脑和可穿戴设备的连接。[33]

2009 年，盖乐世系列推出了三星 i7500 手机，这是三星第一次在全球范围内进入智能手机市场。盖乐世系列手机的面世，对苹果提出了挑战。在整个盖乐世系列产品线里，三星成功地实现了将数字和传统渠道融入其通信方案。2012 年，三星在美国推出盖乐世 S3 时，据说其在创新媒体渠道与传统渠道的结合上投入了超过 3 亿美元的资金，比如电影院 3D 游戏、简短的 3D 电影、售货亭和海报上可以免费下载的内容。[34] 在盖乐世系列推出后，这种方式仍在持续。对于盖乐世 S4，三星采用了与电视广告相结合的创新技术，比如众包、社交媒体的参与及内容共享。

这些活动意味着三星希望能在新的渠道、媒体、传播及营销平台上处于前沿位置。三星实际上创造了一种突破性的互动以及身临其境的消费体验。并且它没有因此而淡化传统媒体渠道的重要性，这一点在它对于电视、印刷品、电影和户外广告的高额投入上得到了充分的体现。

活动赞助

三星通过赞助国际电子竞技、游戏和技术活动的方式展示其产品，并提供一种三星式体验。三星赞助并参与了许多活动，比如世界电子竞技大赛（直到 2014 年取消为止）、德国汉诺威消费电子信息及通信博览会、计算机经销商博览会（直到 2004 年取消为止）、德国消费电子展以及消费类电子产品展览会等，这些活动使得三星能够更容易地接触它的核心目标客户，包括企业和消费者。在 2014 年内华达州举办的消费电子展上，三星推出了它的曲屏电视。该展在 4 天时间内吸引了超过 155 000 名游客来访。[35]

2013 年，三星赞助的拉斯维加斯"美丽生活"艺术节，吸引了超过 60 000 名音乐爱好者。2014 年，三星在奥斯卡颁奖实况转播的间隙花费了超过 2 000 万美元进行广告投放。除了获得里程碑和曝光度，主持人艾伦·德杰尼勒斯（Ellen DeGeneres）与当红好莱坞演员用三星手机拍摄的"奥斯卡自拍照"也成为舆论的焦点。除了电视广告，三星还将盖乐世智能手机提供给美国 ABC 广播公司以供展会使用，展会期间会播放 6 个有抱负的电影制片人使用三星手机的视频剪辑片段。通过成为这些活动的首席赞助商以及将产品整合进活动，三星的品牌形象得到了很好的宣传。

体育赞助

为了成为全球领先的消费电子产品品牌，三星需要在全球范围内进行品牌沟通。试问还有什么比赞助国际体育赛事更好的办法呢？三星是以下体育赛事的主要赞助商：1988 年汉城奥运会、1990 年北京亚运会、2000 年悉尼奥运会、2002 年盐湖城冬季奥运会、2004 年雅典奥运会以及 2012 年伦敦奥运会。2014 年，它宣布奥运会赞助战略继续延伸至 2020 年，这意味着它也将成为 2016 年里约奥运会、2018 年平昌冬奥会和 2020 年东京奥运会的主要赞助商。在 2010 年温哥华冬奥会上，三星在奥林匹克体育中心内建了一个 1 064 平方米的娱乐中心，用于展示当前已有及未来计划的产品并提供三星式体验，该活动吸引了超过 30 万人次的参观者。[36] 三星与国际体育赛事的合作不仅为它的品牌个性增添了积极性，而且带来了一种在全球范围内挑战世界级竞争对手的竞争精神。

除了赞助奥运会等国际体育赛事，三星也越来越多地赞助充满商机的区域体育赛事。2013 年，三星与 NBA 签署了一份为期 3 年、价值 1 亿美元的合同，成为其手机、平板电脑和电视的官方供应商。[37] 此外，它也是英格兰足球俱乐部切尔西的主要球衣赞助商，每年赞助金额为 1 600 万美元。2014 年 2 月，它成为世界冲浪巡回赛的冠名赞助商，这项赛事也被称为"2014 三星盖乐世 ASP 世界冠军巡回赛"。[38] 2014 年 10 月，三星在英国与橄榄球联盟（RFU）签署了一份为期 3 年的合同，正式成为其官方消费电器、智能手机和家用技术合作伙伴。[39] 这些赞助行为增加了三星在未来全球热爱体育运动的消费者群体中的认知水平。

三星式体验

北美市场对于三星而言非常重要，美国是全球大多数主要企业用来证明企业奋斗精神的地方，赢得美国市场和消费者的青睐对于它们而言至关重要。三星是一个全球领先的标志性品牌，因而美国市场对于三星与苹果的竞争而言特别重要。正因为如此，三星在纽约开创了三星式体验。2003 年 9 月，它在曼哈顿时代华纳中心开设了一个占地 10 000 平方英尺的展厅，里面展示着三星的最新技术。在这个展厅因 2011 年租约到期而关闭之前[40]，三星一直是将它作为一个纯粹的展厅而经营——为客户提供体验，而不是出售产品。除了在全球主要城市创建这种具体的体验设施外，三星还在世界各地建设独家的连锁零售品牌"三星体验店"，让消费者能够浏览和购买三星的全系列产品（智能手机、平板电脑、笔记本电脑、相机和配件）。2013 年，三星与合作者达成协议，在美国各地的 1 400 家商场内开设体验店。[41] 2014 年 1 月，三星宣布与欧洲移动电话零售商合作成立的 60 家体验店正式投入运营，这些门店横跨了 7 个欧洲国家（包括英国、爱尔兰、德国、西班牙、葡萄牙、瑞典和荷兰）。[42] 三星商店的全球扩张战略有一个关键的目标——提高其高街知名度，有效地与苹果展开竞争。

产品布局

三星成功地将高科技产品植入电影《骇客帝国》中，该电影在全球上映，为三星创造了一个获得全球数百万消费者关注的极好机会。三星强调的技术在青年群体之间产生了共鸣，与像《骇客帝国》一样的电影进行合作更是帮助它将自己的定位准确传达给潜在客户群。2012 年，三星与流行节目《英国偶像》签署了广告植入协议，将其手机、平板电脑连同专用的应用程序、在线内容和显示广告等内容植入节目中。[43]

这种具有针对性的品牌沟通方式，使得三星最终取代索尼成为全球最大的电视品牌。2014 年 9 月，索尼宣布财政年度亏损 21 亿美元，并且裁去了智能手机部门 7 100 名员工当中的 1 000 人。[44] 尽管三星的战略取得了诸多成功，但如何保持一致性仍是一个挑战。苹果公司推出 iPhone 6 和 iPhone 6 Plus 后第一个周末就实现了超过 1 000 万部的创纪录销售量。[45] 反观三星，虽然盖乐世 S5 智能手机最初的销售数字也是鼓舞人心的，但推出后的前两个月内，该型号的手机仍然无法超越苹果 iPhone 5s 的销售数字。[46] 相比之下，中国制造商如小米和华为则是通过推出低价的安卓手机来争夺市场。谷歌也开始与印度制造商合作推出售价低于 100 美元的安卓手机。[47]

未来的挑战

作为半导体芯片市场的领导者和全球最大的平板显示器制造商，三星自 1938 年成立以来已经走过了很长的一段历程。2012 年，它正式取代诺基亚，成为全球最大的手机制造商，出货量高达 9 350 万部，超过了诺基亚的 8 270 万部。[48] 但是，三星仍然面临着一些严峻的挑战。

一个关键性的挑战是成为一个真正的、全球性的标志性品牌，与全球的消费者及利益相关者保持强烈的共鸣。为此，公司需要进一步提升品牌的架构、组合和形象，并加强其情感元素。

在整机销售的智能手机业务中，它面临着已经复苏的苹果的竞争，其中一个典型的例子就是苹果在 2014 年推出的 iPhone 6 取得了巨大的成功。不仅高端手机市场的竞争日趋激烈，低端手机市场中来自小米、华为以及谷歌的竞争也越来越激烈。2014 年，由于手机销量的放缓及全球竞争的加剧，三星宣布的盈利预测低于预期水平。[49] 对于三星而言，如何确保其手机业务的健康增长和盈利性增长是关键。此外，它需要在其他产品类别（比如配件）中建立品牌资产。三星最近进军了智能可穿戴配件市场（三星 Gear），试图加强其品牌。

1. 保持一致性

三星已经为全球广告和品牌建设活动投入了数十亿美元，但由于其涉及的行业十分多样，并且在研发方面一直保持着较高的投资，因此对其品牌投资而言，能否维持一致性将成为很大的问题。虽然三星现在的组织规模和品牌要比索尼强大，但它目前还没有做到索尼当年那样品牌可以独立于产品而存在。对于三星而言非常重要的一点在于，需要不断提升自己的企业品牌价值。三星目前的企业品牌并不具有很强的资产价值，形象上也很混乱。换言之，三星的客户对三星缺乏一个清晰的差异化形象认知。相比之下，苹果则与消费者保持着强烈的情感和功能上的联系。三星的形象由产品品牌驱动，而苹果的形象则是由企业品牌驱动。

2. 品牌传播集中程度低

建设和管理企业品牌资产对三星至关重要。即使在今天，"三星"这两个字在所有船舶、内存芯片、手机和摄像机上几乎都可以找到。虽然三星正在利用其品牌建立新的业务，并从现有业务中获得了相当大的优势，但是这从某种程度上来说也非常危险。三星一直试图将自己定位成优质生活方式的世界性品牌，但是业务中的很多投资组合与它的定位并不匹配。尽管这可以成为一个优势，但从长期角度考虑，将企业品牌推广得过于广泛对于三星而言要付出的代价也很高。在全球扩张的阶段中，它需要决定采取何种企业品牌定位。五支柱品牌理念已经成功地为三星带来了全球优势，但其重要竞争对手（如苹果）在高端产品类别中仍然具有较强的品牌资产。三星面临的挑战则是建立和维持高级别的溢价水平、创新能力和生活方式驱动下的企业品牌形象，以及明确产品品牌在整体品牌架构中的作用。相比之下，苹果已经成为一个象征生活方式的品牌——结合旗舰产品所带来的清晰体验，这一品牌形象已经被精心培育和发展了许多年。

3. 本土竞争与国际竞争

如今，三星面临着消费电子行业前所未有的激烈竞争。亚洲手机制造商对三星低端市场的竞争威胁正在加大，其中包括来自中国的小米、酷派、OPPO及一加，来自印度的Micromax及Karbonn，来自印尼的Smartfren、Hi-Max及Mito，来自泰国的I-Mobile。在高端智能手机、平板电脑和可穿戴设备市场中，三星继续着与苹果的激烈争斗。苹果推出的苹果手表已经进入了此前由三星占据的智能可穿戴设备市场。

尽管三星已经超越了索尼，但它还需要应对韩国及中国等的潜在竞争对手的重大威胁。尽管三星凭借其一流的技术和不断的创新创造出了一个舒适的提前期，但是这并不足够，三星应该投资于技术设计能力以及营销和品牌管理活动，以保持它在过去10年间建立起的对竞争对手的领先优势。2013年，LG集团宣布将斥资约570亿美元用于研发，以应对竞争对手，其中很大一部分支出将集中在智能手机软件、高清智能电视以及新一代曲屏透明显示器上。[50]

4. 管理三星品牌架构

现如今培育一个强大的企业品牌是大势所趋,但是三星各业务单位之间却缺乏必要的关联性。因此,三星应该建立一个强大的品牌架构,以明确和监控企业品牌下各种品牌之间的相互作用,但考虑到集团业务的多样化,这件事说起来容易做起来却很难。

品牌架构将会为三星的新品牌创造以及品牌收购提供指导,正如 LG 为了进入目标市场而收购美国 Zenith 时所做的那样。目前,三星缺乏足够的品牌价值,这为三星在宽泛的价格区间内管理其品牌组合增添了压力,印度的例子就很好地反映了这一问题。据分析师和公司内部人士透露,三星在印度陷入困境有两个原因——在中低端智能手机市场中,它面临着低成本品牌 Karbonn 和 Micromax 的竞争,而在高端市场中则面临着苹果的竞争。三星当时并没有一个由清晰品牌架构驱动的强大投资组合战略,因而要在多个细分市场中为保持市场份额而战,而苹果只需要重点关注它在高端市场中所付出的努力。在过去的 10 年里,三星花了数百万美元建立品牌,建立一个强大架构系统将有助于成功地进行品牌实践,而这也将是一个重大的挑战。三星所提供的产品价值与它未来转向高端产品并成为象征生活方式和体验的品牌之间存在冲突,这种冲突需要作为组织战略的一部分加以解决。

5. 创造三星个性——建立情感联系

最伟大的品牌都拥有强大的个性,苹果的 iPhone 和 iPad 就是最好的证明,但三星似乎在打造品牌上忽略了这一关键点。虽然三星在品牌沟通方面做出了很多努力,但它并没有专注于为品牌创造一个强大的个性。它在消费者的脑海中没有任何特别的意义,其他一些品牌比如哈雷-戴维森代表着美国西部的独立性,宝马代表终极的驾驶体验。正如有关品牌的书籍中记录的一样,成功的品牌不仅为消费者提供功能上的效用,还为他们提供情感和自我表现上的效用。[51]

迄今为止,三星一直在强调领先的技术和令人兴奋的功能,但这些仅仅是产品层面的因素。它需要超越这一点,创造出一种对其品牌的狂热追随,就像苹果 iPhone 所做的一样。三星需要确保其品牌能够独立于产品而存在。正如先前观点所强调的,三星的企业品牌需要建立在强大的差异化上,包括所有产品品牌情感方面。这仍将是一个巨大的挑战。

结论

三星想要在未来保持竞争力，其品牌战略中有四个关键点。

- 加强它们在所处竞争类别中的品牌价值；
- 保持其高端品牌的差异化形象，这种形象是多年来通过大量财力和人力的投入而建立起来的；
- 明确和维护企业品牌的形象，它包含公司在所有价值市场和高端市场上展现出的形象；
- 建立一个品牌架构，强调企业品牌与产品品牌之间的关系，以及怎样才能使每个品牌的特点和形象都有助于加强其他品牌。

注释

| 第 8 章 |

雄心勃勃的亚洲品牌

新加坡航空、安缦、资生堂以及三星的成功案例为亚洲品牌化的成功实施奠定了基石。从上一章的品牌故事可以发现,企业品牌成功的关键在于高管层(如董事长、CEO 等)的支持。

亚洲拥有世界上 2/3 的人口,随着经济体量以及中等收入阶层的迅速增长,近年来,不少亚洲品牌开始开拓海外市场。但总体来说,仅有极少数的品牌成为国际品牌。因此研究这些品牌的成功之处是十分必要的。

一直以来,亚洲一直致力于制造业和贸易业的发展,但未来几年亚洲品牌将会以全新的姿态出现在全球市场上。亚洲每个国家都有一些雄心勃勃的品牌,在等待时机进入全球市场。几乎每个行业的大多数公司都已经意识到品牌带来的潜在价值效应。这些公司受到行业领袖的影响,开始发展自身品牌。但迄今为止,尚未出现太多获得国际认可的品牌。

甚至亚洲国家的政府也在积极鼓励企业运用正确的品牌管理实践提升整体的价值链,而亚洲各地的大多数企业也已经在品牌发展上有所成就。

在未来 10~20 年内,亚洲将致力于发展下一代国际公认的品牌。本章主要探讨了一些希望在全球市场上留下印记的雄心勃勃的亚洲品牌。

爱茉莉太平洋——亚洲之美创造者

背景

成立于 1945 年的爱茉莉太平洋集团是韩国最大的美容保健品公司,旗下拥有 30 多个护肤品、化妆品、香水、头发护理产品、口腔护理产品和身体护理产品品牌，甚至还包括绿茶等诸多产品。该公司最初主要销售由山茶籽制成的发油，之后才逐渐发展起来。

目前爱茉莉太平洋几乎占据韩国护肤品市场 40% 的份额，且已成为全球排名前 20 的化妆品企业，但其进军全球市场的进程仍比较缓慢。其旗下的高端品牌兰芝首次亮相于 1993 年，然而直到 2002 年才开始进入韩国以外的国家。随着旅游化妆品行业的发展及新型亚洲消费者的不断增长[1]，爱茉莉太平洋必须打造一个区域化和全球化的品牌才能获取未来的成功。

2013 年全球化妆品企业销售额排行中，欧莱雅高居第一位，排名第二位和第三位的分别是联合利华和宝洁，爱茉莉太平洋仅居第 17 位。[2] 爱茉莉太平洋是亚洲第三大化妆品公司，仅次于日本的资生堂和花王。[3] 根据全球研究公司欧睿信息咨询相关数据，近年来，爱茉莉太平洋加快对亚洲市场的开拓，尤其是中国护肤品市场。2007 年，其中国市场份额仅占 1.2%，到 2012 年增长至 2.6%，目前已显著高于联合利华和强生的市场份额。

爱茉莉太平洋在美国、法国、新加坡、印度尼西亚等 14 个国家有 13 300 个销售网点。

爱茉莉太平洋目前由徐庆培掌管，他的父亲是公司的创始人徐成焕。作为家中最小的儿子，他从小就见证了祖母和父亲对化妆品产品的研发。在新产品推出之前，徐庆培总会亲自试用（除睫毛膏以外），他也因此而闻名。目前，他是公司的董事长兼 CEO。

现如今，爱茉莉太平洋旗下的产品包括传统的东方草本化妆品，以及涵盖高端奢侈品、优质系列和大众市场等不同类别的尖端生物技术化妆品。该品牌在国际市场上取得的成功及其塑造的品牌形象主要依赖于公司旗下两个知名的品牌——兰芝和雪花秀。"兰芝"在法语中是"自然之雪"的意思，主要定位于西方的护肤品；而雪花秀则是一款结合传统中草药和先进生物技术的产品，致力于满足亚洲消费者的消费需求。

爱茉莉太平洋集团旗下拥有广泛的品牌组合，其中包括瑷丝特兰（Aestura）、爱茉诗（Amos Professional）、伊蒂之屋（Etude House）、韩律（Hanyul）、自然主义（Happy Bath）、一理（Illi）、悦诗风吟（Innisfree）、艾诺碧（Iope）、美可婉（Makeon）、梦妆（Mamonde）、哦雪绿（Osulloc）、

芙莉美娜（Primera）、吕（Ryo）、松盐（Songyum）、VB瘦身系列（VBProgram）以及菲睿媞（Verite）。

在爱茉莉太平洋的品牌理念中，内在美和外在美同样重要。这一理念不仅包括营养、活力和药妆品的概念，还涵盖了治疗肥胖、皮肤病及慢性疼痛的愿景。爱茉莉太平洋致力于提供一个全球性的平台，促进企业创新，提升韩国民族品牌知名度。企业网站上也提到了塑造其品牌形象的"三个统一"：内在美与外在美统一，传统与未来统一，以及理性与感性统一。[4]

品牌理念

爱茉莉太平洋的愿景是通过提供全系列的美容保健产品，在消费者心目中营造"亚洲之美创造者"的品牌形象。"美"渗透在爱茉莉太平洋品牌的各个方面，包括如何创造"美"的合作关系等。这一品牌理念也引导着企业积极做出社会贡献，如通过"装扮你的美丽生活"等公益活动，向女性癌症患者传递美容知识，一起见证美丽的变化，帮助她们重获信心。[5]

原产国一直都是美容品牌的一个信誉指标。正如巴黎和纽约是美丽之都的象征一样，爱茉莉太平洋品牌资产来源于它的原产国。对于大多数西方消费者而言，他们对亚洲的印象往往是低成本，很难将其与其他竞争优势联系在一起。然而，过去10年间，韩国的高新技术品牌已经在很大程度上打破了这种印象模式，甚至韩国的美容品牌也受到了大家的广泛关注。一项研究发现，东南亚的女性普遍认为现在的韩国女性已经成为亚洲之美的代表。[6] 这主要是因为相比于其他国家的女性，韩国的女性更加注重皮肤护理。

从皮肤护理、化妆到晚间日常护理，韩国女性平均每天要使用17种产品。一个人的外表往往会受到不断的关注，有时它会被误解为一种虚荣的表现。有一个时髦的词叫"ul-jjang"，它的字面意思是最好的面貌，这个词也促成了韩国理想面貌特征的形成。这一观念也促使韩国拥有世界上最顶级的整形手术。韩国人普遍认为，皮肤是他们整体健康的重要组成部分，就像人们需要通过运动和健康的饮食来保持健康一样重要。基于此，许多在韩国药店销售的美容产品也往往将健康作为宣传的关键点。

韩国的美学理念吸引着亚洲女性走向这个国家的美容产业。爱茉莉太平洋在品牌发展过程中成功地运用了这种持续增长的对"美"的兴趣。根据 2013 年韩国海关发布的报告，过去 15 年（1998—2012 年），韩国护肤品出口实现 1 500％的爆炸式增长，达到商品总出口额的 61％。[7]

西方和亚洲审美标准的演变

20 世纪 50 年代，欧洲和亚洲逐渐从第二次世界大战中恢复过来，好莱坞电影变得越来越国际化，美国的电视节目也逐渐成为全世界电视节目的主要来源。当时，美国几乎占据了全球化妆品市场的 60％。巴黎和纽约是人们心中的时尚之都，美也意味着"西方"。虽然亚洲的化妆品公司在灵感和品牌名称上也在积极向法国和美国看齐，但东西方审美标准的差异仍然在不断变化。

20 世纪 60 年代初，美国约有 86％的 14～17 岁女孩热衷于口红，而日本 3/5 的化妆品市场则被皮肤护理占据——这正是韩国人如今的偏好。在美容外科方面，西方女性喜欢更性感的嘴唇和更丰满的胸部，而亚洲女性则追求更小的鼻子和下巴。[8] 西方女性热衷于用美黑产品和喷雾使皮肤变黑，而亚洲女性则通过美白霜或其他化妆品使皮肤变得更加白晰。

自 20 世纪 80 年代进入全球化时代以来，随着中国、印度及其他新兴市场经济的快速增长，人们逐渐有了非西方文化意识。20 世纪 90 年代末，一些非西方电影以及韩流文化等开始在全球普及。人们热衷于看韩国电视剧，亚洲各地的女性纷纷模仿韩剧女主角的妆容。随着大规模工业化时代的结束，许多品牌发现了本土文化的特点，希望复兴传统本土文化，为独特的亚洲之美增添信心。

品牌战略

爱茉莉太平洋在韩国拥有广泛的分销渠道，占据了公司总体销售额的 80％以上。从渠道分布上来看，送货上门的销售额占总销售额的 22％，百货商场销售额占 12％，家庭购物/网上购物占 10％以上。其中增长速度最快的分销渠道是网上购物渠道和免税店渠道。

从品牌组合管理的角度来看，爱茉莉太平洋的品牌管理理念和宝洁公司十分相近，可以描述为"多品牌组合"，生产和销售一系列品牌，每个品牌都在特定类别的细分市场进行竞争，涵盖了本土、区域以及全球市场。最初爱茉莉太平洋仅在本土市场开展竞争，现如今已与其他个人护理及护肤品牌开展区域性及全球化竞争。

爱茉莉太平洋具有很强的品牌经营理念，持续不断地开发并建立自己独特的品牌。所有的新品牌都不会得到母公司品牌的支持，而是拥有足够的自主权独立发展。

韩国和亚洲的消费者对于爱茉莉太平洋这一品牌了解很深入，为该品牌旗下所有的品牌组合带来了信誉和声望。即便如此，爱茉莉太平洋在推广其旗下的独立品牌时也并未直接使用母公司品牌的名称。

在进行海外市场扩张时，尤其是中国和东南亚市场，爱茉莉太平洋仍然采用了相同的做法。亚太地区的标准做法是在独立品牌旗下开设店铺，但在美国的策略却截然不同——美国的奢侈品消费者更喜欢高档百货商场，因为他们可以亲自触摸和感受产品。[9]

如今，爱茉莉太平洋在美国近200家专卖店内销售，其中包括诺德斯特龙、丝芙兰等。奢侈品牌雪花秀在纽约的波道夫·古德曼百货商场内进行了首秀。在美国市场上，爱茉莉太平洋采用的是软进入策略，它在纽约建立了美容展厅和水疗中心，在利润丰厚的市场上创造了一个高端的空间，并将其作为了解美国消费者的创意中心。水疗中心融合了爱茉莉太平洋的文化和科学理念，致力于运用尖端技术提升韩国独特的东方情感。

韩国品牌采取的亚洲战略最独特的一面是运用免税店分销渠道这一方式。随着20世纪50年代航空旅行的逐渐普及，以及亚洲经济的迅速增长，旅游零售业为许多新的潜在消费者提供了较低的分销成本。一直以来，爱茉莉太平洋始终呈现奢侈品牌形象，独特性为其增添了许多魅力，也使得免税商品更加经济实惠。事实上，2008年兰芝就在韩国市场外首次亮相于新加坡樟宜国际机场的三个航站楼。兰芝从那时起就已经看到了未来旅游零售业的强劲增长势头，而新加坡也由此成为区域奢侈品购物的重要枢纽。该品牌很快也开始在新加坡航空公司的飞机上售卖。

如今，兰芝专柜出现在34个区域性机场内，其产品在17家航空公司有售。2010年，雪花秀也出现在新加坡樟宜国际机场。爱茉莉太平洋坚信免税业务的繁荣是其增长的一个关键要素。

可持续发展倡议

为了获得全球消费者的喜爱，爱茉莉太平洋认为自己应当在韩国消费者重点考虑的问题——环境保护问题上发挥作用。2012年，爱茉莉太平洋宣布推动可持续的产品生产线，并且更多地关注在生物技术以及绿色研究项目领域的研发，致力于发展成为一家"绿色公司"。通过建立低温生产公司，爱茉莉太平洋减少了35%的二氧化碳排放量，并计划减少每种产品25%的包装材料。

2010年，爱茉莉太平洋制定了美丽公平贸易计划，与韩国的城镇、乡村及当地农业协会签订了原材料采购协议，包括无农药无化肥的豆蔻、竹子、莲子、人参、百合花等，并计划将其进一步推广至海外市场。

创新是成功的关键

韩国美容行业的消费者在不断地寻找值得支付溢价的新产品。例如，LG生活健康集团就曾引进世界上奢侈的冷藏化妆品Frostine系列。由于原料需要冷藏，LG甚至推出了化妆品专用冰箱"Icemetic Cellar"。尽管售价极高，但这一系列的化妆品一个月内还是实现了300%的销售增长。同样的产品还有雪花秀旗下的一款含鱼子酱成分的超级抗老化乳霜"Dahamsul Cream"，当它首次出现在家庭购物频道时，短短40分钟就售出了2 000多套，在接下来的6个月内也常常脱销。

为了保持企业的竞争优势，爱茉莉太平洋十分注重产品的研发投入，一直秉承着公司的历史传统——"运用技术研发美容健康产品，为人类做出贡献"。自20世纪80年代以来，其投资项目不仅仅有皮肤护理的研究，还更加注重健康和营养的全面研究。爱茉莉太平洋在韩国的两栋研发大楼开展的研究包括：化妆品研究、皮肤科学、医学美容、健康科学和生物科学。与此同时，爱茉莉太平洋还积极在全球新兴市场中发展关系网络，通过与当地高校、医学院校、医院及研发机构合作，更好地获取关于市场及消费者方面的相关知识。

2014年，爱茉莉太平洋在中国上海建立了一个占地41 000平方米的全新研发工厂，更好地满足中国和亚太地区对美容产品的需求。该工厂年生产能力为 13 000 吨。[10]

这种创新方式帮助爱茉莉太平洋从传统的化妆品类别突破到新的产品类别。它们研发了一种新的防晒霜，类似于气垫粉底的"非流动液体"形式，不仅轻薄而且极易吸收。同时，爱茉莉太平洋还开始进行泡沫染发喷雾剂的商业化。[11]

爱茉莉太平洋一直在进行技术创新，紧跟消费者新的偏好和时尚，以维持企业的竞争优势。韩国女性越来越不愿意用手直接触碰化妆品，基于这一新的偏好，各大化妆品厂商纷纷推出各种高科技的化妆工具，爱茉莉太平洋也积极响应市场需求，推出了一款引起轰动的海绵粉扑。全球著名的市场研究公司尼尔森发现，亚洲消费者最有可能尝试新的产品——这意味着只有那些敢于创新并不断迎合消费者偏好的品牌，才能够茁壮成长。

在生物技术、食品及药品类别中，爱茉莉太平洋处于干细胞与分子生物学的尖端。除了研发恢复活力及新陈代谢系列产品外，爱茉莉太平洋还致力于研发减肥、抗疾病以及抗衰老方面的药妆产品。最近的一项研发是控制药物吸收的剂量释放技术，这项技术目前已应用于治疗关节炎的药物中。爱茉莉太平洋的这些创新研发已逐渐被许多消费者所熟知，成为其药妆产品的一部分。

爱茉莉太平洋的创新并不局限于其核心业务美容和化妆品。本着"创造内在美和外在美统一"的原则，爱茉莉太平洋创建了一个非常成功的有机茶品牌——哦雪绿。茶叶产自济州岛的茶田，那里有高品质的火山土壤、极佳的自然气候以及火山矿泉水。哦雪绿的生产系统被认为是世界上最好的，该品牌在国际茶饮比赛中获奖无数。目前该品牌已出口到日本、德国、美国、瑞士和加拿大。

该品牌通过茶叶烘焙示范、产品展示等一系列体验式营销的方式进行销售。目前该品牌已在济州岛上建立了哦雪绿品牌茶馆以及哦雪绿博物馆，受到了全球游客的欢迎。由此可见，创新在企业生产、营销及价值链的各个阶段都发挥着十分重要的作用。

品牌传播

总体而言，爱茉莉太平洋的许多品牌广告都遵循相同的品牌战略（成为最美的品牌）——主要体现在电视和杂志广告上。在主要旅游网点的兰芝和雪花秀专柜，都有针对特定群体的促销广告，主要针对的是那些经常来此旅游的人，比如前往新加坡的旅游团。爱茉莉太平洋通过各种互动和社会传播渠道进行品牌宣传，其中最有效的方式是品牌大使，这一点需要归功于具有高度集体主义的韩国文化。

在韩国，亚洲模特通常用来销售化妆品，而西方模特则通常用来销售更为"性感"的产品，比如女性内衣。韩国少女时代组合的三位成员就分别代言了爱茉莉太平洋旗下的三个不同的品牌。由于全世界对于韩国流行文化的需求在持续增加，这种品牌代言策略也提升了亚洲及全球消费者对于爱茉莉太平洋的品牌认知。

然而，爱茉莉太平洋必须调整在中国的营销策略，以免过度依赖名人。不同于感性的韩国女性消费者，中国的消费者更为实际，因此会更为注重科学性和皮肤美容产品的安全性。[12]

为了塑造品牌形象，爱茉莉太平洋成为知识的管理者，并于1979年开始创建经营爱茉莉博物馆，这家博物馆主要展示韩国文化、茶饮、传统化妆品以及其他方面的历史。2012年，爱茉莉太平洋出版了《济州岛乡土植物的美丽故事》一书。这本书不仅有助于保护济州岛上的本土植物和传统知识，也包含了爱茉莉太平样产品所用原材料的详细信息。伴随着草药护肤品牌—理的推出，爱茉莉太平洋同步出版了一本一书，书中介绍了一理的品牌历史、主要成分的美容效果以及传统韩国女性名人的美容方法。

爱茉莉太平洋越来越多地使用数字媒体进行品牌组合的营销。脸书就援引了爱茉莉太平洋采用社交媒体网络平台进行品牌营销的案例，并将其当作一个成功的企业案例。此外，爱茉莉太平洋在脸书上还拥有19个关于不同独立品牌的页面，粉丝数量超过60万人。

未来的挑战

来自全球性企业的竞争一直被重点关注。欧莱雅和宝洁共同占据了全球美容产品销售额的 1/4，并且通过收购的方式持续地将其业务拓展到亚洲市场，比如欧莱雅收购了日本品牌植村秀和中国品牌羽西。

20 世纪 70 年代，联合利华在印度推出的皮肤美白品牌 Fair 和 Lovely 取得了高度的成功。它占据了印度皮肤美白产业一半以上的市场，并且现在已经拓展到亚洲、非洲、加勒比海以及中东近 40 个国家的市场中。

幸运的是，这些亚洲市场的竞争对手取得成功主要依靠的是拥有最低共性的产品，将其广泛推广以吸引广大消费者。但这并不是爱茉莉太平洋所占领的市场。

然而，那些借鉴日本美白专业知识的西方品牌却成为爱茉莉太平洋最大的威胁。1999 年，兰蔻迅速确立了自己在中国市场领先品牌的地位。该品牌在亚洲销售的 2/3 的产品都是护肤品。宝洁也拥有非常成功的高端品牌 SK-II，该品牌起源于日本。

1. 保持在中国的优势

中国是爱茉莉太平洋的理想市场，尤其是其最具差异化的产品——高端系列的雪花秀品牌。与美国和日本相比，中国目前在全球美容市场中的份额很小，但中国拥有 14 亿人口，其增长潜力是十分巨大的。目前，在爱茉莉太平洋海外销售市场中，中国占据了 42%，紧随其后的是法国（29%）、亚洲其他国家和地区（25%）以及美国（3%）。

中国美容市场的价值约为 440 亿美元，其中爱茉莉太平洋拥有 1% 的市场份额。[13] 爱茉莉太平洋预计 2020 年前在中国的收入会以每年 40% 的速度增长，这个速度为 2013 年的两倍。[14]

自 1992 年进入中国市场以来，爱茉莉太平洋旗下的 5 大品牌（雪花秀、兰芝、梦妆、悦诗风吟和伊蒂之屋）已经运营了超过 2 900 家门店。[15]

中国的品牌往往建立在对过去传统尊重的基础上，这一点和雪花秀品牌是相似的，而且爱茉莉太平洋在文化影响方面拥有得天独厚的优势。

此外，中国女性消费者对美容产品及其原产地的感知也很重要。尽管爱茉莉太平洋在中国市场已经缓慢获利，但它仍需要考虑其亚洲竞争对手资生堂在中国的市场分布。长期以来，很多人认为日本的技术是最好的，日本人在化妆和美容方面的要求也和中国人最为接近。这些都是爱茉莉太平洋在实施中国战略时需要重点考虑的文化方面。

中国的美容护肤品行业竞争将会越来越激烈。许多中国本土的化妆品品牌，如好迪、采诗、隆力奇、佰草集和清妃，正变得越来越受欢迎。上海家化联合股份有限公司旗下的六神和佰草集品牌发展迅速，正逐渐成为爱茉莉太平洋的重要竞争对手。

跨国公司也不甘其后。2012年，美国巨头雅诗兰黛专门为亚洲市场推出了一个全新的品牌Osiao，其产品的主要成份包含人参。该公司在上海的研发中心经过5年的深入研究才开发出该系列产品。Osiao品牌的每个方面都与中国人有很强的联系。"Osiao"有5个字母，"五"在中国意味着幸运，品牌名称末尾的字母"O"则代表着皮肤的均衡。[16]

根据欧睿信息咨询公司的报告，2013年爱茉莉太平洋在中国的市场份额低于3%，与之相比，欧莱雅的市场份额是16.8%，资生堂是10.3%，宝洁是9.8%。由此可见，爱茉莉太平洋有必要继续提升其在中国市场上的竞争战略。[17]

尽管爱茉莉太平洋在中国面临一场十分艰苦的战斗，但它仍然能够吸引中国女性进行海外购物。韩国济州岛对于中国游客而言是个非常受欢迎的目的地，那里有诱人的新鲜空气、火山峰、瀑布以及美味佳肴，但其中最重要的还要属免税商店。爱茉莉太平洋一直是这一领域的赢家，2014年上半年，它在中国客户中实现的免税销售额较2013年同期提升了184%。

2. 开发男士化妆品

全球的都市男性在护肤品上的花费越来越多。西欧已经形成了一个庞大的男性化妆品市场，而男性美容产品的新热潮将会出现在亚洲。现在这里的许多男性已经开始使用防晒粉底，而不仅仅是传统的香水或者古龙水。

亚太地区是增长最快的男士护肤品市场，2013年的市场份额为21亿美元，占全球市场（33亿美元）的63%。[18] 2013年，中国的男士护肤品市场份额为9.74亿美元，是最大的单一市场，并且有望在2014年增长至12亿美元。根据欧睿信息咨询公司的研究，全球10大护肤品市场中有5个来自亚洲国家。

根据欧睿信息咨询公司的估计，韩国男性现在每天在护肤品上的花费近乎2007年的两倍。2013年，韩国男性花费6.35亿美元购买护肤品。如今，电视节目和温泉疗养专柜都有男性化妆品出售。这种被称为"花样美男"的风格被众多韩国明星所推崇，其中包括歌手兼演员的 Rain 以及最近出现在美国电影中的演员李秉宪。

爱茉莉太平洋的兰芝男士系列正面临男性护肤品市场的攻坚战，这个市场是行业中最有利可图且开发程度最低的市场。宝洁是世界上最大的男士美容产品公司，在整个亚洲地区分布非常广泛，但是如果爱茉莉太平洋将自己定位成一个高端的亚洲男士品牌，它的技术和创新可能会对许多男士具有吸引力。

虽然全球女性护肤品市场（2013 年约为 1 070 亿美元）仍然是男性护肤品的 30 倍，但是男性护肤品的增长速度（9.4%）却高于女性护肤品（4.8%）。[19] 爱茉莉太平洋正面临一个进军男性护肤品市场的巨大机遇，但它也面临着欧莱雅、资生堂和雅诗兰黛等国际品牌的激烈竞争。

3. 持续创新

在快速发展的产品领域，如美容、化妆品和个人护理，持续创新是取得成功和保持竞争优势的关键。爱茉莉太平洋所处的产品细分市场，产品极容易过时。这类产品的超高竞争性要求它必须不断创新。

2008 年，爱茉莉太平洋的研究中心研发出一款创新产品"气垫粉饼"，它是有色粉底、防晒霜和保湿霜的混合产物，借助海绵状泡沫液体填充垫使用。该产品取得了巨大成功，售出超过 3 000 万个。公司需要更多这样的创新来获取巨大的商业成功，以应对像欧莱雅、宝洁和资生堂一样的区域性品牌的竞争。创新成本高昂，对此，爱茉莉太平洋有必要明确自己的核心业务领域，集中精力，将创新战略运用到这一核心领域。

创新也是会被复制的。爱茉莉太平洋和欧莱雅是纳米技术美容产品最早的创新者，该技术采用小分子化合物来提高面霜、防晒霜和洗发水的性能，但随后美容行业的其他企业也开始了对这一热门产品的追赶。从 2000 年到 2009 年底，总共有 217 个个人护理品牌用"纳米"一词注册商标。到了这一时期的后半段，注册的商标数量是前半段的 575%。这项技术甚至吸引了与化妆品行业不相关公司的涉足，包括富士和巴斯夫。这表明，随着其他公司对创新产品的复制，创新公司会很快失去其竞争优势。因此，消费者教育必须成为爱茉莉太平洋传播战略的中心支柱。这需要训练有素的努力，匹配和超越竞争对手的创新预算以及努力，并且需要采用最好的技术和能力。

4. 全球扩张战略

首先，爱茉莉太平洋追求的是在区域市场和全球市场的扩张战略，因此它需要转变思维和运作模式，使其能够匹配全球思维。例如，公司的品牌传播战略仍然非常具有区域性，所有的品牌大使都是韩国名人。如果目标客户是中国消费者，这可能会很有效；但是如果目标客户是欧美消费者，就难以取得成功。因为韩国的文化元素，包括韩国名人的魅力，在欧美国家几乎都不为人知。为了提高在全球市场中的品牌意识，选择合适的品牌大使是十分必要的。大多数全球美容巨头都有全球大使，以此来平衡对全球市场和当地市场的吸引力。

其次，全球扩张战略需要对品牌组合进行战略性反思。西方消费者的偏好以及他们对美容和护肤的态度都明显不同，从而对产品和品牌的态度也有所不同。爱茉莉太平洋需要对消费者偏好以及品牌组合的定位有一个深入的了解。明确品牌创新路线的战略方向十分重要，这将会有助于开发拥有广阔市场吸引力并且与品牌保持密切联系的新产品。开发推出具有全球吸引力和相关性的品牌有助于公司建立一个清晰的品牌架构。而一个清晰的品牌架构，能够概述母品牌与子品牌的关系，是投资组合管理和品牌定位决策的关键要素。

最后，扩张到新的市场并不是以推出并发展新品牌作为起点和终点的。为了确保扩张战略的实施效果，需要结合有效的广告活动和分销策略。其中分销是美容和化妆品行业中偏好和时间点销售的关键驱动因素。爱茉莉太平洋在美国的分销策略被描述为"狭窄但深入"，该品牌的产品可在精选的波道夫•古德曼、诺德斯特龙、尼曼雅昕和丝芙兰零售店中购买。该公司计划通过将其产品系列扩张到这些连锁店的所有商店来进一步深化这种狭窄的分销。这是至关重要的，因为这一运作模式正是传奇的雅诗兰黛和宝洁运用过的。

5. 全球领导与愿景

想要实现一个有效的全球战略必须拥有一个有远见卓识的高级管理人员。从爱茉莉太平洋在区域和全球竞争中的立场来看，它需要有来自不同文化背景的高级管理人员，这些人需要具备多个部门的战略经验、对全球趋势的正确评价以及对影响组织未来的内外部力量的深入理解。

爱茉莉太平洋的香水品牌"洛俪塔"在法国取得了成功，它的护肤产品美国也取得了成功，原因在于公司能够准确地预测未来的发展趋势，并且对即将来临的机会做好充分的准备。如果公司想要继续维持这一点，就必须对本地及全球高级管理人员进行正确的配置。

总的来说，爱茉莉太平洋的全球扩张战略已蓄势待发，它已经开始向韩国以外的市场进行扩张。为了维持这样的增长并且在细分市场中保持竞争优势，爱茉莉太平洋需要一个积极的、创新驱动的营销模式，这个模式要求秉持全球思维以及对消费者深入了解。跨越母国的海岸线将是具有挑战性的，但是根据爱茉莉太平洋的发展历程及其在国外市场上的成功实践可以合理地推断出，该公司在涉足新的"未知水域"方面拥有一个正确的指导思想。

吉姆·汤普森——亚洲丝绸品牌[20]

泰国的吉姆·汤普森丝绸公司是一个著名的亚洲品牌，具有成为国际知名生活方式品牌的巨大潜力。它是泰国少数几个在品质、设计和情感上受皇室名流拥戴的高端品牌之一，因丝绸面料、服饰、配饰和家居用品而闻名。自1951年美国士兵吉姆·汤普森在泰国成立公司起[21]，该品牌的声誉就在不断地增强。

吉姆·汤普森在泰国拥有32家零售店，在马来西亚有3家，在新加坡有2家。该公司在巴黎、慕尼黑和亚特兰大拥有展厅，并计划于2015年在伦敦开设一个展厅。目前吉姆·汤普森的销售额已超过1亿美元，成为当地著名的品牌之一。该品牌旗下拥有2 433名员工，产品在全球超过40个国家有售。

吉姆·汤普森品牌的演化

当吉姆·汤普森（Jim Thompson）从美国军队退伍并决定在泰国定居后，他花了大量的时间在泰国各地旅行，特别是东北部地区。他迷上了农村司空见惯的泰国丝织业，在大多数家庭中都有传统的手工织布机，他们将织出的布料制成服饰。吉姆·汤普森敏锐地意识到泰国丝绸具有赢得国际社会关注和好评的巨大潜力，并且能够在国际纺织品舞台占据一席之地。他规范了丝织生产工艺，主动走国际化道路。他利用自己对风格的敏锐意识，实现了泰国传统设计和色彩方案与国际品位的结合。

汤普森在一个穆斯林村落开始了他的第一次商业运作，村落水渠的对面就是他的故居。吉姆·汤普森与乡村织工建立了亲密的私人关系，让他们变成公司的小股东。

吉姆·汤普森生产出世界级的丝绸产品，这种手工编织产品拥有远胜于同类产品的魅力，吸引了国际社会的关注。例如，泰国丝绸有立体感，并且会根据光线改变颜色。此外，泰国丝绸不仅能够做出好看的服饰，而且也是理想的家居材料。

为了确保对产品100%的质量控制，吉姆·汤普森建立了一个垂直整合的生产模式。据吉姆·汤普森的传记作者威廉·沃伦（William Warren）所说："他们投入大量时间进行试验，虽几经挫折但始终辛勤工作，他们说服织工使用更好的织机增加产量，用速染染料代替传统植物染料，并由此开拓了此前从未进入过的国外市场。"[22]

依靠在美国和其他国家的渠道，汤普森成功地让泰国丝绸走出国门。泰国丝绸在《时尚》杂志上获得了国际认可，并于1951年在百老汇演出中使用。[23] 公司从汤普森的个人魅力和个性中受益匪浅。他为建立泰国丝绸公司所付出的努力被证明是利润的主要来源。1967年，汤普森在马来西亚的金马伦高地神秘失踪，并且再未被发现。关于他的失踪，有很多种说法，但是一直没有找到任何依据。这个挥之不去的谜题也大大增加了品牌的神秘色彩。

吉姆·汤普森公司成立至今已有几十年，现在它仍在以其独特的热情和激情继续成长。虽然它刚开始只经营丝绸面料，但在品牌资产和泰国历史文化的影响下，该公司现已多元化至许多相关的产品品类，最新的一个类别是食品饮料和家居用品。2001年，它签下了伦敦一位著名的泰国设计师，与其内部设计团队合作开发新的装饰线工艺，这名设计师曾以其受亚洲文化强烈影响的充满活力的设计而闻名。[24] 多年来，这名设计师一直给吉姆·汤普森公司提供建议，帮助公司进行工艺创新设计。

吉姆·汤普森公司的战略是专注于生产家用成品。该公司的重点业务是亚洲的零售产品，因为它在这个地方拥有强大的品牌资产。由于品牌与泰国体验紧密联系在一起，游客购买吉姆·汤普森产品就等同于将泰国文化的一部分带回了家中。这就是为什么它的消费者中很大一部分是从泰国返回时购买礼物的游客。

然而，在该公司正在努力经营的欧洲和美国市场，很难建立与泰国文化的联系以及直接的体验。因此，该公司专注于本国的成品市场，这些成品通过当地经销商进行分销，并且也会出现在吉姆·汤普森在巴黎、慕尼黑和亚特兰大的展厅之中。

吉姆·汤普森还与美国著名设计师埃德·塔特尔合作，为他的建筑设计项目（其中包括安缦度假村和凯悦酒店）提供定制面料。设计是吉姆·汤普森取得成功的重要组成部分，与外部顾问的这些合作使公司能够洞察全球市场即将到来的趋势。

品牌理念

该公司的品牌主要建立在三大支柱上。首先是围绕创始人吉姆·汤普森的传说；其次是建立在传统泰国符号图案上的东方（泰国）传统和西方当代设计的独特融合；最后是品牌从乡村产业产品向时尚生活理念的转变。

吉姆·汤普森公司已经建立了一个围绕品牌创始人的故事，包括他的起源、他对泰国丝绸业的贡献以及他最后的神秘失踪。创始人将泰国丝绸业带向全球以及推动纺织社区成为业务战略合作伙伴的历程本身就是泰国的传奇。

最终，吉姆·汤普森公司创造了一个以丝绸和当代设计为中心的生活理念。虽然该公司开始于丝绸面料业务，但是现在它已经成功地扩展到家居陈设甚至是餐厅，它在曼谷拥有两家餐厅，在新加坡拥有一家。这些品牌的延伸，使吉姆·汤普森围绕核心品牌创造出一种新兴的优质生活方式理念。

通过发展品牌的三大支柱，吉姆·汤普森已经有能力维持差异化，并且打造强势的品牌。在外界看来，该品牌是高度真实的，并具有高品质和强大的历史文化遗产。

近年来，全球竞争和客户趋势已经十分明显，吉姆·汤普森将不得不重新审视自己的品牌和市场地位，以确保它在不断变化的全球格局中保持竞争力。吉姆·汤普森能够从其他的全球品牌及其定位策略中获得启发。例如，拉夫·劳伦善于创造梦想，并且承诺提供一种完整而独特的生活方式。法国奢侈品牌爱马仕是一个非常高端而真实的品牌，对质量拥有毫不妥协的态度。

葆蝶家因其无与伦比的工艺和对单一的强大招牌产品的坚定信念而闻名于世。

吉姆·汤普森品牌成长

吉姆·汤普森以其质量、设计和亚洲风情而闻名，为酒店行业的领先品牌所认可。该品牌的装饰材料广泛用于曼谷的豪华酒店，其中包括东方、四季、安缦普瑞、丽晶、康拉德和素可泰。在欧洲，巴黎和米兰的凯瑞酒店等都被吉姆·汤普森的产品所吸引。仅巴黎凯瑞酒店就使用了 9 000 平方米的吉姆·汤普森家居材料。这些酒店行业的客户都是吉姆·汤普森品牌的强烈推荐者。[25]

作为一个强大的品牌，充分利用其资产和相关细分市场的多元化方式是很常见的，吉姆·汤普森同样遵循着这条道路。如今，它的产品组合拥有许多额外的产品线，除了丝绸面料，还包括围巾、领带、手袋、纺织品、服装和家居用品。

2008 年，公司推出了第 9 号汤普森品牌，这是吉姆·汤普森旗下一个优雅而轻松的延伸品牌。它采用了一种全新的东方灵感，忠于吉姆·汤普森的文化传承，针对当代青年采用更为轻松的设计。

品牌传播

吉姆·汤普森有选择性地使用大众传播渠道打造零售品牌。公司使用其他传播渠道，如博览会和展览，以创造其专业家居品牌形象的意识。它借助这些渠道项目展示其产品，获得了相当大的收益。通过在零售商店展示其整个产品组合的独特设计，该公司为客户提供了全面的客户体验。由于吉姆·汤普森在亚洲以外的市场中没有零售网点，因此它与国际分销合作伙伴保持非常密切的合作。

它的很多资源都集中在内部营销上，其中包括对渠道合作伙伴开展关于品牌产品特点的培训。此外，吉姆·汤普森还在泰国当地促销中保留了超过 50 000 名客户的名单。由于所有这些客户已经至少购买过一次吉姆·汤普森旗下的产品，因此他们也将成为口碑营销的强大力量。

近年来，公司采取了很多措施提升其营销能力和视野，以便更好地应对日益激烈的竞争和客户需求及人口统计特征的不断变化。期望做到以市场驱动，并以客户为中心，所以吉姆·汤普森建立了一个全球性的营销部门，并对社交媒体战略和数字技术保持关注。

吉姆·汤普森的故居在法律上属于独立的詹姆斯汤普森基金会（一个致力于保护和发展泰国文化艺术遗产的非营利机构），被打造一个博物馆，展示吉姆·汤普森的传统艺术品。2014 年，共有超过 20 万名游客造访了该博物馆，促进了品牌在外国游客中的推广。这不仅有助于在公司潜在客户群之间建立品牌意识，而且重申了其与泰国传统和文化之间的紧密联系。

詹姆斯汤普森基金会还赞助创建了吉姆·汤普森艺术中心。而吉姆·汤普森公司也热心慈善事业，包括为员工子女提供奖学金。

未来的挑战

吉姆·汤普森在前进的过程中面临许多挑战，比如持续增加的竞争、不断变化的全球趋势、亚洲的现代化以及宏观经济的变化，这些将会影响公司未来的成功和成长路径。吉姆·汤普森品牌迄今已取得了非常大的成功，在许多方面都是独一无二的，但是与过去 20 年亚洲和全球市场的发展相比，增长仍然相对缓慢。为了有效竞争，公司需要认识并应对竞争及振兴品牌资产中的各种战略问题。

创造一个强大的品牌形象和个性：围绕在吉姆·汤普森创始人和品牌身边的传说在亚洲零售客户中非常流行。然而在欧洲和美国，公司业务更多涉及酒店、设计师项目和室内装饰。因而在总体水平上，吉姆·汤普森在亚洲主要是一个 B2C（企业对消费者）品牌，在欧美主要是一个 B2B（企业对企业）品牌。因此，它需要创建一个一致的品牌身份，引起跨地区客户群的共鸣，同时持续满足特定客户的特定需求。在 B2B 品牌和 B2C 品牌之间成功地搭建一座桥梁始终是一个挑战，需要专门的营销关注。

搭建一个品牌管理系统：为了促进品牌的成长，不断监控和磨练品牌以反映市场需求变得至关重要。对于任何零售品牌，品牌承诺和品牌传播必须串联工作。例如，客户服务就是一个重要的因素。吉姆·汤普森只在亚洲开设零售店，尤其是在品牌最强大的泰国。这就要求亚洲以外的渠道成员在执行品牌承诺前接受适当的培训。负担这样的培训体系，来自企业管理层的持续支持和资源投入是必需的。

保护泰国的核心市场：泰国为公司提供了绝大部分的收入，这些收入主要来源于零售店——这一点需要引起关注。近日，泰国市场处于政治形势的压力之下，海外游客数量下降，而他们是吉姆·汤普森的一个主要细分客户群体。该品牌似乎也与泰国当地的富人失去了联系。因此，它需要恢复其在泰国的强势地位，以保护收入和品牌形象。

向亚洲之外的市场扩张：吉姆·汤普森在亚洲的品牌资产很大程度上与创始人的传说有关。但在亚洲以外的地区，这个传说并不为人所知，两者的关联可能并不大。此外，身为亚洲品牌却拥有一个西方名称可能会使客户困惑。鉴于这些障碍，吉姆·汤普森应该努力创造一个具有吸引力的身份，使其不仅与跨地区客户相关，而且保留其独特的亚洲历史文化传承。

把品牌带到多个市场并持续投资品牌建设会对资源能力产生影响。此外，吉姆·汤普森将大多数资源用于运营和生产，因此它需要在冒险进入多个市场和产品细分市场之前就考虑这些因素。

单一品牌公司：另一个主要的挑战是利用吉姆·汤普森的品牌名称，并尽可能将新的品牌引入市场。直到现在，吉姆·汤普森仍是一个单一品牌公司。它在前进过程中所要面临的挑战是如何通过品牌或产品线的延伸谨慎地利用自己的品牌资产，借由引入新的品牌或是进军新的产品类别的方式来探索新的机会。吉姆·汤普森必须谨慎地进行这项工作，因为品牌延伸可能会导致品牌资产的稀释。在追求扩张战略和避免品牌资产稀释之间找到正确的平衡将是一个相当大的挑战。

吸引年轻一代的客户：无论在泰国还是海外市场，吉姆·汤普森的核心客户都集中于年龄较大的群体。品牌在年轻消费者中没有形成强烈的形象和偏好。瞄准年轻的消费者、不稀释品牌资产将是一个持续的挑战和客户群体的平衡行为。一直以来，它的产品并不吸引年轻消费者。对于精致丝绸、自制家居、领带、围巾和配饰的欣赏受生活阶段的驱动，属于成熟后的生活。

抓住年轻一代，从而进入利润丰厚的服装市场将是一个需要谨慎考虑的战略问题。推出一个子品牌（如第 9 号），而不稀释品牌资产，可能会是一个解决方案。

进入年轻人服装市场和在服装市场取得成功是两个完全不同的概念。公司将会在这个扩张进入的新市场以及原先已经取得过成功的区域市场中面临相当大的竞争。在进入新的产品类别时，使用现有母品牌或是新的子品牌都是可行的，但是所选的产品类别必须是经过合理选择、仔细研究和战略分析的。到目前为止，吉姆·汤普森在餐饮业的生意很成功，但这项业务和核心业务的距离太远了，它无法保证在每个市场中都能取得成功。

通过与有影响的设计师的更多合作，该公司有潜力扩张它在高级、豪华定制服装市场中的存在。高级品和奢侈品都具有时代性，将会让吉姆·汤普森更接近年轻市场，覆盖更为广泛的消费者群体。

产品组合的演变：吉姆·汤普森需要简化其零售业务的产品组合，并确保不断变化的新产品与客户需求和全球趋势一致。同样，与有影响力的设计师建立合作关系是取得成功的一个关键因素。这将使公司有能力影响趋势（而不是跟随趋势）。然而，合作的选择需要保持谨慎、战略性和前瞻性。需要注意的是，该公司正在逐步推进一个全球性的扩展计划，选择合作的对象至少应该是在地区（或者全球）具有吸引力的个人。

吉姆·汤普森在扩大产品线上一直保持着足够的战略性和敏锐性，但是对产品线的管理（比如推出或下架哪些产品）、了解分销渠道的细微差别，以及对消费者需求和偏好的深入理解将会是成功的关键因素。

公司运营的全球化：家居装饰是公司在欧美市场上提供的唯一业务。对于过去只在泰国和其他几个亚洲国家经营的公司而言，在全球范围内经营可能是一个战略、文化和运营上的挑战。

到目前为止，尽管吉姆·汤普森品牌拥有巨大的、尚未开发的全球潜力，该公司在亚洲以外的全球市场中仍没有自己的零售店。在这些市场上，该公司完全依赖于它的几个合作伙伴。通过特许经营/分销模式并不能完全解决问题，这种方式并非对每个类别的产品都有效。吉姆·汤普森经营的是文化遗产、传统和豪华产品。在所有品牌组合中，这类产品的特性和形象需要进行严格的控制。这一点只能通过完全获取或共享其他企业所有权或运营权的方式实现。

除了品牌无形资产的方面，挑战还来自具有全球效率的生产方式和分销模式。由于公司产品的主要原料仍是泰国丝绸，因此需要非常仔细地选择制造地点。在这里，公司有两个需要应对的关键挑战：首先，如何将泰国丝绸出口到它所有的全球制造网点；其次，更重要的是如何获取泰国当地工匠在丝绸工艺方面的技能。第一个挑战可能较容易解决，但第二个则要困难得多。

如前所述，实现全球扩张以及进入多个市场，要求对品牌进行严格的控制。吉姆·汤普森必须确保在其他市场上拥有和泰国市场同样的质量水平、围绕文化传统的形象，以及相同程度的体验营销。虽然这些不能一蹴而就，但是公司必须付出看得见的、自觉的努力，并且强烈地展现想要维持其文化遗产和信誉的意愿。

高管团队的转型：最后，同样重要的一个挑战是建立一个面向全球的高管团队。不仅是董事会和管理团队有责任变得更具挑战性，公司所在地的本地团队也需要拥有全球思维。

通过招聘新人和搬迁的方式扩大团队时，应该保持将战略思维和全球视野作为关键标准。此外，负责计划和驱动公司全球业务的个人应该对公司的创始人、价值观、对泰国丝绸业的贡献、质量和制造过程等有深刻的了解。

阿里巴巴——中国颠覆性创新品牌领导者

阿里巴巴很早就出现在全球舞台上，当这家中国电子商务公司于2014年9月创造出价值250亿美元的世界上最大规模首次公开募股（IPO）时，它引起了全球的关注。[26] 马云是公司创始人，1999年他在自己的公寓里创办了阿里巴巴网站。[27]

在阿里巴巴的C2C交易门户淘宝网上，有近10亿种产品。该公司已经成为中国电子商务的代名词，2013年3月它旗下的网站产生了中国60%以上的物流包裹[28]，2014年9月更是占据了中国80%的网上销售份额。[29]

公司的名字是马云坐在旧金山一家咖啡馆里想到的。为了检验该名字的吸引力，他询问咖啡馆的一名女服务员是否知道这个名字以及它的含义。女服务员说是的，这个名字意味着"芝麻开门"。[30] 在她说出这句话的那刻，马云就决定了公司的名字。

如今，阿里巴巴已经成为世界上最大的电子商务公司，有2.79亿活跃买家使用其网站，这些买家一年带来了145亿份订单，这些订单在2014年转化成 86 亿美元的收入。[31] 在阿里巴巴破纪录的 IPO 之前，很多分析人士并不看好它在美国的业务增长前景。但是，尽管遭到了负面宣传，前景黯淡，该公司创始人仍然进行了已规划一年多时间的 IPO。

该公司商业模式的吸引力和发展潜力从未遭到质疑。在最初的两年里，它成功地从软银、高盛和许多机构投资者那里筹集了 2 500 万美元的资金。[32] 该公司的愿景清楚地集中在互联网作为贸易和商业媒介的力量及潜力上——准确的说法是"从一开始，该公司的创始人就坚信，互联网将会帮助小企业通过创新和技术在国内和全球经济中实现更有效的成长和竞争"。[33] 从一开始，它就是这样做的，通过提供互联网平台促进全球中小型贸易商之间的贸易。

马云一直在向前看，他紧跟网络世界的技术变革和创新。阿里巴巴提供的不仅是交易平台，还包括自己的在线支付系统——支付宝，现在支付宝控制着超过一半的中国在线支付市场。[34] 此外，阿里巴巴拥有一个基于互联网的业务组合，针对特定的细分市场和在线商业中的利基领域。其中包括天猫（在线零售平台）、聚划算（提供"闪购"项目的购物网站）、一淘网（比较购物网站）、全球速卖通（小卖家在线零售服务）和 1688.com（中国 B2B 贸易）。[35]

在中国，单身青年会庆祝"双十一"，因为 4 个数字"1"代表着他们的单身状态。[36] 而现在这个节日已经成为全国疯狂购物的一天，产生了巨大的电子商务交易量。2014 年，阿里巴巴"双十一"的单日交易额为 93 亿美元，比 2013 年（59 亿美元）增长了 58%。其中 43% 的交易来自移动设备（2013 年为 21%），电子商务正在改变中国的零售行业。

背景

1999 年，马云带领着 18 位创始人创立了公司。马云有着创业的本能，曾经创办了多家公司，其中一家是翻译公司，另一家则是让中国企业能够搜索全球客户的中国黄页。在中国黄页失败 4 年之后，马云创办了阿里巴巴。[37] 该公司的成功不仅归功于马云的辛勤工作和远见，也归功于他鲜明的个性、迷人的说话风格、驱动员工的能力和经营管理风格。简而言之，马云是阿里巴巴的品牌创始人、监护人、艺术家和传播者。

两年内，该公司就实现了盈利。2003年，世界上最大的交易平台淘宝网成立了。在阿里巴巴成立10周年之际，该公司推出了下一代计算服务——阿里巴巴云计算。

品牌理念

马云称阿里巴巴为"一切公司"。从一开始，马云的战略就是要使公司变得多样化，这样客户就不必去其他的地方了。阿里巴巴通过建立战略合作伙伴、合并和收购的方式不断壮大，并且在创始人有力的领导下，成为一个真正为客户服务的公司。

公司的理念是：客户第一，员工第二，股东第三。这一点在大多数公司会议和公开场合中都被马云反复重申。品牌理念和公司理念紧密地联系在一起。

它在市场上的所有数字产品品牌，本质上都是网站和门户网站群，这些产品具有相似性——对特定客户群体（大众或小众）的强势定位。例如，企业网站阿里巴巴针对国际进口商和出口商；淘宝网面向大量C2C消费市场；而天猫则是面向制造商的网上销售平台。

品牌理念也受公司在能力和产品创新上的不断进化所驱动，这是任何具有数字特性的成功品牌的标志。阿里巴巴的商业模式中强烈地融入了"一站式"理念。从1999年在马云的公寓中诞生之初到现在取得电子商务巨头的地位，对多元化的需求一直都是阿里巴巴的驱动力。未来，即便它打算成为全球化公司，多元化仍会是其品牌理念的重要组成部分。

公司对于全球化的雄心壮志体现在强烈的谦逊感和对财富的分享精神上。公司在美国市场的第一天IPO结束之后，马云主持了一次公司招待会，并再次强调了公司的价值观和理念——客户至上、团队合作、拥抱变革、诚信、热情和承诺。[38]

品牌战略

阿里巴巴的数字品牌组合围绕着混合品牌架构模型建立而成。该模型的特征涉及两个方面：一个是数字属性和服务，另一个是公司品牌名称（阿里巴巴）与特定数字品牌有关或无关的程度。

主品牌和产品家族品牌架构：主品牌阿里巴巴把它的公平、承诺和理念传承给了所有的产品家族品牌。这些产品系列组合中包括了支付宝（第三方在线支付平台）、全球速卖通（在线零售服务）、阿里巴巴云计算（云计算服务平台）和阿里旺旺（即时通信服务）等。

产品品牌架构：创建产品品牌组合是为了向客户传达独特的价值主张。产品品牌具有长远的战略重要性和巨大的市场投资驱动力。组合中最重要的产品品牌是淘宝网。其他的产品品牌包括天猫、聚划算、一淘网和 11 Main（于 2014 年推出的美国购物网站）。

品牌组合战略借由阿里妈妈和阿里巴巴影业的推出进一步得到扩展。

阿里巴巴投资组合中独立运营的品牌成为它取得成功的驱动力。其中，淘宝网的吉祥物是一只蚂蚁。马云将这个平台推向全球时曾说过"我们是蚂蚁大军"。"淘宝"一词在中文里代表"寻找财富"，事实也正是如此，截止到 2014 年 6 月，该网站拥有超过 8 亿种产品[39]，是全球访问量最大的 10 个网站之一。[40]

跨越混合架构模式的品牌战略对主品牌和产品品牌同等重要。这里有两个特征：

通过主品牌资产实现多样化：阿里巴巴作为品牌名称的资产以及它拥有的可以被任何人说出的简单含义使其具有全球吸引力。这一点被用于将品牌名称扩展至相关的服务和产品中，对于公司在全球范围取得成功至关重要。

加强产品品牌本地化的吸引力：阿里巴巴不确信自己可以在品牌的每一个产品或服务上都贴上"阿里"的品牌前缀，马云知道公司的成功应归功于"本地化运营，全球化思维"的战略。在中国，许多人都读过甚至写过大量关于淘宝成功的文章；而在美国的发展战略中，它于 2014 年了推出了聚焦美国市场的购物网站 11 Main，并没有沿用淘宝的品牌名称。11 Main 为美国专业产品制造商提供了一个平台，使它们的产品出现在美国消费者的视野中。

这些是阿里巴巴在显著增长阶段中发展整体品牌战略的两个方面。

未来的挑战

阿里巴巴集团在海外市场的扩张中面临多重挑战。这些挑战不仅出现在全球市场，也出现在竞争日益激烈的中国市场，而这也正是阿里巴巴继续成长的动力。

1. "中国制造"的挑战

全球市场对于品牌的看法往往与原产地有关，这是品牌的重要组成部分。然而，品牌在全球化过程中常常忘记根基和文化的重要性。在目前的背景下，"中国制造"最终将会获得全球公认，并且成为中国品牌的一个正面特征；但是在这之前，阿里巴巴仍需要努力克服对中国原产地的任何消极或怀疑的看法。阿里巴巴必须致力于卓越的质量、可靠性和透明度，并对运营和业务的各个方面进行良好的管理。

2. 海外市场缺乏对阿里巴巴的认知

在中国以外的市场，对阿里巴巴和它的品牌组合只有很少的认知或者零认知。虽然它能在中国击败 eBay，但是它还缺乏全球认知，其他国家消费者对它的喜好程度仍不及 eBay 和亚马逊。随着阿里巴巴进军全球市场，这将是一个重大挑战。它通过本地产品品牌扩展其在外部市场的存在是一个很好的策略。然而，最终的母品牌资产需要与本地产品品牌相关联，以赋予它所需的信誉。此外，在不同地区或国家产品品牌的多样性，会导致企业内部资源配置和营销投资的效率低下。这也导致了更复杂的品牌管理过程，并使得品牌建设与整合更加碎片化。

拥有本地的在线市场使阿里巴巴具有更强的文化影响，但也导致其需要开发一个品牌组合，这个组合中的每个产品品牌都拥有一个仅限于小地理区域的认知范围。这是任何具有全球化雄心的公司都不愿意管理的一种品牌组合结构。

3. 中国日益激烈的竞争市场

虽然阿里巴巴仍然是中国最大的电子商务公司，在价值和出货量方面都占据着大部分的市场份额，但是外部环境并非一成不变。正如阿里巴巴已经开始向外扩张并且采取新的形式一样，中国也已经演变成一个充满一系列新挑战的市场。

阿里巴巴在中国市场最大的竞争对手是腾讯，它拥有越来越流行的即时通信服务 QQ 和微信，它还拥有提供中国最大的社交网络 QQ 空间和提供微博服务的腾讯微博。在使用阿里旺旺进行信息通信之前，阿里巴巴曾经将微信应用于其门户网站上。腾讯在微信上实现支付功能后，慢慢地开始了在线支付市场上的大踏步前进。腾讯以持股在线零售商京东的方式，开始彰显出它想要在本土的电子商务领域与阿里巴巴一较高下的决心。

中国在 2014 年的 GDP 增长率几乎只有 2008 年之前的一半，已经不再处于高速增长阶段。这很可能是阿里巴巴转向国际扩张的主要原因。

华为——中国科技企业走向全球

历史

1987 年，华为技术有限公司在中国深圳成立。[41] 1996—1998 年，由于城市人口的迅速增长，华为逐渐将业务扩展至中国的大都市地区。根据麦肯锡的预测，2030 年之前中国的城市人口将达到 10 亿的峰值，2025 年之前中国将有 221 个城市拥有 100 万以上的居民人口，相比之下欧洲只有 35 个城市能达到这一规模。[42] 庞大的城市需要复杂的通信网络，华为通过满足这种不断扩大的需求，以惊人的速度持续成长。

对于许多观察家而言，华为似乎是从默默无闻突然崛起成为世界上最具领导力的技术品牌之一。它主要从事 B2B 业务，收益最大的业务并不在公众的视线范围内。它的主要客户包括电话和互联网运营商，它们在自己的品牌下利用华为的专业知识为客户提供服务。中国拥有世界上 1/5 的人口，因此虽然华为保持着"孤立"，但是仍然得以成长。

华为的核心业务可以分为三个业务组。[43] 第一组是运营商网络业务组，提供无线网络、固定网络、全球服务、载波软件、核心网络和网络能源解决方案，几乎所有主要通信运营商都会在全球部署这些业务。2005—2012 年，华为管理服务部门的年复合增长率超过 70%，使它成为全球增长最快的管理服务提供商。第二组是企业业务组，这是对之前业务的完美补充。一旦信息通过"管道"发送和接收，就会由华为的数据中心对其进行分析、翻译和存储。第三组是消费者业务组，这个业务组将公司带入个人手机和智能手机的领域。华为称之为"管道战略"，其重点是信息存储和处理、信息传输和分发以及信息披露和创建。

华为的个人手机业务正稳步地从低成本组建和组装供应商向全球顶尖手机制造商过渡。2008年它在全球移动设备市场中的排名已高居第3位。华为现在已经成功地摆脱了原始设计制造商（ODM）的角色，开始生产和品牌化自己的智能设备。从组件制造商到自主品牌智能手机制造商的价值链跨越是华为当前和未来增长战略的一个重要组成部分。据高德纳（Gartner）公司称，华为在2013年第二季度的手机销售排名全球第6位。[44]

品牌理念

华为的愿景是用沟通丰富生活。[45] 越来越多的人通过越来越快的设备连接全世界，他们对速度、可用性以及安全和个性化的体验提出了更高的要求。企业有自己的需求，并且用技术来管理物流、操作消费者数据。到2020年，人、物和环境之间的相互作用预计将导致GPS、指南针、照相机和麦克风等设备上出现超过500亿种的连接要求，而不仅仅是通信。为了应对这些即将到来的数字洪流，华为致力于提供更智能和更节能的管道。

华为最大的一个特点是与客户保持紧密合作。它与全球领先的运营商直接建立了28个联合创新中心，为每一个运营商的特定需求创造定制化的技术，为客户建立竞争优势。

2014年，华为被波士顿咨询公司评为全球第50大最具创新能力的公司。[46] 2013年，它在世界知识产权组织的专利申请方面排名第二。[47] 华为拥有150 000名员工，其中有超过70 000名研发人员，分布在德国、瑞典、英国、美国、法国、意大利、比利时、芬兰、爱尔兰、俄罗斯、印度和中国。2013年的研发支出占全年总收入的13%。这种对创新的全身心投入说明了公司"力出一孔"的理念。正如通过一个小口高度加压，水柱也能穿透钢板一样，华为认为，如果它的资源能够集中致力于通过沟通丰富生活的明确目标，它就能不断地获得提升。

在成功进军智能手机业务之后，华为一直奉行的理念是将产品定位成技术先进的问题解决者。它的目的是以其未来的制造平台将其解决方案提供给全球最大的电信供应商，并且销售最先进的手机。从一个不可见的原始设计制造商转变为一个可见的品牌制造商对于华为的管理而言是一项挑战。

品牌战略

华为的整体战略是超越现有技术和确立行业标准。为了成为电信运营商的首选和最佳合作伙伴，华为不仅要提高现有的技术水平，还要预测未来的客户需求。现今大约有 200 个 4G 网络跨越 75 个城市进行商业化运作，另有 200 个仍在规划阶段。[48] 与此同时，华为的研发团队多年来一直致力于开发第五代即 5G 网络，预计在 2020 年之前推出商用 5G 网络。[49] 华为的远见使它成为 5G 技术的先行者。华为的轮值 CEO 胡厚崑表示，5G 将比 4G 快 100 倍。[50] 2014 年，华为在马恩岛上建立了世界上第一个 5G 电话网络。[51]

华为正通过成为各种工业标准的国际领先者进一步发挥其增长优势。截至 2014 年 6 月 30 日，华为已经加入了 170 多个行业标准组织，在这些组织中拥有 180 多个职位。通过这种领导力平台，华为可以打造未来的信息技术政策，并保持对竞争对手的领先。

华为在调整内部领导层和层级结构上取得了长足的进步。尽管促进统一性和控制质量对品牌而言至关重要，但是却不利于创新。制定分散的决策是很重要的，而华为也已经开始将决策权委托给面向客户的角色和办事处，鼓励思想的流动。

到目前为止，最危险的可能也是最精明的领导策略是华为的轮值 CEO 制度，即由一小部分高管轮流履行 CEO 的职责。与拥有一位深入处理多种战略的 CEO 相比，一群轮换和代理 CEO 被认为更有效，因为他们有时间为成为下一任代理 CEO 做好准备。这确保了随着时间的推移，高级领导层拥有更广泛的专业知识。

技术实力再加上独特的管理风格，使公司能够对其品牌战略进行全新的思考。2014 年，华为推出了企业营销和品牌主题——"建立一个更美好的世界"，展示了它的愿景和未来的定位。它在一定程度上遵循了苹果的模式，通过一些高光时刻来建立品牌意识，并且它也会在公关上投入巨资。它的营销努力都指向它的产品定位策略（尤其是智能手机），即"卓越"。2014 年，它为 P7 智能手机创办的"卓越的优势"活动，描绘出的是梦想家或潮流引领者的形象。

华为在产品定位方面不断地利用其技术专长。公司毫不犹豫地使用"最佳"或"最快"等词语描述其产品。其基本策略是为产品附加非常高的价值主张。2012年，公司90%以上的消费设备在华为品牌下进行销售。虽然这招致了一些电信运营商的强烈反对，以致停止了与华为的合作，但是公司仍然拒绝在建立品牌知名度方面让步。

华为品牌知名度的推动也得益于索尼、黑莓和HTC的衰落，这为零售市场提供了机会。除了中国和美国，华为在印度、印度尼西亚和许多非洲国家都发现了有利可图的潜在机会。这些新发现的机会能够与华为入门级挑战者的地位完美地联系在一起，使它能够设计和实施全球营销战略，而不是应对拥有不同成熟水平的复杂市场。

品牌传播

2005年是华为在全球舞台上具有里程碑意义的一年，当时它的国际合同订单首次超过了国内市场。华为确认了需要进行身份的转变，以配合它在全球舞台上的崛起。因此，它重新设计了企业形象，以反映聚焦客户、创新、稳健以及和谐的原则。[52] 新形象旨在平衡华为内部的挑战——反映出它从传统本土品牌向现代国际品牌的转变。

2006年5月8日，华为正式发布了新的视觉标志。2006年底，华为被弗若斯特沙利文公司（Frost & Sullivan）评为"亚太地区年度宽带基础设施供应商"，全球50家顶级电信运营商中有31家是它的合作伙伴，其中包括沃达丰、英国电信、西班牙电信、荷兰运营商Telfort、法国电信和中国移动。它不再是一颗冉冉升起的新星，而是一个全球领导者。

通过不断地回想自己是一个手机品牌，而不是简单的B2B公司，华为于2013年主动推出了"以行践言"（make it possible）智能手机，围绕其产品讲述故事，而不是改进产品的特点。[53] 在科技行业，品牌的重点应该放在理解消费者需求和改善生活上，而不是放在优势诉求上。

品牌也通过定价与消费者进行沟通。华为超实惠的80美元安卓机在高端智能手机制造商苹果、三星、HTC、微软和黑莓所忽视的市场中赢得了立足点。[54] 2016 年之前，华为计划向非洲青年投放数以千万计的智能设备，并且连线 100 万家非洲中小企业。

对于像美国和欧洲这样成熟市场中的消费者，可能需要考虑不同的定价策略。顾客往往会把定价作为质量和可靠性的一种指标。在这些市场中，溢价定价就意味着高端产品。如果华为以一个低成本供应商的形象进入，那么它就有可能将面临被视为低质量产品的风险。2013 年，华为在美国首次正式在移动领域进行营销。但由于美国政府的无端揣测，它不断被排斥，甚至被禁止参与竞标政府合同，其销售和营销工作受到了严格的限制。2014 年第一季度末，该公司通过正式和非正式的渠道宣布无意把美国当作一个市场。[55]

该公司在市场营销和通信方面的投资都在短期内得到了回报。2014 年，它成为第一个进入 Interbrand 集团评选的全球品牌价值 100 强排行榜的中国品牌（排名 94）。[56] 这要归功于它在加强品牌管理、高光时刻、公共关系管理等方面的持续投资。它曾经考虑过改变名称以减少西方消费者不必要的想法，但最终还是坚持使用原名。

由于华为的全球战略是提高品牌意识和知名度，因此它的营销和广告活动都是全球性的（同时在 40 多个市场中推出）。它现在拥有一些全球领先的营销和广告团队，包括 WPP 集团旗下的奥美公司和盛世长城广告公司。

在广告和传播方面的持续巨大投资一直是华为品牌战略的支柱。这一点仍将继续下去，因为该公司依然试图在全球范围加强其产品认知，并且（在营销投资方面）保持与苹果和三星等的竞争力。

未来的挑战

1. 继续创新的步伐

历史表明，垄断控制只是暂时的。每个行业的结构都在持续地改变，正如黑莓从曾经的优势地位衰落一样。成功公司最大的错误就是自满。对于华为来说，只是继续推进研发是不够的。有一个警示性的例子，诺基亚在 2004—2007 年的研发投入是苹果的 10 倍，然而诺基亚坚定不移地制造能够满足当时主要消费者需求的产品，忽视了对未来触屏手机表现出极大兴趣的少数消费者。同样，华为必须不断寻求满足和创造消费者未来的需求，而不是他们当前的需求。

尽管华为是一家完全由员工持股的私人公司，但它肯定会吸引那些想要抓住其增长机遇的投资者的关注。如果它追求进行IPO，并使股权变得更广泛持有，那么领导层就必须抵制那些会影响到其伟大的技术创新者定位的投资者。对股票市场季度回报的关注使大多数公司选择了稳固的管理体系，因为改变游戏规则的创新是有风险的。股票市场并不会在初期给打破规则的创新者良好的反馈。

2. 兼并和收购

华为从区域玩家到全球领导者的飞跃，很大程度上与其精明的品牌伙伴关系战略有关。2003年，华为与全球领先的网络解决方案提供商3Com创建了合资公司。这家公司被称为H3C——结合了两家公司的品牌。根据协议条款，3Com只以H3C品牌销售产品，而它能够得到华为的分销网络和本地知识。这一合作对3Com极为有利，但从长远来看，对华为可能更有价值。

华为与赛门铁克的合并取得了成功。2008年，它与赛门铁克成立了合资企业，以提高其在网络、安全和存储技术方面的能力。超过50%的华赛员工在北京、深圳、杭州和印度的实验室中从事研发工作。3年后，华为收购了赛门铁克在合资企业中的全部股份。虽然华为2000年才开始从事安全技术的研发，2004年才开始从事存储技术的研发，但它却已经成为这两个领域中的全球领先者。

在寻求资本配置的同时，华为继续在能够改变游戏规则的潜在并购中扮演追求者的角色。2010年，华为从美国公司购买的产品和服务总价达到61亿美元。2012年，有消息指出，谷歌公司正在与华为商讨转让整个摩托罗拉手机业务的事宜。[57]

在继续增加专长的同时，华为也将不得不远离以成本效率和规模经济为基础的并购类型。对品牌建设最有意义的并购类型是那些能够真正增加公司竞争优势的企业，而不仅仅是它的底线。

3. 品牌导向的全球领导

亚洲公司与西方公司留下自己印记的方式有一个共同点——董事会和高级管理层对品牌化的强有力承诺。为了成功地建立一个强大的全球品牌，华为应该更多地将以市场为导向的人员轮职为CEO，而不是财务和运营方面的传统专家。华为也需要更多具有全球视野的经理人，无论他们的国籍和背景如何。任正非认为："时间会证明轮值 CEO 制度是否正确。"[58]

该公司已经开始有意识地努力将更多国际化和多样化的经验带入管理队伍中，不仅是带入董事会，而且是带入多个中高层管理角色。它开始聘用知名的西方高管，使管理团队多样化。这一战略应以全面的方式加以贯彻和执行，以确保多样化、国际化的思维和经验能够深入组织结构中。一个真正的全球高级管理团队是华为在国外市场取得成功的关键。

注释

| 第9章 |

打造亚洲品牌的十大步骤

在过去的几十年里，品牌管理的实践经历了巨大的变化，并已发展成为一个更综合和可见的企业整体战略的一部分。20世纪90年代品牌资产概念的演变、先进的品牌估值方法的发展、顾问和客户对这些方法的采用以及更好的品牌追踪工具的出现，都促进了对品牌的关注度从管理中层提升到董事会。

亚洲的董事会通常落后于这一趋势，倾向于自下而上进行品牌管理，而不是从自上而下的角度，因为大多数传统上的营销和品牌决策主要是由中层的市场部门负责的。因此，战术营销活动而不是企业管理层主导的战略品牌方法成为关注重点，品牌被广泛认为是广告和促销。

不过有迹象显示，一些亚洲公司在正确的方向上取得了快速进展，它们已开始认识到并接受品牌应该作为董事会层面的一种战略工具。这在一定程度上是由于亚洲股东、媒体、利益相关者和舆论制造者越来越重视品牌及其价值驱动能力。通过媒体报道、地区会议和研讨会，战略品牌及其对亚洲企业和政府的影响成为一个备受争议的话题。亚洲公司有通过品牌提升价值链以获取财务和竞争优势的伟大意图和抱负。然而，它们必须遵循一个全面的品牌战略框架，以有系统有组织的实施过程作为支持，这将帮助它们实现可持续的收入和未来的现金流。

品牌愿景、目标和营销活动必须与企业战略紧密结合。它们必须融合在一起，因为它们有着相同的目的——推动盈利能力和股东价值。品牌是所有相关部分和元素的总和，因此在品牌、企业愿景和整个组织之间取得正确的战略平衡至关重要。

董事会必须确保品牌成功地在每一个客户触点上无缝衔接，从而支持整体战略意图。说起来容易做起来难，成功需要一个专门的系统和框架以及相当长的时间。

在构建成功的品牌战略管理并使其实现时，需要遵循十大关键步骤（见表9-1）。这些步骤使亚洲董事会能够把注意力集中在必要的领域。作为检查点，步骤可根据每个公司的具体需要和要求进行调整，因此，它们不需要严格遵循或按时间顺序进行。品牌战略管理是一个迭代过程，它必须在多个目标、资源约束和组织中的许多其他因素之间取得平衡。这些步骤是亚洲品牌项目的有用指南，不受品牌规模、领域和时间范围限制。

表9-1 打造成功亚洲品牌的十大步骤

1. CEO需要领导品牌战略工作
2. 建立自己的品牌模式
3. 让利益相关者参与进来
4. 推动企业愿景
5. 开发新技术
6. 授权人们成为品牌大使
7. 创建适当的交付系统
8. 传播
9. 衡量品牌绩效
10. 定期调整——做自己改变的推动者

资料来源：Martin Roll Company.

CEO需要领导品牌战略工作

亚洲的商业环境要求亚洲公司及其董事会走上一条不同的成功之路。企业必须在低成本生产（竞争力）、持续创新（差异化）和提高客户满意度（通过品牌获取价值）之间取得良好的平衡。

越来越多的企业必须适应亚洲消费者日益增长的需求和愿望，他们已经接触到了西方品牌产品。社交媒体的爆炸式增长和多媒体广告的迅速增加，让亚洲消费者接触到了全球品牌。

《纽约时报》的一篇文章指出，美国公司相对于中国竞争对手最明显的优势是品牌。报告描述了有多少美国公司是由"古怪的失败小说家"（指拥有扎实品牌专业知识的前广告和咨询公司高管）和"有远见的创始人"（如史蒂夫·乔布斯）推动的，他们创造了卓越的品牌。而中国的首席执行官则远比他们更具操作性和务实性。[1]

品牌不仅仅是由传统的广告和促销活动建立起来的，更确切地说是通过运用所有员工所践行的全面的战略活动建立起来的。因此，品牌承诺和品牌交付之间的关键是平衡，关系到公司的所有职能，这成为一种管理责任，而不仅仅是营销和传播部门的责任。

对典型的亚洲组织来说，品牌管理不能再委托给中层市场营销职能部门，董事会和CEO必须负责品牌战略，领导品牌发展，管理其实施，并全面参与跟踪品牌业绩。

营销和传播部门没有管理公司其他职能的权力。以下三个例子说明得很清楚：

（1）调查数据显示，如果航空公司一线员工的服务水平下滑，可能会迅速损害其品牌承诺。但营销部门几乎没有权力执行任何必要的行动，只能影响整个过程。内部政治十分复杂，采取行动的时间可能超过必要的时间。

（2）品牌的成功取决于公司的文化和合适的员工类型。例如，服务业企业成功与否就极大地取决于这些文化和人的因素。然而，市场营销人员几乎没有权力制定指导方针，也没有权力影响未来招聘的特定类型的人才，除非这些指导方针由最高管理层执行。

（3）一个品牌可能必须增强其视觉吸引力或创新，以保持其相关性和竞争力。营销部门对研发部门的目标和发展计划几乎没有影响力和权威，除非研发部门积极参与并融入公司的战略品牌驱动愿景。

上面的例子说明了内部职能在相互协作时所面临的问题。应该使营销和传播部门能够与其他职能部门密切合作。反过来，每个组织的一个职能部门都应该深入理解和尊重营销和传播职能部门的目标。成功地实施有效的、流程驱动的品牌和营销策略需要董事会和管理层的参与，而当 CEO 负责领导和执行时，这一战略将发挥巨大的作用。因此，董事会中应该有一个负责品牌塑造的人，这样他就能与 CEO 和 CFO 等公司高管平等地参与。

当然，CEO 在管理营销和品牌活动方面的直接参与和监督是有限的。为了确保 CEO 在履行其他职责的同时继续参与品牌建设，他必须得到由资深贡献者组成的强大品牌管理团队的支持，该团队能够促进品牌战略的持续发展，并将其整合到组织的运营模式中。在亚洲企业的董事会中经常缺失的首席营销官（CMO）可以作为关键的一环，使企业管理层能够直接设计和控制品牌战略，并为成功实施战略分配必要的资源。

如品牌董事会模型（见图 9-1）所示，一个组织的所有不同的产品线功能都有助于品牌建设，并从品牌建设中获益。该模型显示了公司内不同部门从强大的品牌管理中获得的价值。例如，由于强大的品牌认知度和品牌资产，财务部门报告的利润率更高，人力资源部门获得了更好、更有才华的应聘人。

公司还可以通过创建一个可以获得显著优势的由 CEO 担任主席、由 CMO 领导的品牌董事会，这能够消除董事会（企业管理）和营销职能（实施品牌战略）之间缺失的环节，各相关部门应在品牌董事会中有代表，包括营销部门的工作人员。这确保了品牌战略在整个组织中得到共享和理解。

这一拟议中的重组有利于整个亚洲市场营销行业，并将有助于亚洲品牌营销人员建立在财务上负责任的声誉。股东和分析师正在敦促企业和董事会实现收入和利润目标。因此，CEO 必须确保营销支出带来令人满意的回报。

将亚洲品牌营销人员提升到董事会层面，创建一个由 CEO、CFO 和 CMO 组成的新三人组，这不仅是头衔的问题，而是代表着来自管理高层的重视，使品牌战略成为提高和加速整个组织现金流和财务价值的一个不可或缺的部分。

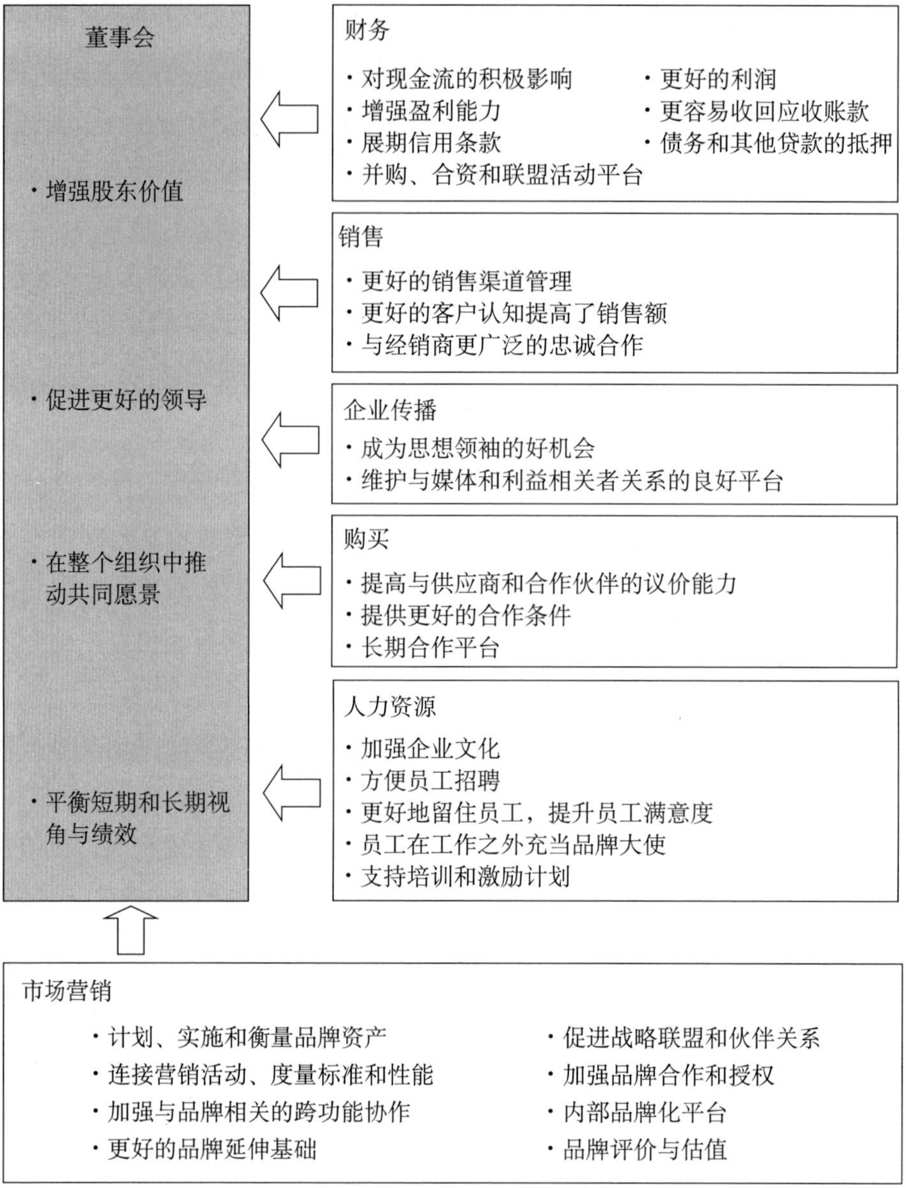

```
┌─────────────────┐         ┌──────────────────────────────────────────┐
│     董事会      │         │ 财务                                     │
│                 │  ⇐      │ • 对现金流的积极影响    • 更好的利润      │
│                 │         │ • 增强盈利能力          • 更容易收回应收账款 │
│                 │         │ • 展期信用条款          • 债务和其他贷款的抵押 │
│ • 增强股东价值  │         │ • 并购、合资和联盟活动平台                │
│                 │         └──────────────────────────────────────────┘
│                 │         ┌──────────────────────────────────────────┐
│                 │         │ 销售                                     │
│                 │  ⇐      │ • 更好的销售渠道管理                      │
│                 │         │ • 更好的客户认知提高了销售额              │
│                 │         │ • 与经销商更广泛的忠诚合作                │
│ • 促进更好的领导│         └──────────────────────────────────────────┘
│                 │         ┌──────────────────────────────────────────┐
│                 │         │ 企业传播                                 │
│                 │  ⇐      │ • 成为思想领袖的好机会                    │
│                 │         │ • 维护与媒体和利益相关者关系的良好平台    │
│ • 在整个组织中推│         └──────────────────────────────────────────┘
│   动共同愿景    │         ┌──────────────────────────────────────────┐
│                 │         │ 购买                                     │
│                 │  ⇐      │ • 提高与供应商和合作伙伴的议价能力        │
│                 │         │ • 提供更好的合作条件                      │
│                 │         │ • 长期合作平台                            │
│                 │         └──────────────────────────────────────────┘
│                 │         ┌──────────────────────────────────────────┐
│                 │         │ 人力资源                                 │
│ • 平衡短期和长期│  ⇐      │ • 加强企业文化                            │
│   视角与绩效    │         │ • 方便员工招聘                            │
│                 │         │ • 更好地留住员工，提升员工满意度          │
│                 │         │ • 员工在工作之外充当品牌大使              │
│                 │         │ • 支持培训和激励计划                      │
└─────────────────┘         └──────────────────────────────────────────┘
         ⇑
┌──────────────────────────────────────────────────────────────────────┐
│ 市场营销                                                             │
│ • 计划、实施和衡量品牌资产         • 促进战略联盟和伙伴关系           │
│ • 连接营销活动、度量标准和性能     • 加强品牌合作和授权               │
│ • 加强与品牌相关的跨功能协作       • 内部品牌化平台                   │
│ • 更好的品牌延伸基础               • 品牌评价与估值                   │
└──────────────────────────────────────────────────────────────────────┘
```

图 9-1　品牌董事会模型

资料来源：Martin Roll Company.

建立自己的品牌模式

受公司文化传统的影响，所有公司都有自己的商业价值观和独特的经营风格。即使是最好、最全面的品牌战略模式，也必须针对特定的公司需求和要求进行量身定制。通常只需要进行少量但重要的调整，就可以将这些模型与业务模式和公司战略结合起来，从而为品牌创建一个简化的框架和工具箱。

企业管理层应该为品牌组合设定清晰和可量化的目标，并坚持下去。品牌建设是一个漫长的过程。因此，企业必须着眼长远，不能抱着不切实际的短期期望。品牌指标在这里很有用，因为它们是重要的工具，可以度量性能，并随着时间的推移对几个指标进行基准测试。

企业管理层必须确定品牌标识、战略和实施计划，并确保其与企业战略保持一致。整个过程本身就很重要，因为它迫使企业管理团队就关键的品牌问题及其对公司的影响进行讨论并达成一致。例如，提高服务或创新能力如果被认为是未来品牌的驱动力，就会对整个组织的多个职能部门和经理以及服务和创新举措的实施和管理方式产生影响。

品牌化需要适当的组织和财务资源，因此企业管理团队需要确保品牌承诺和品牌交付是紧密一致的。这涉及对组织的整个运营系统的彻底检查，以及该组织是否具备向市场传达品牌承诺的能力。一个全面的客户触点计划在管理和衡量公司的整个过程中起着至关重要的作用。

靛蓝航空——让印度飞得更高

成立于2006年的印度私营廉价航空公司靛蓝（IndiGo），在印度航空业的排行榜上名列前茅。该公司占据了印度1/3的市场，自成立以来已搭载了8 400万名乘客。[2] 当竞争对手香料航空（SpiceJet）和印度捷特航空（Jet Airways）出现亏损时，靛蓝却从2009年开始盈利。[3] 靛蓝公布2014财年净利润为5 100万美元，收入为18亿美元。[4] 在全球航空业普遍亏损的背景下，这并非易事。

靛蓝令人艳羡的市场和财务表现得益于其对第一品牌支柱——成本意识的坚持。[5] 该集团董事总经理拉胡尔·巴蒂亚（Rahul Bhatia）保持了"结构性的低成本"，并避免仿效竞争对手的非核心产品，如忠诚度计划和机上热餐。[6] 靛蓝坚持保持简单，它提供标准化的飞机配置、票价和客户服务，以防止浪费。[7]

靛蓝航空公司的第二个与众不同之处在于它对准时的痴迷（以靛蓝标准时间为卖点）。[8] 其准点率和航班取消率均处于行业领先水平。尽管靛蓝的航班没有商务舱或头等舱，但由于其可靠性，商务旅客对该品牌非常忠诚。

彬彬有礼、无忧无虑的旅行体验是靛蓝品牌理念的最终支柱。其84架空客A320-200飞机的平均机龄为3年。[9] 这家航空公司最大的优势在于它对顾客的关注。该品牌认为低成本并不意味着低质量。对于那些预计廉价航空公司提供糟糕客户服务的客户群来说，这是一个显著的特点。靛蓝的目标消费者按照"心理特征而不是人口统计特征"来描述。

品牌和广告突出年轻、时尚、酷，具有巨大的跨界吸引力。[10] 靛蓝痴迷于一些细节，比如无障碍登机坡道、"易碎品"的行李上的心形图案贴纸、呕吐袋上写着"早日康复"，以及可重复使用的颜色柔和的饼干罐。[11]

靛蓝的企业口号恰当地总结了其三大支柱品牌理念："提供始终低廉的票价、准时的航班以及彬彬有礼、无忧无虑的旅行体验。"[12]

然而，来自新市场进入者（比如塔塔集团旗下的亚洲廉价航空，以及塔塔集团和新加坡航空公司新成立的Vistara航空公司）[13] 的激烈竞争使靛蓝面临着一些客户被新贵抢走的风险。它的利润合法性正受到审查，一些人将其归于创造性的售后回租协议。[14] 品牌持续成功应该发展品牌魅力的属性，而不仅仅是功能上的吸引力。拥有250架新空客A320客机的订单[15]、与雅高集团（拥有宜必思酒店的集团）[16] 的合资企业，以及有助于获得银行贷款和股权融资的良好信用记录[17]，靛蓝的前景看来是乐观的。

▶ 让利益相关者参与进来

有谁比客户、员工和关键利益相关者更了解一家公司呢？这是常识，但许多公司忽视了这些简单且容易获得的有价值的信息来源，并未把他们作为创建和管理强大品牌的关键推动者。

市场研究的价值不可低估。一个公司应该对竞争环境有一个客观公正的看法,包括利益相关者认为的当前的品牌形象、品牌定位以及未来品牌的识别和战略的关键方向。然而,公司自己的洞察、文化理解和直觉对于实现一个平衡的决策平台也很重要。例如,由于消费者总是难以清晰地表达未来的需求和偏好,在研究情境中很难让受访者公开谈论他们的愿望或想象他们未来想要的东西。

72%的公司认为,它们在客户洞察方面的预算过低。[18] 一个简单的经验法则是,将品牌营销预算的5%左右用于市场研究和洞察,以建立一个战略发展平台。许多研究驱动型组织投入了大量的资金进行市场研究。2012年,宝洁公司在市场研究上花费了大约5亿美元。

欧莱雅是另一家在市场研究方面投入巨资的公司。它在中国、印度和新加坡设有研发中心。它还在韩国、泰国、印度、印度尼西亚和中国设有评估中心,随时关注当地的趋势,并听取消费者的反馈。[19]

以客户为中心和以消费者为导向的品牌

在当今竞争异常激烈的市场中,从竞争对手那里吸引客户,需要的不仅仅是以产品为中心或以公司为中心的主导模式。顾客对品牌提出了更高的要求,希望能获得特殊的回报体验。

在过去的10年里,在CEO认为的关于组织变革的驱动因素的排名中,消费者一直比较靠前。根据IBM的研究,就战略影响力而言,消费者的影响力仅次于CEO。[20] 因此,未来的CEO、CTO和CIO都应该意识到,企业的成功离不开消费者的支持,必须重视消费者的力量。

以客户为中心的哲学是一种意识形态——也是一种价值体系。在这一体系中,公司的运营、生产和内部控制都是以消费者为中心的。这些活动包括众包、联合创作、社会科学以及数据驱动设计等。

企业应该以客户为中心的四点理由

明确性:根据1 500多名全球CEO的表述,他们认为企业面临的最大挑战是复杂性。然而仅有不到 50% 的 CEO 觉得自己对变化做好了准备，他们最大的不足是缺乏对客户的洞察力。[21] 客户是唯一可以帮助他们获取现在和未来需求的来源。

设计与开发：以客户为中心策略的真实意图在于提前预测消费者需要的产品。理解了这一点，企业设计与开发的产品将更能满足消费者的需求，进而通过持续的超前创新获取可持续的竞争优势。

销售和营销：客户的洞察力促使组织不断改善企业营销的时机和定位。企业现在可以通过识别行为模式来预测客户需求，然后定制品牌传播、广告和促销形式，以便消费者接受。

盈利能力：归根结底，企业不是慈善组织，它们的存在是为了尽可能多地赚钱。通过大数据分析，领导者可以识别出高价值和高回报倾向的客户，并以此区分出企业的目标客户。

品牌驱动型企业：询问消费者

要了解消费者的需求，最简单的方法之一就是询问消费者。虽然大多数公司会通过面对面访谈、焦点小组或在线调查等方式进行市场调查，但大多数有趣的反馈往往来自更具创新的询问。

开放创新已经成为让消费者参与设计过程的一种很好的方式，让他们亲自动手设计产品、服务，甚至流程，可以精确呈现他们的需求，避免信息在传递过程中的损耗。

不管各大品牌采取何种方式来寻求消费者的反馈意见，不可避免地都会存在一些缺陷。人类是有习惯的生物，对自己当前所处的环境十分适应，因此很难提出目前不存在的需求的解决办法。

史蒂夫·乔布斯从未询问过全球消费者他们想要什么。他认为人们根本无法想象他们在未来想要什么样的产品和服务。由于大多数人的决定都是无意识的，因此品牌应该独立地观察消费者，了解消费者的动机，而不只是简单地询问消费者。

商业洞察：观察消费者

企业还必须使用更加客观的数据驱动方法来获得业务和品牌洞察力。收集客观数据的两种主要方式是：通过人类学观察研究人类行为，以及数字运算、深度分析和大数据。需要在这些定量和定性收集方法之间取得平衡才能成功。

人类学观察：为了了解消费者需求，企业领导者有时必须在自然的环境中观察消费者行为。欧莱雅前董事长兼CEO林赛·欧文-琼斯（Lindsay Owen-Jones）以痴迷于观察客户而闻名，他的大部分时间都花在出差、面试和观察全球欧莱雅客户上。这意味着不仅要参观欧莱雅的门店，还要参观其他类型的零售店。细微的洞察力以及富有远见卓识的领袖，正是欧莱雅能够在全球崛起的两大主要驱动力。[22]

21世纪初，乐高试图通过成为一个时尚品牌来对抗竞争，这一举措导致这家丹麦公司过于多元化，濒临破产。2004年，当约恩·维格·克努斯托普（Jørgen Vig Knudstorp）被任命为乐高的CEO时，他承诺要与乐高的消费者建立更紧密的联系。他意识到，乐高需要更好地理解成年人和儿童的游戏和创造行为。这位新的首席执行官派出人类学专家团队融入客户，和客户一起购物，听客户讲故事，观察客户的行为。他们发现，乐高的用户为了体验和掌握建筑技能而玩。于是，乐高开始回归到为热爱乐高的人制作乐高。通过"回归积木"，乐高重新专注于核心产品，剥离不必要的业务部门，公司也逐渐恢复盈利能力。

技术分析：对于品牌来说，最受欢迎和最显著的获得洞见以制定决策的方式是利用数字和社交媒体。与此同时，一些最具创新力的公司往往是那些精通社交媒体、完全接受数字革命的公司。一直以来，公司和品牌根据直觉、情感和坊间证据来分配企业资源，但如今，深度数据分析能力为决策者提供了更为丰富的消费者和市场洞察。

亚洲需要更大的客户中心

亚洲仍是全球最大的商品供应地。要打破这种以商品为主导的思维，展现亚洲国际品牌的辉煌，构建以客户为中心的品牌战略是十分必要的。亚洲企业的董事会和高管层必须迎接挑战，让营销登上公司的舞台中心。不断地与客户对话，关注他们的需求，是赢得亚洲市场竞争、保持企业竞争优势并获取客户忠诚度的关键。

三星、现代、爱茉莉太平洋和新加坡航空都是亚洲品牌的代表，这些品牌专注于以客户为中心和品牌驱动,然而还有许多亚洲公司并没有意识到这一点。

推动企业愿景

品牌战略是推动整个公司的企业愿景的绝佳理由和渠道。它允许管理层围绕公司目标、价值观和未来战略,让每个人都参与进来,为公司的发展提供指引方向,引导每个人朝着同一方向前进。品牌战略作为一个平台,在企业内部和外部传播企业的愿景。企业内部至少可以为公司品牌战略的成功贡献一半力量。通过让所有利益相关者参与进来,企业管理层不仅可以确保其品牌战略得到全面支持,还可以利用整个过程来激励员工,重振企业文化。

红牛——能量饮料

红牛是少数几个创造了全新品类——能量饮料——的品牌之一。自成立以来,红牛一直处于这一领域的领先地位。目前在全球占有43%的市场份额[23],在2013年总营业额达62.4亿美元[24]。红牛起源于泰国,在那里它被称为Krating Daeng,意思是"红水牛"。红牛成立于1987年,当时联合利华的营销高管德尔里希·马特西茨(Dietrich Mateschitz)将这种能量饮料引入了欧洲。他改变了饮料的成分以更加适应西方人的口味,由此创造了一种新的"能量饮料"类别。

红牛获得成功的主要原因之一是它非传统的营销传播方式,从制造"轰动效应"和口碑宣传到赞助极限运动,这些传播都符合作为一个酷、时尚、叛逆的品牌的个性。最初因其成分禁止红牛进入德国、法国和其他欧洲主要市场的禁令,也为其品牌增添了神秘性。截至2014年,该品牌在欧盟所有成员国和全球166个国家和地区均有销售。[25]

红牛最初的营销瞄准其目标细分群体——学生、时尚人士和高端酒吧,以及极限运动员。通过在这些群体中推广该产品,红牛创造了积极的口碑。红牛车队紧随其后,赞助体育赛事和极限运动,通过帆板、滑翔机、一级方程式车队以及自己的团队来塑造自己的品牌个性，而不是利用名人代言。红牛车队大概赞助了650名运动员。[26] 该公司将近1/3的年收入用于全球营销。2012年3月的营销支出约为22亿美元。其中约20%（将近4.4亿美元）的营销支出用于体育赛事和运动员。[27] 可口可乐在2013年的广告支出为33亿美元，占其净销售额的7%。[28]

尽管红牛起源于亚洲，但其总部设在奥地利，并已成长为一个跨越大洲的国际品牌。红牛是一个经典的例子，它很好地说明了长期的企业愿景和强有力的品牌推广如何把一种普通饮料变成一个在世界各地都受欢迎的国际品牌。

开发新技术

现代技术有助于组织开发、管理和衡量品牌活动，在品牌战略中发挥着不可或缺的作用。此外，技术手段还有助于提高效率，增强企业的竞争优势。

一个品牌未来的成功很大程度上取决于它如何管理移动、社交和数字媒体变革。大数据的崛起是全球和本土企业的一个范式转变。下一代的商业领袖必须重新认识投资电子商务和大数据分析等技术支持平台的必要性。但仅仅靠投资不足以成功，在这个品牌的新时代，组织结构应该随能力的变化而变化，让技术和分析成为品牌的延伸，成为企业基因的一部分。聪明的领导者必须认识到信息和大数据分析的价值，像管理资产负债表上的其他资产那样管理它们，并让负责收集、解释和利用这些资产的管理者在董事会中也有一席之地。

品牌竞争格局中的三次爆炸性转变

设备爆炸式增长：目前全球75%的人口拥有手机，预计在2013—2018年，全球手机数据流量将增长11倍。[29] 任何认真关注人们如何在未来购买和互动的品牌，必须使其营销和传播策略不仅针对在线和移动商务进行优化，还要关注各种形式的数字互动。品牌必须在个人电脑、笔记本电脑、智能手机、平板电脑到电视,甚至车载设备等多种设备上提供流畅的体验。强大的品牌有着严谨的消费者承诺,与消费者的每一次接触都会影响这些承诺的兑现。因此,随着触点的激增,品牌拥有更多的机会将自己与竞争对手区分开来,并通过这些触点来满足或超越客户的期望。

对任何现代企业来说,不论其规模及所处的行业,公司网站都是重要的渠道。许多亚洲公司都低估了互联网作为打造品牌传播渠道的力量。如果一个公司没有在互联网上或在消费者选择的互联网连接设备上采取相应的可获得策略,它相当于不存在。消费者希望公司拥有强大的在线影响力。网站的结构和管理越专业、交互性越强,对互联网越来越精通的客户对品牌的感知就越好。网站作为一个有针对性的传播渠道,为微营销提供了一个很好的平台。

在当今的工作环境中,一个设计良好且不断更新的企业内部网是必不可少的。随着员工在全球范围内工作和出差,企业内部网已逐渐虚拟化。外联网可以促进与战略伙伴、供应商和客户的无缝联系。它可以帮助避免费时的文书工作和手工处理的许多问题。内联网和外联网的融合是成功实施营销和品牌战略的关键协作平台。

社交媒体的爆炸式增长:消费者一直是品牌最有效的广告投放渠道。然而,今天的消费者在很大程度上拥有和控制着一个品牌的信息。客户曾经处于通信链的末端,仅仅是接收信息,但现在他们处于一个巨大的网络中心,积极地过滤、编辑和掩饰他们自己的消息和体验。他们已经成为品牌的共同创造者。共同创造也是一种广泛应用的定性研究技术,为品牌建设的创新战略提供了动力。

博客、在线论坛、推特和脸书等交流渠道的迅速成长,正日益成为客户和其他利益相关者表达积极或消极想法的重要方式。监控这些渠道可以让公司高管立刻对客户的反馈做出反应。它提供了一个渠道,邀请客户和品牌分享它们的经验,但同时也作为客户投诉、追踪和回应的一个渠道。在企业公共关系、社会责任和积极品牌建设活动中,这些渠道发挥着越来越重要的作用。

除了博客，网络工作平台和社交媒体平台（如脸书[30]和推特[31]）上的营销和品牌活动近年来也呈爆炸式增长。

消费者接收品牌信息的方式也发生了变化。太多的营销人员将数字媒体和社交媒体视为一个传统平台——通过广告定位消费者。一个品牌的数字形象必须与消费者使用新媒体的原因相一致，用于互动、娱乐和解决问题。伟大的品牌创建粉丝可以分享和使用的内容和平台作为自己的延伸。这导致了一种全新的营销方式——"内容营销"的兴起。

数据的爆炸式增长：社交媒体和互联设备已经引发了对即时消息的洞察力。如今，软件不仅能捕捉博客、评论、新闻和社交媒体上关于某一品牌的每一次对话，还能利用自然语言处理技术来解读语义的细微差别，比如讽刺和文字游戏（在社交媒体分析领域，这种技术被称为"情绪分析"）。新一代的设备还将从我们的身体和环境中收集信息。这种潜在的洞察力水平意味着分析的严谨性必须成为品牌的核心竞争力。营销人员必须成为数据科学家，以推动创新，改进产品和服务，提供更好的零售服务以及更符合企业内容的相关广告，并在客户实际表达之前准确预测他们的需求。

公司目前最大的优势之一是功能强大的客户数据库。互联网的爆炸式发展，以及记录客户在线互动和购买行为具体细节的可能性，能够给这些数据库增添更多的功能。市场导向就是最优地利用这些数据库。这些数据库提供的潜在营销信息能使公司清楚地了解客户当前和潜在的需求，从而帮助企业更好地提供符合客户需求的产品和服务。

授权人们成为品牌大使

公司最重要的资产之一就是人力资源。他们每天都在和彼此、客户、供应商、竞争对手、行业专家互动。但是员工也会跟大量与公司毫无关联的人打交道，比如家人、朋友、以前的同事和其他人。因此，他们是公司最重要的品牌大使，他们的态度、行为和建议将会显著影响人们对品牌的认知。

一个品牌是由人们对其产品、服务和系统所拥有的数千种体验构成的。

因此，员工是品牌战略的驱动力，也是品牌战略设计的核心要素。如果没有企业文化、奖励、流程、战略以及有效的支撑架构，那么管理高层的愿景是毫无用处的。将员工转变为品牌大使最有效的方法是在品牌战略（包括愿景、价值观、个性等）方面对每一位员工进行充分的培训，并确保其充分理解公司在客户和利益相关者心中的目标。

今天最好的品牌已经把公司的目标和愿景围绕在客户需求、价值观和情感上。因此，组织应该寻找那些想要为顾客提供最佳服务的个体。这种以客户为中心的文化是十分重要的，因为无论公司的流程和系统结构有多好，都不可能编写每一个可能的场景脚本。当员工拥有正确的价值体系时，他们更有可能自发地以正确的方式去做事。

2013年，汇丰银行员工共接受了988 000天的在线和面对面培训，相当于每位全职员工近4天的培训时间。在公司内部的汇丰商学院，员工可以根据自己的具体角色和业务领域，获得一套全面的工具和学习材料。此外，还有一个专门的国际管理方案，为成功的雇员提供机会，让他们以不同的角色、在不同的地点发展国际职业生涯。[32]

管理就是控制，领导就是授权。权力和责任感对人的行为有显著的影响，使人更关注信息、识别行为，变得更加果断、精力充沛和乐观。授权给人一种成就感，让他们的日常任务从本质上更有激励作用。

像耐克和苹果这样的品牌就因其在吸引、发展和留住人才方面所做的全面努力而出名。它们意识到新人才加入的风险，新的血液有可能对它们独特而强大的公司文化有所影响。申请人必须与几位现任员工会面，由他们评估申请人能否融入公司文化。公司在招聘过程中投入了大量的精力，以确保新人能够融入公司文化，而公司文化与公司的品牌又是紧密相连的。对人力资源的投入是这些公司获得成功的重要组成部分。

内部品牌——让组织活在品牌之中[33]

香格里拉酒店是一个很好的范例，说明了一个领先的亚洲酒店品牌是如何通过将员工和管理层与整体品牌战略结合起来，在组织内部实践品牌建设的。香格里拉的使命是让每一位顾客都满意。为了维护其品牌形象，它必须确保每一位员工都提供一流的服务，并促使集团旗下的88家酒店和度假村保持一致。为此，香格里拉酒店于1996年推出了"香格里拉关怀系列"，这是一个培训管理人员和员工的综合培训项目。

该培训项目分为四个模块，分别是香格里拉酒店、取悦客户、恢复忠诚和全心投入。例如，第四个模块的目标是让员工了解他们的全心投入对客户、同事和公司产生的积极影响。这是关于每个员工如何能够表现出由自我驱动的真正的关心。

该项目的目的是培训工作人员改进其提供的服务。项目内容包括如何践行企业价值观的培训，通过个性化的服务为客户提供难忘的体验，以及当无法控制的错误发生时，如何保持和恢复客户的忠诚度。

公司管理层已经强制要求为培训分配单独的预算，并确保培训计划的如期顺利实施。通过专注于国际酒店品牌建设，香格里拉在世界各地的酒店都树立了一致的品牌形象。此外，每一位员工都是企业的品牌大使，都能够始终如一地践行品牌承诺。

创建适当的交付系统

一个品牌是一个成功的商业战略的象征，它承诺了所有利益相关者对公司的期望。只有不断地满足这些期望，品牌才会实现增值。因此，产品和服务承诺的交付是十分重要的，没有交付的承诺对公司来说是没有价值的。想想客户的生命周期，以及他在这一时间跨度中提供的价值，公司应该确保按照内部规范和外部期望谨慎地对待每一位客户。关键是将企业品牌承诺很好地交付——这是品牌超越客户期望的理想状态。

新加坡航空公司对公司内部所有的客户触点都有严格、详细、深入的描述，并将资源用于确保每次接触都能有效地交付给每一位客户。所有新加坡航空公司的员工，不论职位和地理位置，每年都要花费大量的工作时间来接受培训。

总的来说，企业（尤其是多元化或扩张型企业）面临的挑战之一是建立一个系统的架构，以应对与品牌战略相关的多种因素和考虑。为了确保品牌承诺的一致性，公司应该建立一些基准和指导方针，用于规范公司内部的所有不同职能。通过实现和管理第 6 章中讨论的客户触点模型，公司可以确保内部和外部利益相关者在整个过程中达到充分的一致。

变化的市场趋势和客户心态促使品牌管理过程不断变革、即持续发展。这一过程可以看作一个循环，即持续地从市场和客户那里获取输入，并不断发展品牌的过程。

公司还需要决定营销组织的结构，即是集中的还是分散的。集中的营销结构的例子如三星，它的目标是建立一个高端品牌。该公司希望以长期的方式统一管理品牌。在三星决定通过其首尔总部的中央营销组织管理品牌形象之前，许多营销活动都是跨地区的本地化，这使得品牌被稀释，对企业形象也产生了一定误解。

> Mercury Drug 是菲律宾最大的连锁药店，拥有 900 多家门店。这家店是由马里亚诺·郭（Mariano Que）创立的，1945 年他在马尼拉开了第一家店，在这之前他曾在一辆手推车上卖过药品。1960 年，阿亚拉集团在马卡蒂的一个新购物中心租用了一个店面，第二家 Mercury Drug 作为一家自助药店在这里开业。创新一直是品牌的一部分，Mercury Drug 最早推出了送货系统（1948 年）、24 小时药店（1965 年）以及车载药店（2012 年）。[34]

传播

埃森哲与 CSO Insights 合作进行的 2013 年销售业绩优化研究显示，70% 的企业承认，它们尚未建立牢固的客户关系。[35] 好产品供不应求的日子已经过去了。随着产品数量的不断增加、品牌的激增，以及市场的过度传播，创造正确的知识已经变得与产品本身一样重要。

广告公司 DDB Worldwide 的创始人之一比尔·伯恩巴赫（Bill Bernbach）对品牌影响力的评价很高："没人在意你投放了多少广告，他们只记得你给人留下的印象。"[36] 亚洲公司必须意识到，传播不仅仅是创意广告，它是一个更全面的实践，包含了整个传播内核的组合，唯一的目标是在功能和情感层面与客户建立联系。

在整个20世纪80年代和90年代，香港上海汇丰银行通过有机增长和收购实现迅速成长。1999年，该公司决定使用汇丰银行作为其品牌名称和国际标志。此次品牌重塑活动涉及79个国家的19个不同的银行品牌。汇丰银行围绕"世界本土银行"建立了独特的定位，针对不同的市场和文化量身定制广告，在差异化品牌方面取得了成功。

汇丰银行新任CEO欧志华（Stuart Gulliver）在经历了长期的成功运营后，于2011年将"世界本土银行"的定位移除，以应对增长乏力、裁员不断增加、业务规模过小以及行业监管压力不断加大等问题。汇丰银行现在的重点已转向"回归贸易融资根源"，并投资于巴西、土耳其、印度和中国等具有高增长潜力的市场。[37]

公司应该确保通过整合营销传播方式，赋予品牌生命力，并与客户产生共鸣。所有的品牌信息应该是一致的、清晰的，并且与目标客户相关、易于理解。

通常情况下，公司都注重购买广告策略；实际上，它们应该购买能够增加品牌价值的营销效果。关注价值创造方面，公司可以与合适的传播伙伴建立长期的关系，如广告代理、公关和媒体代理等。这些合作伙伴应该成为品牌的战略合作伙伴，并对公司的品牌结果负责。

以下是有效传播的几条准则：

（1）探索多种营销传播方式，如公共关系互动、在线广告、活动赞助等，而不是只关注大众媒体广告；

（2）让社会上有话语权的各界人士参与到传播过程中；

（3）永远不要让广告代理商和其他各方决定传播策略——这应该由公司决定，但要与代理商协商；

（4）强大的品牌反映着社会趋势，通过采用最新的趋势和传播方式，在与信息保持一致和相关之间保持平衡；

（5）采用综合营销传播方法，充分利用所有可用的渠道进行有效传播。

衡量品牌绩效

与企业一样，品牌也必须为股东创造价值并承担责任。品牌为企业提供了多少价值？在确保盈利能力和竞争力方面，品牌有多重要？这些都是企业必须回答的问题，也是成功实施公司战略的重要组成部分。

正如第 6 章所述，品牌资产包括各种量身定制的指标（包括财务方面的品牌价值），这些指标必须定期跟踪。品牌计分卡可以帮助了解品牌资产的概况，以及战略实施过程中品牌指标的进展情况。此外，企业应该运用定性和定量组合工具来衡量企业的品牌资产。

例如，客户的终生价值是主要的营销指标之一，它表明公司可以从客户那里获得多少收入。研究人员曾估计，一位宝马的客户的价值约为 143 500 美元，一位可口可乐的客户的价值约为 1 200 美元。[38]

另一个与终生价值相关的重要指标是顾客满意度。品牌的成功使星巴克不得不面临顾客满意度问题。长时间的等待，导致顾客对整体品牌的满意度下降。一项分析发现，不满意的顾客只光顾星巴克一年，共计 47 次，消费了 200 美元；而非常满意的顾客会光顾星巴克 8 年多，每年光顾 86 次，在此期间消费了 3 000 多美元。这一结果令人如此震惊，以至于星巴克决定花费 4 000 万美元增加员工，以减少顾客等待时间，提高顾客满意度。[39] 市场调查还显示，75％的顾客看重友好、方便、快捷的服务，但只有 54％的顾客在不到 3 分钟的时间内就享受了服务。当新的员工加入并推出星巴克卡以加快支付速度后，这一数字上升到了 85％，顾客满意度也提高了 20％。[40]

这些例子说明了将营销决策提升到董事会层面的必要性，原因主要有两点：其一，营销指标向 CEO 传达了一个强有力的信息，即品牌推广推动利润增长的能力；其二，在有限的营销部门范围内无法做出具有战略意义的决策，营销人员必须变得更加跨职能，并在组织内的团队中工作。

要将品牌管理提升到董事会层面，企业必须准确评估和衡量品牌投资的财务影响及其对企业整体增长的贡献。目前，许多公司都使用许多方法来评估品牌价值，并跟踪品牌活动取得的回报。从长远来看，公司应该采用一种基于特定公司和特定行业参数追踪品牌回报的方法，而不是仅仅采用如第 6

章所述的某些专门工具。

随着数字媒体和社交媒体营销渠道的出现,准确地衡量投资回报率是一项越来越有挑战性的任务。2013年麦肯锡的客户案例分析显示,大约15%～20%的营销预算可能再投资在其他活动。[41] 无法显示有形营销和品牌投资回报是营销高管面临的主要问题。然而,通过采用第6章的措施之一,可以有效地解决这一问题。

体育用品巨头耐克公司用市场地位和品牌实力等因素来评估CEO的表现,它们都是公司成功的明确指标。[42] 只有让企业领导人对自己的行为负责,他们才会全心投入,并致力于打造强大的品牌。这一问题关系到投资者的信心和公司治理,在亚洲公司的董事会中只能逐渐被采纳。这种趋势越来越明显,特别是在上市公司和金融股东所拥有的公司中,这些公司越来越多地审查董事会的战略,从而获得更好的股东价值。

定期调整——做自己改变的推动者

各行各业的商业格局几乎每天都在变化。因此,企业需要定期评估并随时调整其品牌战略。显然,一个强大的品牌应该保持相关的差异化,不因时间的推移而改变,因此在所有参数之间保持平衡是至关重要的。品牌战略的基本部分,如愿景、本质、个性和价值观不应该经常变化,它们事关整个组织中成千上万的日常互动和行动,应该具有稳定性。

企业管理成功的一个关键因素是避免自满情绪,这种情绪会影响组织目标的设定。强大的品牌是由永不厌倦于提高自身卓越水平的领导者推动的。他们是企业变革的推动者,也是打造伟大品牌的冠军。

曾经辉煌一时的公司其坎坷之路往往始于巨大的成功。当管理者把注意力放在能带来成功的策略的有效执行上,更加关注短期目标以使股价波动降至最低,这往往意味着企业进入了一段较长的平庸时期。最终,当竞争对手取得飞跃时,自满被紧迫感所取代。紧迫感难以孕育真正的创新,尤其是当管理层被迫改变时。

建立任何成功的品牌都依赖于公司股东的参与,他们最终必须分配品牌建设所需的必要资源,并评估投资回报率。这就对非执行董事的类型以及他们对品牌这门战略学科的知识和理念提出了质疑。在亚洲董事会中，大多数高管都是从技术、运营或财务领域提拔上来的，很少有从品牌和营销领域提拔上来的。如果董事会中能够拥有一两名具备品牌知识、工具和国际经验的非执行董事，股东和公司都可以从中获益，他们可以平衡传统的技术和财务经验的过度占比。非执行董事之间关于品牌战略、资源需求与盈利能力和业绩之间的争论，将带来更加令人满意、细节也更加细腻的结果。

在这一方面，亚洲公司的董事会已经取得了一些不错的进展。埃森哲2013年的一项研究发现，84％的亚洲CMO认为，他们拥有合适的人员、工具和资源，能够实现企业的营销目标。这一比例高于埃森哲全球研究发现的60％的全球平均水平。该研究还确定了亚洲CMO的先进思想，他们在接受和实现数字能力方面有很强的承诺水平。[43]

品牌推广是一种潜在的强大工具，可以重新调整企业战略，确保企业利用其未开发的内部和外部资源，这一工具在任何行业和任何规模的企业都是适用的。一个强大的CEO和一个专注的管理团队总是在寻求提高自己的标准，成为公司变革的推动者，并以强大的企业品牌为后盾。此外，这些团队还扮演着积极的角色，致力于整个公司的品牌建设。

精心策划和专业管理的品牌战略和实施计划是未来亚洲董事会任务的重要组成部分。它可以帮助驱动盈利能力和股东价值，使利益相关者、管理层和公司的利益保持一致。好消息是，越来越多的迹象表明，亚洲企业的董事会对这一战略转变持开放态度。

为什么要创新？——建设现代品牌和商业需要

现实世界中选择众多，品牌的目的就是要引导消费者做出更好的选择。真正的创新可能是最强大的差异化。创新不是把差异化留给营销人员和创意人员，而是通过满足消费者需求创造独特的价值，以竞争对手无法做到的方式——创造一个不平等的竞争环境。

坚持不懈的创业精神是企业长期发展的动力源泉，也是企业的"灵魂"所在。相比于规则，创新仍然是最重要的。企业在发展过程中会面临许多机遇和挑战，领导者应该将其转化为动力，不断追求创新，把创新作为企业差异化的最重要因素。

创新使竞争变得无关紧要：当组织将同质化的产品推向市场，它们只能通过容易复制的增量改进或通过降低价格来竞争。然而，在创意层面运作的组织开发的产品重新定义了它们的类别，以意想不到的方式取悦客户，巩固情感纽带，让竞争变得无关紧要。

企业规模不再是市场力量的屏障：历史表明，随着时间的推移，结构和技术正在发生变化，每一个垄断都会面临终结。我们见证过商业巨头的陨落，也看到过价值数十亿美元的公司的崛起。新创企业现在可以使用云基础设施、外包制造和众筹资金，而各地的风险投资者也在积极寻找新的思路，将自己的资源投入其中。很少有行业还存在巨大的进入壁垒。

仿制策略可以让你生存，但会削弱企业的品牌价值，真正的创新是十分必要的：在大多数行业中，企业生存往往取决于产品、服务和流程被模仿的周期。既然创新可以如此迅速地商品化，而且先行者受益的持续时间越来越短，为什么还要如此努力地进行创新呢？要找到答案，就看看苹果吧——多年来，苹果一直深受消费者喜爱，因为它创造出了消费者从来都不知道的自己想要的产品。

不管是什么激励着当今的商业领袖去实现真正的创新——无论是害怕失败还是想要抓住机遇——不断追求全新的观念已成为现代商业的当务之急。创新是企业实现最终差异化的必要工具。

注释

| 第 10 章 |

对亚洲企业董事会重拾信心

亚洲环境中对品牌战略成功的影响

未来，亚洲商业形势将飞速变化和调整。其中，受益于国际品牌的亚洲企业将迎来新的商业契机。越来越受到重视的国际品牌也将着力推动亚洲企业董事会的建设，品牌形象将会成为亚太地区未来 20 年最重要的价值推动力之一。

"品牌"一词在亚洲媒体的新闻稿件、学术会议和研讨会的主题演讲或讨论中司空见惯。尽管面对这样"狂轰滥炸"式的"洗脑"，人们对这一概念似乎仍旧一知半解。大多数人仍然认为品牌活动是指公司如何使用商标、包装和广告进行宣传推广，殊不知品牌活动其实贯穿了从组织策划到落地执行的始终。无论什么样的活动，若其最终希望达到与众不同、赋予顾客差异化的消费体验的目的，就必须考虑品牌的建设。

全球品牌和公司是两个截然不同的实体。正如本书所说明的，品牌化是董事会层面的议程。除非董事会主席或 CEO 接受并分配所需的资源，否则品牌化过程无法得出其理论意义上的结论。但只有理论上的基础是远远不够的。领导者需要一个整体的视角和对规则的深入了解，才能成为真正意义上国际化的、卓越的商业领袖和品牌建设者。

依照经验，除了技术、运营和金融专业人士，难有其他人在亚洲企业董事会中获得一席之地。但是未来，这些能力将不足以支撑日益增长和强化的股东价值。在以品牌为中心的基础上，为确保品牌管理可以在企业最高层得以实施，董事会的品牌能力和经验至关重要。这可以通过两种方式实现：其一，教育和培训有助于高级经理人形成对规则、机遇和挑战的共识；其二，公司可以向董事会推荐拥有深厚市场和品牌背景的人才。理想情况下，企业可以结合上述两种方式达到最佳效果。

亚洲品牌确实可以与全球品牌建设者同台竞技，但这需要新的思维体系、资源和能力。亚洲董事会及其品牌正面临新的机遇。

有抱负的亚洲品牌面临的挑战

低成本商品

低成本战略曾经是亚洲企业的竞争优势，现在全球的公司基本都可以实现这一战略，它已成为当今大多数市场的准入门槛。换句话说，低成本已成为一种标配。市场处于动态变化中，亚洲企业必须找到具备可持续竞争优势的替代资源。采用更加品牌导向的思维建立强大的品牌，将是亚洲企业获得机会和利润的理想方式。

亚洲的成本优势正在逐步减弱。埃森哲对 250 名在海外扩张的亚洲公司的高管的调研结果显示：当分析 3 年后的竞争优势比较时，55％的人选择了高质量的产品和服务，47％选择了高价值创新，只有少数人认为低成本运作在 3 年后是竞争优势。[1]

价格战是在国际市场实现差异化竞争路上的一大绊脚石。公司必须在采取低成本战略的竞争对手降价前通过加强创新、提高利润来提升其竞争力。由于成本控制困难给企业带来日益沉重的压力，为了企业的生存和成长，它们必须将传统的竞争模式（成本竞争）转换为新的竞争模式（设计和创新）。

期望在国外市场实现突破和成长的品牌必须意识到创新的重要性。松下、三星、丰田就是成功的典范，面对日益残酷的市场竞争，它们的选择不是如何降低成本和售价，而是如何用更好的创新做出更好的产品，进而得到更多消费者的认可。当然，这样的战略选择，需要企业有足够的耐心和坚持。商业领袖必须拥有将沉迷量产的制造业模式转换到以提升客户价值为导向的模式的勇气和意志。

小米——将创新作为企业价值引导

创立于 2010 年的小米如今已经成为中国最大的智能手机制造商以及仅次于三星、苹果和联想的世界第四大手机制造商。[2] 它的创始人雷军曾说，一直以来，小米总是因其极力推进成本最小化的商业模式受到广大消费者热议。[3] 截至 2014 年 11 月，小米占据了全球智能手机 6% 的市场份额。而此刻的小米只是在亚洲的 10 个国家进行推广销售，并没有在西方进行营销推广。[4]

与苹果不同的是，小米的目标市场聚焦于中产阶层的顾客和更愿意购买高性价比产品的年轻人，而不是那些社会上层人士。小米手机使用安卓系统，其售价在 100～400 美元；相比之下，使用全新系统的苹果和三星手机，其最低售价也要高于 650 美元。虽然小米的产品性能不及那些高端产品，但其超过 40% 的成本节约在行业中还是可圈可点的。

400 亿元的市值、三倍于联想的市场份额、以成为世界 500 强企业为愿景的小米如今正着手开展其国际化的战略进程。但是，如果想要在市场中长久生存和发展，它必须意识到创新的重要性，仅仅靠模仿求生是绝对行不通的。[5]

开放的中国经济

开放的中国经济给中国企业提供了大量的机遇，尤其是中国加入世贸组织和政府允许外国企业投资国家控股的企业之后。但与此同时，这也带来了艰难的挑战。品牌在中国仍然是一个相对年轻的概念，一些公司仍仅以价格为竞争手段，从而降低了品牌价值在消费者心中的影响力。在这样的市场结构下，以品牌为导向的企业短期内既要考虑如何进行价格竞争，又要继续保持以品牌为核心的企业建设。

采用这样发展模式的一个典型代表就是可口可乐为扩大中国市场而采取的定价策略。为了占领市场，可口可乐起初以 1 元人民币的价格出售可乐。

而到了 2014 年，330 毫升的可乐的售价为 3.45 元。[6] 可口可乐起初为了拓展更大市场而采取的极端低价策略一度将品牌价值置于危险边缘。高露洁也是证明上述观点的一个典型案例。在中国进行的一项调查显示：中国的高端品牌和大众市场品牌的价格差距达到 30%～50%，这一调研结果迫使高露洁不得不将价格降低到市场可接受的程度，与此同时还需要保持其品牌的核心价值。未来，各行各业的不同品牌都将面临这一类型的挑战。[7]

亚洲人的交易心态

即使在今天，大多数亚洲公司仍然将"交易"作为企业价值和功能的核心。实际上，交易只是一种获利的形式——以较低的成本获得商品（或生产商品）并以较高的价格出售，而不是通过品牌和创新形成企业的独特性。

短期销售和有形资产投资往往在企业业务中占据主导地位。麦肯锡的一项研究显示，有形资产在亚洲参与全球化竞争的过程中占据的比例越来越低。同时，研究表明亚洲最大的价值创造者呈现的销售与资产比例为 1∶1，而亚洲企业的平均水平为 1∶4。[8] 专注于有形资产、短期效应和风险最小化的保守思维定式已将品牌化推向可选的战术工具这一定位。在这样的环境背景下，亚洲企业，尤其是企业 CEO，并没有完全意识到要将品牌和企业管理纳入战略范畴，而是将品牌推广仅作为一个组织推广的方向。亚洲董事会有必要接受并着力支持在品牌和品牌打造之类的无形资产方面的投入，当然，这样的投资如果想要看到成效，或许需要等待几年的时间。

大型多元化集团的统治地位

多数亚洲品牌的源头可以追溯到其家族创始人。在西方发达经济体中，创始家族往往会逐渐稀释其在公司中的股份，公司也将逐渐演变为混合所有者结构，而亚洲经济体仍然以家族拥有/控制的形式为主导。鉴于这些家族企业拥有万贯家财，它们经营的思考角度往往侧重于通过多元化发展来最大限度地降低风险。

品牌建设需要消耗大量的财力。全球品牌已经能够通过结合其许多相关业务部门的品牌成本来获得规模经济。然而，亚洲企业的现状仍然是由大型企业集团主导，这些企业集团在许多 B2C 和 B2B 公司中拥有多元化的利益，在某种程度上，这也阻碍了它们在品牌投资方面获得规模效应。

根据麦肯锡的研究，90%的亚洲价值创造者通过将业务集中在一个行业领域获得 80%以上的收入。此外，这些公司专注于无形资产的投入而不是实体资产，如培育人才、利用网络效应、以品牌和声誉为基础创造协同效应等。[9] 另外，多元化的利益集合给创建和管理一个一致的品牌个性带来了更大的挑战和困难。

印度的 Reliance 集团就是一个多元化企业集团的典型例子，其业务涉及石油化工、金融咨询、电信和石油勘探。2005—2006 年，由于企业管理团队逐渐分割为两个独立的团队，Reliance 集团也因此一分为二。[10] 从长远来看，试图将不同行业的不同业务品牌化，其结果往往是资源浪费。希望建立强大的品牌但资源有限的中小型公司，如果它们将自身业务高度多元化，就会发现打造品牌效应是极度困难的。

产能过剩

和印度一样，中国正因其迅速增长且潜力巨大的经济和庞大的人口基数吸引了世界的关注。由于全球品牌和本土企业的不断冲击，整个亚洲市场也面临着产能过剩危机。[11]

仅就中国而言，许多行业有着高达 30%的过剩产能。[12] 其直接结果是给企业带来巨大压力，由此导致企业增长放缓、盈利能力下降。产能过剩可能导致激烈的价格战。在这种情况下，公司将很难继续维持品牌投资、坚持价值主张。

产权保护和贸易保护

随着科技的创新、技术的进步以及品牌在企业业务活动中日趋显著的应用，知识产权法律的存在和实施变得至关重要。

一些亚洲国家的本土品牌也会遭受侵权盗版的影响，这在无形中为亚洲各国政府实施强制性的知识产权法律、执行有效的法律措施以确保亚洲顺利过渡到价值链更高的位置增加了压力。

联想的国际飞跃[13]

联想集团是中国最大的计算机制造商，在 2005 年购买了 IBM 的 PC 业务后得到了大量的曝光和消费者的认可。其中，交易的一部分是在接下来 5 年继续使用 IBM Think 品牌的权利。在此之前，联想就已深刻地认识到贸易保护是其成功实现全球化扩张的重要途径。在公司名称还是"Legend"时期，联想就已经被其他企业在各个国家进行交易。[14] 这也导致联想对市场有了全新的认知，继而更改品牌名称并减少子品牌的数量。2004 年 4 月，联想集团正式更名。这个新的品牌名称既保留了其以"L"为首（Lenovo）的特征，又让人对汉字"联想"产生关联。这一名称经过了不同语言的考验、获得了网站域名并且非常易于拼写。[15] 但最重要的是，它通过了大多数国家的商标注册程序。

在 2005 年，联想获得了 IBM 的分销权，价值 17.5 亿美元。它能够获得授权的原因十分简单——联想会使 IBM 的品牌在 PC 市场内更值得信赖。此次收购作为中国全球品牌收购的开端，得到了全球媒体的大力宣传。联想也因此快速成为继戴尔、惠普之后世界第三大计算机制造商。2012 年，联想的排名从世界第三升到了第二，最终在 2013 年成为世界上最大的计算机制造商，占据了全球 16% 的 PC 市场。[16]

随后，联想在两个新的领域复制了它的发展战略：花费 52 亿美元[17] 购买 IBM 的低端数据库和服务器[18]，以及从谷歌购买摩托罗拉品牌。尽管在购买前经过了很长时间的思想斗争，但结果好在摩托罗拉在新兴市场保持了稳固的品牌影响力，这也推动了联想在手机硬件市场紧随苹果和三星，位列第三。

品牌代言人是一个企业国际化视野和影响力的代表之一，联想于 2013 年末签约阿斯顿·库切尔（Ashton Kutcher）作为第一个世界品牌大使。[19] 联想在手机市场上的表现可圈可点，在它逐步将业务范围扩展到中国之外时，收购摩托罗拉是为了公司的发展进行的至关重要的战略举措。在 2014 年第二季度，联想智能手机的销量（1 580 万部）超过了电脑的销量（1 450 万台），[20] 联想也因此意图成为世界第一大手机生产商。[21]

如今，联想已经成为世界上唯一一个集手机、电脑、平板和服务为一体的综合性科技公司。[22] 作为市场中的品牌领导者，通过新业务部门开拓新兴市场并取得支配地位，联想很有可能再次攀升至全球领先地位。

全球品牌格局将发生重大变化

大量亚洲价值板块的出现

尽管亚洲转型到价值经济，但亚洲人口的很大一部分仍然生活在贫困之中，他们的教育水平低下、基础设施和支持体系不足——社会普遍将这一部分人定位为金字塔底端人群。[23] 这一部分群体仍然缺乏对于全球高端品牌的购买力。举个例子，联合利华印度子公司 Hindustan Lever 以低价引进了小包装洗发水，并成功满足了细分市场的需求，这个巨大的价值系统意味着亚洲市场仍存在巨大的未开发潜力。全球品牌需要调整自己的产品，并进行适当的品牌延伸规划以适应这个巨大的市场。

《哈佛商业评论》中的一篇文章对如何向金字塔底层进行市场营销进行了重要概述。组织必须通过降低可变成本和提高单笔交易的价格来提高利润。文章提出了一个"三管齐下"的框架来提高利润率：本地化基础产品，打造有效的服务，并通过细分客户群体进行营销。[24]

复杂品牌系统的出现

随着越来越多的全球品牌进入亚洲市场以及亚洲品牌在国际上的扩张，亚洲和全球品牌之间将有很多联盟和合资企业。这也给全球品牌在标准化的服务和本土化建设之间如何取得平衡带来了一定的困难和压力。而亚洲品牌的困境则是在与更大的全球伙伴合作时如何保持自己的品牌形象。

品牌需要建立与消费者产生共鸣的故事

随着品牌在全球市场的飞速发展，品牌需要找到创新和有力的方式来传递其价值主张。它们需要通过创立持续性的组织（协会）和能够引发客户共鸣的故事来激发客户的兴趣。为了确保持久的成功，公司采取一系列措施将其品牌融入社会结构并使其成为社区的一部分是至关重要的。[25] 利用流行文化和社会传播是建立成功品牌的两大主要驱动力。

标志性故事及其传播是创建标志性品牌的关键

许多公司意识到需要创建品牌，并最终使得品牌成为一个文化符号（标志），但是只有少部分品牌取得了成功。标志化不是偶然发生的，它需要细心策划和执行。

标志性故事的塑造是建立标志性品牌的关键，但是故事不能替代优质的产品和服务。最强大的品牌的首要成功因素是植根于产品和服务的。在建立成功品牌的所有要素中，产品达到质量标准是最基础和必须的。其次，这些优质的产品和服务被差异化以巩固企业在不同细分市场的地位，而这些差异化常常会结合企业文化并予以一定的创新。最后，它们是可获利的并且有着良好的运营机制，可以支持长期计划的实施而不为时间所改变。除了产品质量的加强、差异化和运营机制的制定，最终真正提升品牌影响力的因素是与消费者的强烈的情感连接。

让我们一起回顾一下过去的一些标志性品牌，可口可乐、哈雷-戴维森、阿玛尼、苹果、香奈儿、IBM、欧莱雅、路易威登、安缦以及新加坡航空，这些品牌都有一些共同的特征：所有这些品牌都与顾客和各自的利益相关者建立并维持了强烈的情感纽带，而这些情感纽带的连接远比创新、管理和运营的影响深远。这些品牌是塑造故事的大师，它们通过分享品牌故事，向顾客讲述它们的传奇，并传递"把这些故事分享给社区"的理念与责任。任何一个品牌为了达到品牌标志化，都必须创造一个标志性的故事。

创造一个标志性的故事

在我们的文化中，通过品牌故事和活动引起受众共鸣的品牌是最让人印象深刻的。这些品牌通过为它们自己建立一个文化标识的同时也为社会提供了一个文化符号。如今的品牌不是毫无生命力的"事物"，而是蓬勃发展的实体，具有允许客户通过消费表达自己的身份和个性的标志性意义。为了吸引客户并号召他们积极参与品牌活动的始终，品牌应该有一个可以让他们轻松识别并产生关联的强大故事。这样的故事不仅可以为品牌提供真实性，还可以让客户通过购买行为或产生关联来表达独特的自我感觉。

人类是厌烦喋喋不休的叙事的。我们对销售人员似乎不自觉就会产生怀疑，但是面对故事，我们似乎又会放下戒备，因为它的侵扰性较小，而且可以捕捉到我们的想象力。促销和打折等方式虽然看似在短期内卓有成效，但几乎不会带来真正的顾客忠诚。此外，它们也很容易被竞争对手复制，造成恶性循环。

人类是一种不断进化的生物，通过讲故事定义了如何讲述分享有价值的理念，以及为了生存建立关系。

伟大的品牌能够与消费者产生共鸣，并以一个简单的词语触动他们，如自由（哈雷-戴维森）、动力（宝马）、设计（苹果）、优雅（迪奥）、想象力（乐高）、美丽（雅诗兰黛）或安全（沃尔沃）。这些品牌故事为消费者提供了一个将品牌提升到超越实用性角色的理由。这就是所谓的用逻辑打开心灵，用情感打开钱包。

社会学研究表明，当品牌的多个元素（如图像、故事和联系）利用更深层次的意义或共同价值观时，人们不太可能转换品牌。

创作有力的品牌故事

引人入胜的品牌故事始于品牌的创立目的。要建立一个标志性的品牌，公司的宗旨必须是明确且超前的观念——这个观念不仅可以使品牌成为一个特定市场中强有力的竞争者，获得市场份额或成为"选定的提供商"，还能帮助企业创造更多的价值。愿景和使命是品牌和高级经理人发展的基石。愿景使品牌得以存在，使命为品牌提供战略目标的理由。

公司的首要任务应该是对组织的可持续竞争优势有一个明确的理念。做别人做过的事情是不会形成竞争优势的。为了提出一个有建设性的建议，管理高层必须首先了解每个利益相关者，并确定优先级。利益相关者不仅包括客户，而且包括员工、投资者、合作伙伴和供应商，甚至是一个品牌扎根经营的国家的公民。

假设一家公司有了明确的企业愿景和使命，如何把它发展成一个故事呢？答案是人。品牌必须精心培育使其品牌故事长期存在的文化。奖励机制、流程、战略和结构必须有效地支持文化的输出。公司只能通过将招聘流程、薪酬体系、培训、识别和测量方案直接与品牌主张和理想文化紧密结合和尝试来提供真正的品牌体验。

构建强大的品牌社群

开发标志性品牌的目标不仅仅是分享，而且是品牌社群的成长和强化。一个品牌社群是一群忠实的品牌客户的集合，他们因为对品牌忠诚以及共同享受品牌所提供的服务而聚集在一起。这些社群成员之间存在内在的联系，并且与社群之外的人存在集体意义上的差异。

结论

当人们认为一个品牌的价值远远超过其产品本身、产品价格、产品销售地点或渠道及促销时，也就是说，品牌故事超越了一般性的叙事并与消费者的核心价值观产生共鸣时，就意味着企业具有了标志性品牌的基本要素。

标志性品牌起始于以公司真实精神或历史为基础的使命，需要产品和服务绩效以及盈利能力予以支持，但最终由客户通过购买来表达自己独特的自我感觉的强烈情感来定义。品牌价值最终融入社会文化结构并成为持久的文化象征的公司，它们掌握了讲故事的艺术并构建了为它们的故事提供永久性素材的社群。

为了建立标志性的品牌，必须创造神奇的驱动力，首先且最重要的是对购买它们的产品或服务的人的情感需求的高度重视。

斐济水就是这样一个品牌，它基于与远离目标市场的神秘岛屿有关的强大故事而成长。通过将故事融入客户的日常生活，斐济水一直保持着一个富有价值的品牌的活力和影响力。

斐济水——异国情调的饮用水品牌

在瓶装水行业，很少有像斐济水这种类型的产品品牌通过推广活动对竞争力和差异化产生如此巨大的影响。许多人认为所有的水味道都是一样的。这就意味着这一类别品牌的建设核心不在于产品，而在于品牌故事。能讲出更好的品牌故事并用可靠的事实支持的公司，最终会创造一个令人兴奋的神话并取得成功。

尽管产品本身的物理属性无法区分，但斐济水公司通过围绕产品创造一个强大的故事而在众多饮用水品牌中脱颖而出。利用智慧和品牌基因可以将最简单的商品打造成爆款。斐济水似乎深谙其道。在由法国的依云、可口可乐的达萨尼和百事的纯水乐主导的市场中，斐济水用短短10年的时间在不断增长的全球市场中占据了一席之地。

斐济水的产生背景和发展哲学

斐济水公司于1988年在科罗拉多州成立，其品牌创建人大卫·吉尔摩（David Gilmour）是一位对酒店、房地产和金矿开采有着浓厚兴趣的商人。斐济水品牌于20世纪90年代初面世，当时吉尔摩与斐济政府达成了一项为期99年的协议，开发由政府签约的地质学家发现的含水层，并以斐济水为品牌名称进行销售。[26]

斐济是南太平洋一个拥有332个岛屿的国家，远离美国市场和客户。这种物理上的交通不便使得斐济水公司创造出令人神往的故事：其水提取于没有酸雨、除草剂、杀虫剂和其他污染物的天然生态系统，多年以来只经受天然的二氧化硅、玄武岩和砂岩等的过滤和洗礼。而将斐济的水从大自然提取到瓶中的过程，对于消费者来说是非常独特和愿意关注的。斐济水公司通过精美的包装和在官网上的清晰表述，将这一品牌故事完美地呈现给消费者。

除了斐济水，斐济本身也有一段悠久的故事。斐济是一片遍布珊瑚礁、热带雨林的未开发地，受大自然的爱护和庇佑没有受到现代社会一些看似不可避免的污染。这些故事在消费者心中形成了强烈的具有光环的品牌，而消费者又反过来为品牌带来新的传奇故事。

传奇创作的背后需要精准品牌营销的支持。斐济水没有采用常规的大众媒体来宣传产品。迄今为止，斐济水很少进行传统广告的推广，它一直侧重于双管齐下的品牌战略：建立战略性的关系和谨慎的分销渠道选择。

建立关系：斐济水的传播策略的第一个方面是与行业领先的餐厅、度假村和水疗中心的厨师建立个人合作关系，以促进更多的产品购买。[27]

吉尔摩利用他的酒店行业人脉将他的产品推销到顶级酒店、度假村和餐厅。凭借屡获殊荣的光洁银瓶设计，斐济水取代依云，成为许多顶级餐厅的指定用水。[28]

通过这种控制分销的战略以及只做高端产品的品牌定位，斐济水确保了其可以在最顶级的宾馆、度假村和水疗中心得到使用，并且可以得到其星级主厨的大力推荐。众所周知的是，瓶装饮用水因其难以获得高额利润而不被看好。而斐济水的定价策略让分销商和零售商从这种向来不赚钱的商品品类上获得了盈利的机会。[29]

渠道选择：与消费者沟通策略的第二个方面是将产品植入好莱坞电影和其他高端活动中，将品牌与精英社群联系起来，引起人们的关注并制造话题。斐济水用产品植入作为其品牌建设和推广的主要形式。通过聘请创意娱乐服务公司和一家好莱坞营销咨询公司，斐济水巧妙地将产品植入许多好莱坞电影中。通过这种形式的品牌曝光，再加上与令人兴奋的传奇故事的结合，斐济水品牌得到了更多的关注。与此同时，斐济水也赞助了许多活动，如高尔夫球赛、帆船赛和音乐剧等。[30] 斐济水也是多伦多国际电影节、纽约时装周和美国演员工会奖等活动的官方饮用水赞助品牌和独家合作伙伴。[31]

与电影明星和其他艺术家进行了密切的沟通和合作之后，这些艺术家的行为和工作方式甚至激发了斐济水开发出吸管这样的新功能，这个功能是一个细微但十分有意义的创新，其创意就来自对名人们如何饮水不会弄乱妆容的观察。随着拥有高忠诚度消费者和高曝光度产品的品牌社群的建立，斐济水开始出现在各大主流杂志当中，并且被很多非赞助的明星随身携带和饮用。在如今这个消费者主导的市场环境下，斐济水显然很好地在消费者心中建立了强大的品牌。

社会责任：斐济水基金会成立于2007年，是一家由董事会、员工和企业附属机构资助和支持的慈善信托基金。斐济水基金会是斐济最大的慈善机构之一，它主要致力于以下三个领域的建设和投资：

- 为农村社区提供纯净的饮用水来源；
- 为儿童、青少年和成年人提供教育基础设施；
- 为贫困社区提供医疗保健服务。

除此之外,基金会也会在岛上经常发生的洪水灾害和极端天气状况期间提供服务。

迄今为止,基金会所完成的公益项目已经惠及斐济岛上成千上万的民众。[32]

2009年起,斐济水成为"为地球贡献百分之一"协会的荣誉会员。"为地球贡献百分之一"是一个由超过1 000家企业组成的公益机构,其会员数量在不断增长中,这些企业将盈利额的1%捐赠给全世界致力于保护自然环境的组织。通过加入"为地球贡献百分之一"协会,斐济水帮助改善了许多岛屿、美国乃至全世界发生的环境问题。

未来的挑战

对于斐济水来说,其最大的挑战在于在企业发展的过程中如何维持消费者对品牌的兴趣。使品牌故事极大地依赖于传奇故事的问题在于它并没有给任何新进入者带来创造另一个令人兴奋的传奇的壁垒。一些顾客在考虑选择何种品牌的水时,他们愿意在新品牌出现时加以尝试,以更新更让他们兴奋的品牌。在这方面,斐济水应该将精力集中在如何面对即将到来的竞争以及通过何种方式来维持客户忠诚度并留住客户。虽然斐济水公司已经被纳入《福布斯》"物有所值"物品清单,但它将需要不止一个强大的故事来维持其后续发展。[33]

在生产瓶装水的品牌中,依云开创性地提出将商品提升为一个品牌标识。回过头来看,依云做了斐济水现在正在做的事情——利用营销、品牌故事和分销策略取得成功。通过遵循非传统的营销方法、独特的定位和高端定价,斐济水已经能够在包括名人、好莱坞明星和全球最佳餐厅在内的顶级细分市场中建立强大的品牌资产和标志性地位,而在核心产品方面与竞争对手相比没有明显的差异化策略。

在企业的董事会层面打造品牌

将企业战略与品牌战略相匹配

亚洲公司往往将品牌当作一种竞争手段。未来,这种观点一定是需要改变的，企业也有必要意识到实现企业品牌化的战略意义。与此同时，品牌建设应与整体企业战略相一致，在董事会层面上进行制定和管理。这将成为CEO提升其股东价值的有力工具。

从销售导向到品牌导向的战略转变

亚洲董事会面临的最大挑战是从销售导向转向品牌导向的心态转变、从短期利润到长期价值创造的变化。企业管理者需要了解品牌建设是一项长期活动，不可能一蹴而就。董事会应该创造一个更加重视长期价值和持续竞争优势的氛围。尽管这种氛围是无形的，但企业管理层应着重于了解建立强势品牌及其对业务的影响。

股东的优先权高于顾客是大部分企业心照不宣的认知，而遗憾的是，这正是这些品牌失败的开始——为了提升股价，它们忽视对顾客的精心服务而一味地推动企业自身发展。当今时代，一个好的品牌一定是在实现企业自身发展目标的同时，努力实现顾客的期待，提升顾客价值和满意度，加强其对于企业的情感。它们与消费者亲密接触，努力激发消费者的潜意识和非潜意识的情感。这不意味着它们不重视股价——股价当然需要重视。管理者在品牌标志化的过程中对于财务表现是一定要努力推进的，但他们要深刻意识到企业首先并且需要格外关心的是购买产品的人。品牌标志化必须有更深层次的含义——一种创造更美好世界的承诺。

对品牌成长的贡献是绩效考核的一部分

亚洲公司只有在内部执行良好的情况下才能建立强大的品牌。管理的主要责任在于创造公司内部的文化，创造一个适合每个人生活的品牌。公司应该强化和激励每个员工为品牌的发展做出贡献，这应成为绩效考核最重要的措施之一。通过施行这些措施，企业的品牌战略目标与员工利益就会变得一致，进而管理者能够获得品牌管理的全部收益。

人创造了标志性品牌与商品化竞争对手的差异。因此，人力资源管理职能的主要职责在于为组织最重要的资产——人提供咨询和指导。既然团队、热情、参与是企业发展品牌的核心元素，那么这些软性的元素必须被量化并得到相应的回报。如果一个品牌可以准确地衡量高素质员工的能力，它就可以更深远地开发这些员工潜力，并且形成一个高效能的团队，这个团队中的个人能力整合在一起的效果远高于单纯的个人能力的总和。

工作能力的分析还将有助于确保人们意识到他们在组织中的发展将不再依靠政策标准而是更多地依赖于个人优点。企业不应该从上级层面给下级员工强行制定绩效指标，而应根据当下面临的最大挑战和机遇，与每个员工深入沟通。有意义的奖励制度严重依赖于正确的绩效措施。

一项研究表明，有 18% 的企业员工存在"积极脱离"的现象——他们阻碍周围同事的工作，为此公司每年花费高达 5 500 亿美元。经常获评美国最佳工作地的 Zappos 公司的首席执行官谢家华（Tony Hsieh）曾经估算过养活工作品行不端雇员和弥补他们的决策造成的损失的成本超过 1 亿美元。因此，公司 CFO 应尽力采取一切必要措施保证提升员工参与度和工作完成度，识别"烂苹果"，做出适当的招聘和领导决策。

HR 可以以管理培训为由参与企业的品牌建设，因为领导力是创造一个强有力的品牌文化的必要条件。研究发现有 82% 的企业最终走向失败是因为没有选出合适的合伙人。因此，理解品牌领导力是企业能够识别和培养未来领导者以确保在提拔和雇用人才时防止发生决策失误的重要条件。HR 需要用品牌建设的思维去积极寻找和提拔拥有这些特质的人才。

建立强大的人才队伍

在未来的 10 年中，亚洲将会出现前所未有的人才战争，在这场战争中大部分企业都将努力争取市场上最优秀的人才来帮助企业更好地发展。未来，亚洲最优秀的人才将越来越多地选择文化能够与他们的期望、个性高度契合的企业。亚洲公司吸引和留住人才的最佳方式之一就是拥有无可挑剔的企业声誉、开放的企业环境和强大的品牌，这些都将越来越受到人才的高度关注。

领导力限制是跨国公司在中国面临的首要挑战。随着中国过去 20 年的飞速发展，经验丰富的管理者和领导者的供需存在越来越大的不平衡，这导致高级管理人员的薪酬激增。[34]

在亚洲董事会引进多元化

在组建董事会时，首先要考虑的就是多元化。最好的董事会通常是最多样化的董事会——不仅仅是技能和经验，还应包括性别、年龄和种族等方面。

太多的董事会遭受过度同质化的影响——他们的成员绝大多数是具有相同的种族背景、平均年龄为 68 岁并且大都拥有 CEO 和 CFO 经历的男性。2012 年，标准普尔 500 指数包含的公司中 58% 的董事是企业现任的 CEO 或 COO，另有 35% 是退休 CEO 或 COO。在亚太地区，同质化现象更严重，大部分董事会由同一家族成员组成。

品牌的客户是一个多元化的群体，品牌背后的组织应该有一个反映这种真实世界多样性的董事会，使其能够适应更广泛的群体、机会和期望，并适应真实的环境。

多元化也确保了对风险喜好的平衡并为股东带来更多的红利。最近，一项对于全球顶尖规模公司的研究发现，董事会内至少有一名女性的公司在五年内业绩较没有女性董事会成员的公司高出 26%。有趣的是，亚太地区至少有一名女性董事会成员的公司比美国和欧洲同行的表现要好得多。性别多样性可以是强大的企业绩效驱动力。

年龄也是影响决策的重要因素。随着管理人员年龄的增长，风险的发生概率也会随之降低。对于品牌和董事会来说，它们需要一个拥有更加均衡的年龄层次的领导结构。当下，董事会成员的平均年龄是 68 岁。例如，年长的 CEO 通常投入较少的研发成本来减少债务和降低风险，然而这种做法可能影响品牌在快速发展的世界中吸引消费者和打破国际竞争的壁垒。据测算，企业 CEO 平均年龄每增长 25%，平均研发成本下降 8%，杠杆率下降 13%。与此同时，研究显示，企业更愿意引入更多样化的业务部门，并收购更多元化而不是专业化公司。而最高级行政职位任职者较年轻的同业组织的股价表明，从长期来看，年轻高级领导人更有可能为股东带来收益。

对于国外品牌来说，采取系列措施迎合当地消费者偏好和购买习惯是至关重要的。因此，管理层必须开始着手了解各国市场的不同文化以定制战略。

全球最大的汽车制造商丰田就是一个说明企业跨国多样化发展的缺失对

品牌国际形象的影响的很好例子。2009年"召回门"事件对品牌的全球形象造成了严重影响,丰田开始认识到需要任命外部董事会成员以避免发生类似的危机,丰田在美国、非洲、拉丁美洲和欧洲分别任命了非日籍CEO。这是一直以来遵循日本传统管理实践的丰田第一次巨大战略转变。这一改变不仅仅是丰田的第一次改革,也是日本企业中的首创。

在年龄方面,日本企业董事会的平均年龄是最大的,89%来自"婴儿潮"一代。而中国企业董事会的平均年龄是全球最小的。董事会必须包括可以完全不同意其他人意见并提供不同观点的成员。虽然许多人认为一个完美的董事会是一个完全和谐、没有冲突的董事会,但实际上最糟糕的董事会正是那些沉默或墨守成规的董事会。多元化为这些重要的探讨提供了机会,董事会需要不断测试它们的战略。以动态性、参与度、开放性、团结性、创造性、创新性、满意度和共同影响力衡量的董事会团队质量与盈利能力高度相关。

公司董事会中有一个CMO

品牌管理是一个动态持续的过程。它需要不断地投资和支持才能获得成功。新加坡航空公司的品牌经营理念就是:公司的品牌建设比CEO更重要。尽管经历了数位CEO的变动,新加坡航空公司一直保持着其品牌经营理念。除此之外,有效的企业管理有助于对品牌重要性的理解,也可以更好地追踪品牌管理对财务绩效的影响。

在董事会中弥补这种品牌导向空缺的最佳方法是将能够代表消费者的高层,也就是我们常说的首席营销官(CMO)引入董事会。2014年,《财富》1000强公司的近万个董事会席位中只有不到40个是CMO。[35] 在这个消费者越来越受到重视的时代,只有拥有技术、运营或财务背景的董事会是远不能满足企业的持续增长和股东价值增强的需要的。CMO在董事会不断更新迭代的过程中起着至关重要的作用,而反映消费者即时偏好的、负责企业资源配置的公司CEO则负责迎合目标客户的需求。与此相反的是,许多董事会因其与组织中客户的声音不相称而声名狼藉。

营销人员由于对市场和客户有深入的了解,应作为战略制定的主要资源。在企业战略的所有问题中都需要市场营销人员提供信息,包括哪些市场要竞争、需要进入哪些细分市场、采用何种进入方式及战略、哪些合作伙伴可以进行战略合作。为了传达这些全面的观点，营销活动必须由公司董事会中的CMO代表，他们可以用他们的语言与董事和CEO谈判。一个典型的例子是苹果的iPhone。鉴于iPod和iMac非常成功，苹果可能会变得自满。但负责市场营销的高管敏锐认识到需要不断激发客户，为此他们制定了满足客户需求的增长策略。营销在指导苹果企业战略中发挥了至关重要的作用。

首席信息官（CIO）必须成为CMO的主要合作伙伴。世界上最受尊敬的企业将客户驱动的信息系统作为其基因的一部分，而落后的企业只能预期未来几年它们的IT部门将发生重大变化。企业如何从品牌的视角拥抱数据和技术将有助于把失败者和获胜者分开。更多数据驱动的公司的生产力比其他公司高出5%，盈利能力高出6%。[36]

消费者是品牌互动和产品购买的决策者，但大部分品牌都不能满足消费者的预期。总的来说，如果CMO和CIO在组织中被赋予新的职责、权力和决策权，他们将有助于引导品牌进行这一变革。

成本优势意味着长期投入

投资渠道管理

在亚洲最大的两个市场——印度和中国，业务成功的关键仍然是良好的分销。鉴于这两个国家的庞大市场规模，全球品牌触及市场的每一个角落变得越来越重要。由于个人关系和信任仍然是推动渠道合作伙伴的主要因素，任何在亚洲开展业务的品牌计划都需要花费大量资源来巩固这些关系。此外，这些广泛的渠道是品牌的多个触点。公司必须确保所有这些触点得到妥善管理，以便始终如一地提供所有品牌承诺。

扭转亚洲创新的局面

亚洲的蓬勃发展主要是通过将西方技术应用于当地市场。但是，如果未来亚洲希望快速撕掉低成本OEM标签，就必须要改变。亚洲企业需要加大研发投入，并开发出新的专利技术，以便在即将到来的竞争中生存下去。华为在 2012 年将其收入的 13.7%（约 49 亿美元）用于研发[37]，三星将其收入的 6.3%用于研发[38]。

根据波士顿咨询集团关于全球最具创新企业的年度排名，2006 年之后，三星的排名从全球第 26 位升至第 3 位。[39] 与此同时，2014 年的新进入者小米排名第 35 位。这些都是聚焦于创新的亚洲强劲品牌的代表。[40]

政府也有必要参与到扭转亚洲的创新差距当中。以中国为例，中国占据了世界 20%多的人口、11%的 GDP 以及 14%的研发支出，但是只有不到 2%的专利获得了境外主要专利机构的认可。[41]

投资战略收购

这是第 6 章提到的三大战略之一，即亚洲企业通过收购品牌进入其他市场。亚洲公司应考虑将利润投资于识别兼容品牌并获取相关品牌——如果需要进入不同的市场、不同的产品类别或不同的业务线。未来的收购应该不仅限于制造工厂和其他有形资产。

而大多数合并以成本效益和规模经济为基础，品牌建设最有意义的兼并收购是真正增加公司竞争优势的合并，而不仅仅是盈亏平衡。

获得可靠性或改变个性：对于在竞争激烈的环境中争取认知相关性的品牌，获取消费者的正向认知可以让它们在新领域中具备可靠性，正如联想在 2005 年收购 IBM 的 PC 业务后立即成为世界第三大电脑制造商。

通往国外市场的门户：打入新的地区——特别是许多西方品牌进入它们不了解的亚洲新兴市场——通常是通过收购具有独特的专业知识和分销网络的本地品牌完成的。例如，帝亚吉欧（Diageo）最近收购了一家传统中国白酒制造商作为其在几年内实现发展中经济体销售收入占其总收入的 50%的战略的一部分。星巴克为从亚洲获得更高收入采取了迂回的方式，于 2012 年收购了 Teavana——一家全球散装茶叶零售商，作为现有 Tazo 袋泡茶品牌的补充，首席执行官霍华德·舒尔茨（Howard Schultz）打算让星巴克成为亚洲茶类饮品的中坚力量，毕竟在亚洲茶饮料比咖啡更受欢迎。

获得人才：品牌最有价值的资产之一就是每天有创意和努力推动公司发

展的人。但是传统的人力资源管理很难大幅度地转变劳动力或大量注入新的思维方式。这一挑战引发了特殊的"收购"——一家公司购买另一家公司，不是为其产品而是为其人员。这种行为的一个关键好处是能够保持员工之间的默契，同时对工作岗位产生重大影响。首先，它规避了猎头和谈判——这往往需要高于现有雇员的工资溢价，且可能会引起不满。更重要的是，它将拥有共同目标和共同价值观的团队凝聚在一起。

获取创意：为了获得知识产权收购一家公司可以帮助收购方克服其弱点，并成为行业的领导者。因为这种做法只关注于公司的创意，而不是关注诸如建筑物、工厂或员工等有形资产，因此也被认为是更为清洁的收购过程。仅在 2011 年，谷歌就为了专利和知识产权收购了 54 家公司，成为世界上最具影响力的互联网公司。购买或获取知识产权也可以帮助高度创新的公司保护自己免于侵权诉讼。买下竞争对手，而不是因技术问题打官司，是一种精明的防御策略——这恰恰是谷歌在 2012 年购买摩托罗拉时所采用的战略，部分是为了抵御其安卓平台受到的法律攻击。

谁应该创新？

世界各地的各行各业的组织都有必要进行创新，这样才能实现持续的竞争优势。如今，科技和大数据的发展加速了世界科技演化的进程，创新的脚步加快了，组织应当坚持创新以提升顾客感知价值并尽快发现它们潜在的危险。

垄断行业领导者：以往的经验表明，垄断控制从来都不是永久性的，每个行业的现实结构已经并将继续改变。虽然 20 世纪初的商业模式可能延续数十年，但商业工具、法律框架、消费者权益和进入壁垒现在的变化比以往任何时候都更快，更难以预测。

失去领导地位的最大原因是自满。自负的高管经常错失良机，因为当市场蓬勃发展时，他们没有动力去扩大销售。2013 年，Intuit 的创始人斯科特·库克（Scott Cook）宣称："成功是一个强大的东西，它往往会让公司变得愚蠢，让它们的创新变得越来越少。"[42] 当管理层强调执行现有系统而不是挑战让他们取得成功的因素时，他们已经开始被时代淘汰。

公司决心坚持核心竞争力和客户：传统管理理论长期以来倡导品牌关注核心竞争力和最有价值的客户。但这是有前提假设的，即公司的独特优势将永远是相关的，且当下最有价值的客户未来将持续保持这种状态。而且公司很容易忽视那些新客户，随着时间的推移，这些细分市场将来可能成为企业最主要的目标客户。

成本竞争力和商品化品牌：一个品牌的差异化战略一旦定位为低成本战略，那么它就必须持续保持其商品的低价并不断削减其利润，否则品牌将因为在消费者心中失去信用而走向失败。当全球经济经历不同的发展阶段时，很难保持持续的成本优势。过去20年亚洲的发展就是一个非常典型的例子。

亚洲早期的经济发展可以归因于低成本优势，企业借此在全球竞争中取胜。松下、三星和丰田基于降低生产成本开始了国际扩张。但是随着经济的发展，利润率的压力迫使它们摆脱低成本的起源，并将战略重心转移到创新和优质产品上，只有这样它们才能继续生存。只有最具创新力的公司才能成为世界上最有价值品牌的代表。

上市公司：股票市场对季度回报的关注阻碍了巨大的变化。这个制度的结果是全球竞争力的下降。改变游戏规则的创新是有风险的，股票市场往往打击创新者，因而大多数企业都倾向于更安全、更渐进的变化。今天，可持续发展的品牌领导者需要一种不同的思维方式。

面对市场阻力的领导力的一个典型例子是亚马逊的创始人杰夫·贝佐斯。在宣布进入Kindle电子阅读器和云计算之后，亚马逊的股价崩溃了。结果，2007—2011年间其销售额增长了两倍以上。这种领导力往往是例外，而不是今天上市公司的通常情况。

亚洲品牌：当管制放松、贸易自由化和社会变革继续改变亚洲品牌的竞争格局，亚洲的蓬勃发展需要多种多样的创新。人口密集的城市地区和人烟稀少的农村地区推动了公司重新定义分销网络，同时兼顾低收入消费者的需求。在更高的价值范围，尼尔森最近的一项研究支持亚太消费者沉迷于"新鲜事物"的理论，这一特征要求品牌不断创新自己的产品或服务。[43]

最著名的亚洲适应性创新之一是宝洁公司在印度的包装。虽然长期看来消费者可以通过购买更大规格的产品来节省资金，但较贫穷的消费者对大宗商品的较大现金支出表现出较少的兴趣，拥有有限库存和货架空间的店主也兴趣平平。从小罐装 Vicks Vaporub 薄荷膏开始，宝洁迅速推出小袋装洗发水、洗衣粉和其他家用产品。这项小巧、有意义且有利可图的创新现已成为亚洲许多地区的标准，帮助宝洁建立了立足点。

缺乏研发的公司：大部分企业相信对创新来说研发投入是必要的。但是，创新的火花通常来自倾听客户和鼓励员工创造力的简单行为。成熟的公司也可以通过与"饥饿"的初创公司达成合作协议来利用其创造力，这些公司不仅有助于提供战略洞察力和公正的视角，而且还有助于关注未来的竞争对手。与追求传统的研发活动相比，所有这些活动都具有生产力和成本效益。

为了与其世界知名的运动员反馈理念形成互补，耐克已经聘请了 10 家新兴公司加入其 Nike＋Accelerator 计划，以开发一系列活跃的时尚产品。通过收购年轻公司的股份，耐克获得了一个"行业速成班"，并进一步了解它未来的竞争对手。

依赖研发的公司：许多企业管理者逐渐认识到，企业如果只将创新依赖于研发团队，那么在员工眼里，该企业一定是一个无聊的办公场所。有关统计数据也开始证明其增长的脆弱性。创新必须渗透到组织的每一个层级，这要求企业允许员工积极地参与其中并感受到他们为企业的未来发展做出了相应的贡献。有时能够帮助企业发现问题并找到巩固品牌差异化解决方案的并不是公司研发团队的一员，而有可能仅仅是一名仓库的工人。当然，这需要一位有勇气、有担当的 CEO 来倾听，采取行动并支持那些基层员工的想法。创新问题往往是领导力问题。颠覆性变革是理念问题，而不是钱的问题。

层级制组织：在制造业和早期技术时代，公司最好是一台运转顺畅的机器。尽管促进一致性和控制质量的一系列因素对于品牌塑造至关重要——它们确保消费者可以信赖品牌承诺，但这可能对创新产生不利影响，因为传统的等级制度并不能培养创意。当流程和程序至关重要时，改变往往不被鼓励。然而，所有公司都会有员工私下分享想法，这有可能传播负面的声音，但如果正确引导则可以获得积极的结果。

由于积极创新是长期生存的必要条件，如今的企业必须从层级转向"线性"——一种更加网络化的结构，鼓励建设性思维的流动。该系统的领导者必须确保新想法不仅仅是在现有的层级结构上小修小补，而是挑战公司的复杂性本身。

小型公司：人们通常倾向于认为商业理论模型只适用于大型的成功企业。但是一旦失去了创新，小型公司也将难以存活。在市场竞争中，与较大规模企业竞争的小参赛者最终会屈从于规模的不足，除非它选择以不同的方式思考和行动。小型公司必须拥有大型企业无法具备的某些竞争力。越来越多的理论认为，大型品牌应该有目的地将自己局限于创新，因为较小的公司有最终的推动因素促使它们为客户提供更舒适、更简单和更便宜的服务。

总之，以上讨论适用于世界各地各行各业的组织。通过创新不断追求改进已成为21世纪品牌持续竞争优势的必要条件。

西方企业能否维持在亚洲的品牌优势

亚洲品牌的崛起意味着在国际范围内已占据一席之地的国际品牌将面临潜在的残酷竞争。标准普尔500指数公司企业的国外销售占收入的33%，其中8%来自亚太地区。[44] 亚洲的重要地位在各行各业逐步显现。波士顿咨询公司一项研究报告表明：预计将来超过70%的制药企业是从发展中国家发展而来的。通用电气预计，未来10年，其增长收入的60%以上来自新兴经济体。[45]

西方品牌需要为亚洲定制它们的产品

品牌是需要个性化的，是有相关性的，是要能与消费者产生共鸣的。

因此，进入亚洲的西方品牌应该准备采取双管齐下的策略。一方面，它们应该回应亚洲客户的独特需求和喜好。另一方面，它们应该保留一些标准化的功能如有吸引力的包装、整体统一性等。

品牌必须创建一个 CEO 和品牌经理可以有效区分核心品牌元素和其他外围元素的战略体系。这样的区别将使他们能够保持核心元素的一致性，同时更好地响应外围元素的变化。

西方品牌需要更多的文化敏感性

西方品牌需要更加具备文化敏感性，尽管这是一个全球化的世界，但亚洲每个地区都有自己的文化、遗产、信仰和价值观体系。任何渴望在亚洲成功的品牌必须要保持敏感性，无论对员工而言，还是对外部市场和顾客而言。

麦当劳就很好地向世界展示了全球品牌是如何成功实现个性化定制并建立起与当地价值观和信仰体系相吻合的价值体系的。全球最大的家居用品零售品牌——宜家在首尔郊区开设了其全球最大的门店。宜家在其网站上使用地图时显然缺乏文化洞察力，其地图将朝鲜半岛东部水域称为日本海，而在韩国该水域其实称为东海。[46]

西方品牌需要与亚洲品牌合作才能在国际市场获得一席之地

在这个快节奏的世界中，时间就是金钱。此外，许多亚洲国家带来了一系列复杂的文化敏感性问题。通过与更了解当地市场、客户和竞争对手的本地玩家合作，全球品牌将更容易扎根于不熟悉的市场。例如，在中国，上海大众汽车公司是由上海汽车工业公司与大众汽车公司合作组建的；在印度，日本川崎与印度巴哈伊之间的合作形成了非常成功的川崎巴哈伊（Kawasaki Bajaj）。

西方品牌需要成为亚洲社区的一部分

如前所述，企业需要将它们的品牌融入社会结构，成为社区的一部分。对于西方品牌来说，这意味着它们必须回应当地的口味，花钱建立当地的关系，并对社会需求作出反应。更重要的是，西方品牌需要对企业社会责任采取积极态度。在未来，亚洲的重要性将会显著增长。对于寻求在亚洲市场建立立足点的西方品牌，企业社会责任将作为一个强大的渠道，展示品牌对品牌所处社会的关注。

亚洲面临的挑战和未来

大多数营销人员和战略家在提到亚洲时,首先想到的是最大的新兴市场(比如中国和印度)以及发达经济体(比如日本和韩国)。但其他发展中国家及地区和它们的品牌、机遇与挑战同样不能忽视。

中国当之无愧地占据了大部分的国际头条。它占据了全球个人消费的8%,并为2011—2013年的消费增长做出了巨大贡献。[47] 但是随着成本的提升和国际品牌在争夺中国消费者方面愈加得心应手,中国品牌的发展逐步变得更加困难。

尽管中国将继续保持世界主要制造国的地位,但是一些低附加值行业已经逐步从中国迁移到一些人力成本低于中国的国家,特别是服装和制鞋业,甚至一些手机零部件制造业。中国的这种过渡与日本过去一样,因为随着经济发展,总有一些国家可以更便宜地生产产品。

能够以更低的成本生产出同等的产品成为亚洲挑战者的一个好的开始。这种独特优势所提供的经济机会可以使它们成为该行业在全球范围内的领导者,最终成为它们自身国际品牌的标志。

制造业的崛起和发展意味着更好的全球出口机会。随着企业的国际化发展,它们将面临更加多元化的竞争和新的潜在消费者。在这种情况下,良好的概念化品牌形象可以成为"后继国家"品牌的强大差异化因素。

为了对这些国家进行分类和鉴定,Stratfor公司提出了"后中国16"——一组大致处于相同发展阶段的国家,总人口恰好超过10亿人。Stratfor相信这个整体区域将接替中国成为世界低成本、出口导向的经济中心。[48] 被列入此名单的亚洲国家包括印度尼西亚、柬埔寨、老挝、缅甸、孟加拉国和菲律宾。

亚洲国家在全球舞台上的下一个细分是东盟,当前包括10个国家——文莱、柬埔寨、印度尼西亚、老挝、马来西亚、缅甸、菲律宾、新加坡、泰国和越南。通过制定全球自由贸易协定,包括与澳大利亚、中国、印度、日本、新西兰和韩国等国家的往来,东盟国家已经能够组成一个拥有30亿人口的大型国家团体,并产生21万亿美元的生产总值,这个数字约占世界贸易的30%,这是每个国家单独谈判所无法企及的。

如果外国品牌将东盟视为大局的一部分，那么就有巨大的机会。麦肯锡研究表明：东盟估计有 6 700 万户家庭是"消费阶层"的一部分——到 2025 年这一数字几乎翻一番，将达到 1.25 亿户。

东盟：事实和数据

- 如果把东盟看作一个国家，它将会成为世界第 7 大经济体，其 2013 年的 GDP 为 2.4 万亿美元；[49]
- 预计东盟将在 2050 年成为世界第 4 大经济体；[50]
- 在 2013 年，东盟在外来直接投资流入方面超过中国，2005—2010 年期间所有外来直接投资的 30% 以上用于制造；[51]
- 东盟包含 227 个获得 10 亿美元收入的公司，占全世界的 3%。[52]

2015 年，东盟经济共同体（AEC）进入正轨，创造出一个涵盖 6 亿人的单一自由贸易市场。改善知识产权、降低贸易壁垒和整个地区的协调立法的前景创造出一种令人兴奋和乐观的感觉，61% 的消费者认为这将对他们的生活产生积极影响，而大多数本国公司计划进入新市场并创造新产品。[53]

SC Global——奢侈品牌的代表

SC Global 是一家新加坡的高端房地产开发商，在 1996 年由前投资银行家西蒙·张（Simon Cheong）投资成立。由于涉及了大型房地产交易，西蒙·张渴望改变高端房地产市场。随着新加坡成为亚洲领先的全球枢纽，自 2000 年以来，其财富、外国资本和居民人数急剧增长。这是创建 SC Global 品牌的完美背景。

1999 年初，西蒙·张开始购买新加坡主要地区的土地——这是富有家庭的投资范围。他于当年晚些时候上市了 SC Global Developments Ltd.。

SC Global 在 2000 年的第一个项目是 The Ladyhill 品牌，并成为当时最昂贵的住宅开发项目。[54] SC Global 是第一个仅接受预约看房的开发商，这种差异化的营销方法现在已成为高级营销人员的工作标准。[55]

从那时起，该品牌继续为精选的富裕客户开发高端豪华公寓。

BLVD、林肯现代、Martin No.38、The Marq（全球第一家由法国奢侈品牌爱马仕全装饰的超豪华公寓）等品牌和 Seven Palms（新加坡圣淘沙岛唯一的海滨公寓）都与 SC Global 有过良好的合作。很多 SC Global 的客户都不止一次与它合作。

SC Global 在原创性、设计和品质的基础上建立了生活方式概念品牌，以风格、美学和真实性为主要卖点，以工艺和优质材料及用具为打造重点。

西蒙·张积极参与并在每栋建筑的设计细节中发挥领导作用。他以聘请具有亚洲建筑知识的顶尖建筑师而闻名，并花费大量时间设计和监督这些项目。

SC Global 借助肖恩·康纳利（Sean Connery）和电视广告的力量进一步提升其品牌定位。SC Global 专注于通过一系列活动建立客户关系，远远超出高净值和超高净值个人客户的期望。对这些客户来说，SC Global 提供的是一种关系，而不仅仅是不动产。

"本土发电机"在国内的成功

波士顿咨询公司强调 50 家新兴市场公司在本土打败了外国竞争对手。这些领导者不是使用廉价劳动力和低生产成本，而是专注于比大型竞争对手更好地创新和理解新兴中产阶层消费者，并找到创造性的方法来克服当地挑战，这些都是大型跨国公司难以复制的。[56]

调研结果显示，这些排名前 50 的公司在 2009—2013 年实现了每年超过 28% 的利润增长，远超标准普尔 500 指数公司（年增长率 5% 左右）。这些"本土发电机"包括来自金砖国家的 27 个品牌，另有 6 家来自非洲、7 家来自亚洲，包括：

- 加多宝（中国，凉茶）；
- 江苏恒瑞制药（中国，制药）；
- 小米（中国，智能手机及电子产品）；
- Amara Raja（印度，电子产品）；
- Flipkart（印度，电商）；

- Micromax（印度，消费类电子产品）；
- Masan group（越南，食品和饮料）。

小结

本章的讨论为亚洲和西方计划在亚洲成长的公司提供了有用的指导方针。本章详细探讨了未来品牌在亚洲的重要性，以及亚洲在企业界采用长期品牌视角推动股东价值方面所面临的挑战。此外，亚洲公司必须明白，克服品牌的障碍及其所有影响是非常有必要的。

悦榕庄酒店及度假村的案例研究证明了这一点。它描述了悦榕庄的品牌之旅，以及悦榕庄如何发展成为一个广泛认可、管理良好、潜力巨大的国际品牌。这个案例可以激励其他亚洲公司以更加严格的方式踏上品牌之路。

案例：悦榕庄——品牌的天堂

从 1992 年初开始，悦榕庄酒店及度假村发展成为亚洲最成功的酒店品牌之一，斩获众多国际大奖，并获得了《悦游》杂志等的赞誉。悦榕庄是高档和私人豪华精品酒店和度假村中最年轻的连锁品牌之一。悦榕庄成功结合了独特的亚洲传统与文化以及个性化奢华别墅，成为酒店行业的领导者之一。

品牌战略一开始就是企业战略的一部分。为了区分传统海外华人家族企业，悦榕庄希望从印度尼西亚和中国的廉价竞争对手中脱颖而出。[57]

悦榕集团在 28 个国家管理 37 个酒店和度假村、70 个水疗中心、80 个零售展厅和 3 个高尔夫球场。公司总部设在新加坡，股票在新加坡证券交易所上市交易。悦榕集团还管理或拥有其他酒店和度假村的权益，并雇用了来自全球 50 多个国家的超过 12 000 名员工。该公司展示了企业管理层参与投资、建立和推动品牌及所有相关活动的重要性。

品牌背景

悦榕集团由何光平创立，他以中国香港南丫岛一个小渔村的当地方言"榕树湾"为公司命名——那是他和妻子张齐娥共同度过三年田园诗般的岁月的地方。

父亲病重后，何光平回到了新加坡。根据亚洲商人家庭的传统，作为家中的长子，他必须担负起领导家族企业的重任。不久后，何光平开始着手寻找新的想法，将父亲的家族企业华昌集团从传统的收入来源中抽离，投身不同的领域，包括从房地产到制造业。企业经营面临较大的压力，主要是成本竞争，且并未在任何特定行业或市场中占主导地位。

1994年，这对夫妇和其他投资者在泰国普吉岛开设了第一家悦榕庄度假酒店，由何光平的兄弟何光正担任建筑师。悦榕庄建在一个废弃的锡矿上。业主决定通过种植7 000多棵树来清洁含酸的土壤。若干年后，这片生态荒地变成了第一个环境友好的悦榕庄度假胜地。

从那以后就开始有了泳池别墅的概念，这是一项创新，也成为该品牌的名片之一。[58] 如今，私人泳池别墅的概念已经被其他度假村集团广泛借鉴，并被用作酒店业的标志。

普吉岛悦榕庄品牌打造成功之后，品牌创建者决定在民丹岛、印度尼西亚和马尔代夫再建几所度假村。

何光平背景介绍

何光平1952年出生于中国香港，从小在泰国长大，中国文化给他留下了十分深刻的印象。后来，他前往美国斯坦福大学留学。学成回到新加坡，服完兵役后，在新加坡国立大学继续深造。

1981年，他开始在家族企业就职。1994年，在成功将废弃的锡矿修复为亚洲首个综合度假胜地之后，他创立了悦榕庄和罗塞特斯（Resorts）酒店。

悦榕庄的品牌打造

何光平曾说：在我们的生活中只有两样东西是独一无二的：技术和品牌。我不是一个技术人员，所以我告诉自己：无论以后做什么生意，都必须建立强大的品牌。

鉴于不稳定的酒店业不可避免的波动性，何光平认定聚焦于打造强力品牌将给悦榕庄带来可持续的竞争优势。后来的事实表明，悦榕庄确实安全渡过了不间断的危机，包括亚洲金融危机、"9·11"事件和伊拉克战争。在SARS病毒爆发的2003年，悦榕庄以65%～67%的平均入住率仍然保持盈利。[59]

悦榕庄的品牌打造始于度假村的建立，通过出色的设计、完善的设备和优美的环境实现持续的品牌打造。悦榕庄非常重视将选址作为获得品牌认同的关键要素。

度假村为顾客提供独特的奢华体验，让顾客感受到完全的放松和舒适。如专属SPA，这种SPA将传统的工艺和最新的原料相结合，给顾客提供独特的全新体验。该公司在普吉岛设有一个培训学院，为了提供绝对的优质服务，所有水疗师都按照行业标准参加400个小时的培训。

悦榕庄十分注重品牌选址地的文化价值，客人可以在每个度假村找到展示和销售艺术品和手工艺品的悦榕阁。[60] 客人可以将一些带有难忘回忆的产品带回家，从而延伸品牌体验。公司不断确保一切都与浪漫、亲密和活力的品牌主题同步。迄今为止，悦榕庄在全球已经开设了80多个零售展厅。

悦榕庄的可持续发展

何光平曾表态：他希望能够保持悦榕庄在创立之初建立的社会责任标准。他和妻子对于经济发展与社会活动十分感兴趣。据何光平说，从悦榕庄成立的那一刻起，企业的社会责任就是每一位员工需要关注的话题。何光平说："对我们来说，悦榕庄就像一个工具，一个把商业当成创造我们所希望的美好和可持续发展的工具，同时，它也是一个实现我们对可持续发展的许多根深蒂固的信念的工具。"

同时，何光平也表示："通过集团可持续发展政策的核心信念，包括建设和运营度假村，尽可能减少对环境的破坏，以及在每个度假村进行社区发展和环境项目，对于我们来说比建造悦榕庄的概念更为重要。因此，可持续发展的理念是集团绝不会放弃和动摇的。"

关注度假村周围的自然环境一直以来都是悦榕庄发展规划中的一项，许多环境科学家都很关注和欣赏它们的这一举措。悦榕庄并没有砍掉树木或挖走石头，而是在它们周围建起了别墅，这一举措获得了可持续旅游业领先设计标准 Earth Check 的认证。该公司还参与了许多项目，如海龟保护计划，并为其度假村所在的社区建立了诊所、学校和寺庙。

带着环境可持续发展和企业承担社会责任与企业获利是可以兼得的

信念，悦榕集团已建立绿色势在必行基金和全球基金会，以扩大对环境保护和社区项目的财政援助。

绿色势在必行基金是"向善而栖"计划的一部分，该计划鼓励客人在入住期间进行小额捐款，悦榕庄则进行等额捐款。自 2001 年成立以来，绿色势在必行基金筹集了超过 700 万美元善款，支付了超过 410 万美元，用于支持有价值的社会和环境活动。

这些都让悦榕集团受到公众和媒体的青睐，这些媒体通常以其度假村为宣传重点。该公司还非常关注为全球青少年的教育提供支持，并通过亚洲家庭手工业为其展厅艺术品获取所需的大部分材料。

2004 年 12 月东南亚海啸袭来，作为向当地社区提供援助的持续努力的一部分，悦榕集团决定将重点放在中长期救援工作上。为了解决问题，该公司成立了海啸重建基金，与地方当局合作，以确定社区的需求。工作人员自愿将 5% 的工资捐给公司的重建基金。度假村的客人每晚捐出 2 美元，公司也做等额捐赠，公司将这些捐赠的金额累积起来[61]，为渔民购买船只以及用于建造房屋和学校的建筑材料。

同时，悦榕集团创立了"绿化社区围绕世界环境日"。在每年 6 月的第一周，集团在全球的每一家酒店，每有一间客房有客人入住，酒店就会种下两棵树作为保护环境的象征。每年 6 月的植树活动是悦榕集团绿化社区倡议的具体体现，该倡议要求度假村自 2007 年以来每年种植 2 000 棵树，以为当地环境作贡献。截至目前，在该倡议下已种植超 300 000 棵树。悦榕集团全球所有酒店和度假村每年 10 月中旬开展世界粮食日活动，以食物的形式给社区更多的支持和帮助。

围绕这些核心价值观，悦榕集团极其成功地打造了强大的品牌个性。悦榕集团以社会事业为榜样，以最少的广告或传统的品牌建设方法建立了品牌，并为其品牌组合建立了高端定价能力。

品牌社区

悦榕集团最初使用广告宣传作为主打营销手段，当时的广告预算较低，成本开支较小。事实上，悦榕集团的整体营销预算已占总收入的 7%，其中 60% 为贸易配额，40% 为消费者促销活动。[62] 从此，整个品牌的传播已逐渐从广告转变为基于第三方背书、口碑传播和公共关系。

早年间，悦榕集团通过在全世界进行广告推广的方式建立其品牌社群。在这一战略实施的过程中，悦榕庄管理团队设计了品牌 Logo 并确定了品牌标语："感官圣殿"。在进行品牌推广初期，悦榕庄通过大量的广告投入来获得用户认可。

悦榕庄凭借其在普吉岛的首个度假胜地，赢得了令人垂涎的生态旅游奖，该奖旨在奖励为邦道湾的全面环境恢复做出努力者。这使得整个酒店业开始注意到这个新进入者，因为联合国以前宣布这个海湾的环境不可能恢复，但是悦榕庄做到了。悦榕庄耗资 2.5 亿美元进行了大量的修复工作。

随后，一系列的奖项蜂拥而至：最佳沙滩度假村、世界最佳 SPA 度假村，还有各类著名杂志和组织评选的大奖，如英国旅行者奖、TTG 奖、世界旅游奖、印度旅游奖、中国最佳度假村、亚洲最佳度假酒店、年度最值得旅行地（2012 年）等。[63] 自 1994 年成立以来，悦榕庄及其投资品牌已经斩获了 900 余项荣誉。

这令很多人逐渐意识到这个行业的兴起，也勾起了他们强烈的好奇心。悦榕集团也将公共关系作为重要的品牌建设战略，公司会定期邀请著名旅游休闲杂志的编辑和专栏作者参观度假村，并确保其高品质的照片可以随时随地被媒体使用，这样也可以确保度假村及酒店符合品牌承诺。

投资组合扩展

强烈的品牌意识逐渐使悦榕集团得到了相应的回馈——获得了新的现金流。它的品牌延申从 2000 年推出悦椿酒店（Angsana）开始，它颇具现代化气息，旨在将旅行和冒险相结合。

截至 2014 年 11 月，悦椿在 9 个国家开设了 13 个度假村和独立的悦椿 SPA。有了悦榕集团的品牌背书及其在休闲业的认知度，悦椿一经推出便在全球获得广泛认可。2003 年，在悦椿品牌下开设了一系列姊妹连锁度假胜地 Colours of Angsans。这些酒店在更偏远的地区推出，包括联合国教科文组织评选的世界遗产地，例如位于老挝和斯里兰卡等的人迹罕至的地方。该产品线后来被关闭，在悦椿品牌下统一运营。

新悦链品牌

2014 年 6 月，悦榕集团宣告其新品牌悦链（Cassia）成立，该品牌聚焦于新的市场。目前，悦榕集团已经初步确定了酒店的一个利基市场，它希望通过在管理设计和创新方面的专业知识来进一步探索，以便在服务式公寓行业中创造新的主张。悦链的创立将悦榕集团的投资组合分割为三个独立的个性化品牌。

悦链的创立旨在为不断增长的中产阶层提供投资机会，寻找享受假期的度假屋，以及在服务式公寓领域开发创新酒店产品的机会。

悦榕集团投资的国际化战略

悦榕集团未来的发展策略可以用"成为全世界度假村的连接纽带"形容。这并不意味着在世界各地开设度假村，而是指在公司规划的范围内实现落地。

何光平曾说："我们要的不仅仅是数量，而是将这些珠宝一般的度假村串起来，形成一条宝贵的品牌链。"[64] 公司计划将品牌扩展到新的区域，创造出真正的全球品牌。集团也有将品牌扩展到中国的计划，中国旅游业发展势头正猛，新兴高消费群体寻求身份认同和奢侈体验，并且入境旅游市场庞大，预计将成为一个巨大的增长市场。

该公司拥有在亚洲的度假村的全部所有权，但亚洲战略的一部分是与当地企业建立合作伙伴关系和合资企业。悦榕集团通常持有较小的股权，进行所有内部设计和装修，并在随后的几年内管理物业。这确保品牌承诺和品牌交付之间的良好协调，并且在外国合作伙伴参与进来之后仍然对品牌拥有有效的控制。这并不是一件容易的事情，因为管理层的决策权力有被稀释的风险，从而影响与品牌有关的重要决定。

其国际战略包括从不同地区和市场获得更多元化的收入。休闲业是不稳定的，悦榕集团通过在不同地点开设酒店度假村，来应对意想不到的事件和经济周期。

随着进一步扩展到中东、中美洲、欧洲和非洲，悦榕集团将继续在全球多个目的地提供其独特的浪漫、亲密和活力的融合。

未来的品牌和业务挑战

亚洲品牌发展全球业务的独特性：悦榕集团的品牌打造已逐渐扩张到亚洲之外，与此同时，悦榕集团将面临的是亚洲品牌的典型困境——寻求独特的亚洲和发展出更具全球视野的形象之间的平衡。尽管整个品牌的打造是基于独特的亚洲特色和文化，但在进入新的领域时，必须仔细评估其相关性和可持续性。总的来说，当悦榕集团向亚洲以外的地区输出文化产品时，它给世人带来的感受一定是具有异国情调的独特风味。

悦榕集团可以将其产品本土化以更好地适应当地的品位和环境，但悦榕集团应该对本土化程度有一定的控制和把握。如果悦榕集团持续进行本土化的打造，尤其是在西方市场，最终可能会影响其核心品牌形象，且很有可能丢失其区别于其他品牌的主要特征——独特的亚洲传统。

品牌延伸的后果：公司的品牌组合已经在增加中，包括不同的业务线、细分群体和价格定位。这是对公司基础——品牌的管理和资源的分配的一项挑战。虽然悦椿价格较低，且其目标客户主要是家庭，但这些度假村仍然在很大程度上给客户以悦榕庄品牌的感觉。因此，悦榕集团面临的挑战是在两个不同的品牌之间平衡，并在不会稀释领先品牌悦榕庄的基础上进行差异化的打造。随着公司的持续扩张，相信在不久的将来集团会有资源配置的权衡。

目前，集中的营销和品牌团队正在世界各地考察度假村。由此可以看出，品牌组合的成功管理将是极具挑战性的，并且要求每个品牌有严格的流程和决策，以保持与市场动态的联系。

保持创新，杜绝抄袭：上游市场中，类似品牌的度假胜地市场是非常饱和的，特别是亚太地区。在亚太地区，悦榕集团拥有众多的据点和品牌基地，除了巨大的资本要求和良好的地理位置，新进入者进入的门槛较低，因为对于亚洲企业来说，这些资源并不缺乏。新进入者可以不断尝试复制"浪漫-亲密-活力"的主题，也可以复制宁静位置的美丽别墅，并通过更低的价格实现市场渗透。

因此，对于悦榕集团来说，需要不断创新和超越客户期望才能获得持续的竞争优势，而这需要大量的资源、管理聚焦和品牌组合的控制才能保持相关性和竞争力。

注释

| 第 11 章 |

结　语

显而易见，未来的经济、商务发展将以亚洲为核心。中国的对外开放、印度的崛起等使得亚洲成为全球最活跃的经济和贸易市场，这个市场正在以亚洲独特的发展思维稳定地发展着。对于亚洲企业来说，仅仅通过低成本和制造能力获得竞争优势的时代已经过去了。亚洲企业已经逐渐意识到通过打造强力的品牌文化来提升企业价值的重要性。品牌除了能够作为企业的重要竞争优势，还能在企业的中期和长期发展中巩固股东价值。正如前文所讨论的——鉴于在亚洲商业领域起主导作用的交易和销售思维，做比说更难。

在成功的企业中，股东价值的体现很大程度上取决于如何管理和利用好它们的无形资产——品牌资产。反过来说，亚洲企业必须意识到品牌打造是一个动态、持续的过程，而这些都需要通过董事会和企业管理来实现。仅通过营销职能来实现这些管理和掌控是远远不够的。

与亚洲普遍认知相反的是，品牌化远不止于广告和营销传播。漂亮的品牌标志或者现代化的标志设计也并不是品牌的核心配方，它只是企业在进行品牌化过程中的一个外在呈现。成功的品牌打造是有战略的、与公司所有的业务相关并围绕所有的业务触点的。这也保证了企业在品牌承诺和品牌交付间的平衡。未来，亚洲市场的职能需要变得更加多元、交叉，通过多个营销指标管理和衡量结果，并通过团队合作为品牌建设做出贡献。

随着越来越多的全球企业和本土企业在各个领域进入市场，未来将面临更大的挑战和超负荷运转。这也将给企业在短期内通过打价格战来获得市场份额施加巨大的压力。但是，亚洲企业董事会必须要采取战略性的措施来实现短期和长期的财务绩效平衡。企业需要看到除了季度业绩、月度销售数据和工厂营业额之外的东西，这也将受到股东和金融市场的高度重视。用在企业管理方面的资金应该看作一种投资而不是开支。为了谋求生存、可持续发展和增长，董事会必须持续地通过品牌化战略投入无形资产。

随着越来越多的亚洲国家对外国公司打开市场并且吸引到国外的投资，建立强大的品牌对于亚洲企业来说已经不仅仅是一个重要的发展策略了，它也是企业能够生存的一项重要因素。在不断变化的动态市场中，仅仅成为国内的市场领先者并不能保证长期的成功，因为全球范围的企业正在进入其国内市场，它们很可能给这些本土企业带来极大的挑战和冲击。麦肯锡咨询公司的一项研究结果表明，十大亚洲价值创造者平均收入的50%以上来自本土以外的市场。

很多国际品牌通过重金投资在亚洲建立了强大的关系网，它们和当地的权威人士合作以建立稳固的工作关系，并且雇用当地的员工以获得最核心、最标准的"亚洲知识"。通过在本地市场和消费者知识方面为本地和全球品牌奠定基础，亚洲公司在捍卫其传统的品牌优势过程中将承受越来越多的压力。这一趋势再一次凸显了亚洲企业需要在通过创造引人注目的故事与客户产生共鸣方面加大投入，这样才能在市场中继续存活并与国际品牌竞争。

一些亚洲品牌，如新加坡航空、悦榕庄酒店及度假村、汇丰银行、三星、资生堂等的成功证明了亚洲公司可以建立与西方国家同样强大的品牌，并且强大的品牌将使公司能够渡过困难时期并保持财务稳健性。

本书在建立强大品牌和如何进行下一轮的全球市场竞争方面进行了深入的讨论并提供了一些建议。书中强调了建立强大的品牌以获得更高的财务价值以及通过企业管理层的介入和承诺实现这一目标的重要性。未来的几十年，如果整个亚洲高管层对于品牌建设采取足够的重视和正确的管理，那么亚洲品牌将很可能改变全球品牌格局。

管理品牌的压力在未来几年会持续加剧。得益于全球化的进程、更高效的沟通方式与途径、无处不在的通信工具和互联网的普及，建立起全球品牌所需的时间不断地缩短。日本企业用了40年、韩国企业用了25年的时间建立起全球品牌，而中国和印度企业可能只需要5～10年。而时间上的缩短在未来将给亚洲企业管理品牌的能力带来沉重的压力。[1]

正如已故管理学大师彼得·德鲁克曾经说过的："每当你看到一个成功的企业，背后一定是有人做出过勇敢的决定。"

亚洲文化一直重视长期价值的打造。这种独特的力量将影响未来几年的亚洲品牌推广力度。现在，是亚洲企业的董事会做出勇敢决定的时候了。

注释

Asian Brand Strategy (Revised and Updated): Building and Sustaining Strong Global Brands in Asia © Martin Roll 2015

First published in English by Palgrave Macmillan, a division of Macmillan Publishers Limited under the title Asian Brand Strategy (Revised and Updated), 2nd edition by Martin Roll. This edition has been translated and published under licence from Palgrave Macmillan. The author has asserted his rights to be identified as the author of this Work.

Simplified Chinese translation copyright © 2020 by China Renmin University Press Co., Ltd.

All Rights Reserved.

图书在版编目（CIP）数据

品牌战略：亚洲企业决胜全球/马丁·罗尔著；费鸿萍，姜晓丹，苏佳卉译．--北京：中国人民大学出版社，2020.10
书名原文：Asian Brand Strategy: Building and Sustaining Strong Global Brands in Asia
ISBN 978-7-300-27900-8

Ⅰ.①品… Ⅱ.①马… ②费… ③姜… ④苏… Ⅲ.①企业管理—品牌战略—研究—亚洲 Ⅳ.①F272.3

中国版本图书馆 CIP 数据核字（2020）第 024721 号

品牌战略：亚洲企业决胜全球
马丁·罗尔　著
费鸿萍　姜晓丹　苏佳卉　译
Pinpai Zhanlüe: Yazhou Qiye Juesheng Quanqiu

出版发行	中国人民大学出版社			
社　　址	北京中关村大街 31 号		邮政编码	100080
电　　话	010-62511242（总编室）		010-62511770（质管部）	
	010-82501766（邮购部）		010-62514148（门市部）	
	010-62515195（发行公司）		010-62515275（盗版举报）	
网　　址	http://www.crup.com.cn			
经　　销	新华书店			
印　　刷	涿洲市星河印刷有限公司			
规　　格	170 mm×240 mm　16 开本		版　次	2020 年 10 月第 1 版
印　　张	15.75 插页 1		印　次	2020 年 10 月第 1 次印刷
字　　数	277 000		定　价	49.00 元

版权所有　　侵权必究　　印装差错　　负责调换